EBS 중학

뉴런

| 과학 3 |

개념책

| 기획 및 개발 |

오창호

| 집필 및 검토 |

강충호(경일중) 김청해(용강중) 박권태(건대사대부중) 박지영(세종과학고) 윤용근(송내중앙중) 이유진(동덕여중) 조용근(봉일천고)

| 검토 |

계호연 김경은 김태훈 류버들 오현선 이재호 정미진 조향숙 박재영 박지연 소정신 안성경 이설아 조민아

+ 수학 전문가 100여 명의 노하우로 만든
  수학 특화 시리즈

+ 연산 ε ▸ 개념 α ▸ 유형 β ▸ 고난도 Σ 의
  단계별 영역 구성

+ 난이도별, 유형별 선택으로
  사용자 맞춤형 학습

수학
마스터
기본부터 심화까지 **단계별 수학**

연산 ε(6책) | 개념 α(6책) | 유형 β(6책) | 고난도 Σ(6책)

EBS No.1 과목 특화 브랜드

EBS 중학

뉴런

| 과학 3 |

개념책

Structure 이 책의 구성과 특징

개념책

학습 내용 정리

꼭 알아두어야 할 교과서의 주요 개념을 정리하였습니다.

기초 섭렵 문제

학습 내용과 관련된 기본 개념과 원리를 문제를 풀면서 확인할 수 있습니다.

필수 탐구

교과서 필수 탐구의 과정과 결과를 확인할 수 있습니다. QR 코드를 스캔하면 실험 클립 영상(mid.ebs.co.kr/sclip)을 무료로 볼 수 있습니다.

수행평가 섭렵 문제

문제를 통해 필수 탐구와 관련된 개념을 정리하며 수행평가를 대비할 수 있습니다.

내신 기출 문제

학교 시험에 자주 등장하는 문제로 구성하여 실력을 탄탄하게 다질 수 있습니다.

대단원 마무리

대단원의 유형별 문제를 풀면서 핵심 개념을 마무리합니다.

실전책

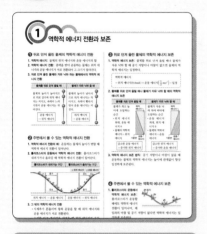

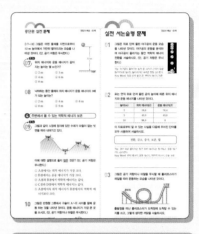

중단원 개념 요약

중단원의 중요 개념을 다시 한 번 확인할 수 있습니다.

중단원 실전 문제

다양한 유형과 난이도의 문제를 통해 중단원을 최종 점검합니다.

실전 서논술형 문제

서술형과 논술형 문제를 풀어봄으로써 시험에 대비합니다.

미니북

정답과 해설

핵심만 보고 싶은 때, 간단히 들고 다니며 볼 수 있는 과학 족보집입니다.

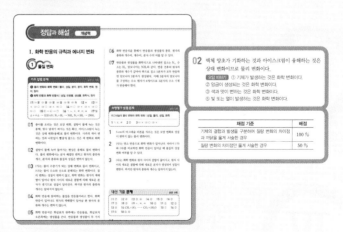

정답과 서술형의 예시 답안을 확인할 수 있습니다.
'오답 피하기'는 오답이 오답인 이유를 설명하고 있으며, 서술형 문제는 '채점 기준'을 통해 구체적인 평가가 가능합니다.

Contents 이 책의 **차례**

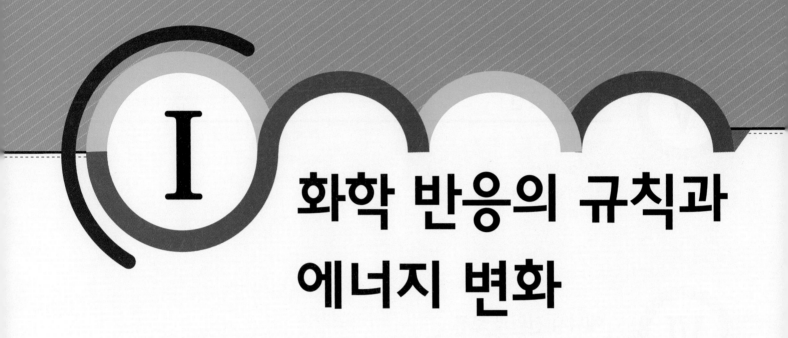

I

화학 반응의 규칙과 에너지 변화

1 물질 변화

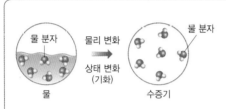

① 물리 변화와 화학 변화

1. 물리 변화

(1) 물리 변화: 물질의 성질은 변하지 않으면서 물질의 모양이나 상태가 변하는 현상

- 물질을 구성하는 분자⁺의 종류가 변하지 않는다.
  ➡ 물질의 성질이 변하지 않는다.
  ➡ 물질을 구성하는 원자⁺의 종류와 개수가 변하지 않는다.
- 분자의 배열만 변한다.
  ➡ 물질의 모양이나 상태가 변한다.

➕ 분자
물질의 성질을 나타내는 가장 작은 입자로, 원자들이 결합하여 이루어진다.

➕ 원자
물질을 구성하는 기본 입자

(2) 물리 변화의 예
① 모양 변화: 컵이 깨진다, 종이를 오린다, 빈 음료수 캔을 찌그러트린다. 등
② 상태 변화: 아이스크림이 녹는다(융해), 유리창에 김이 서린다(액화). 등
③ 용해: 설탕이 물에 녹는다.⁺ 등
④ 확산: 향수 냄새가 퍼진다, 물에 잉크가 퍼진다, 꽃향기가 퍼진다. 등

➕ 설탕의 용해
설탕과 물의 성질은 그대로 유지된 채 설탕과 물의 분자 배열만 변한다.

설탕＋물 → 설탕물

컵이 깨진다. 아이스크림이 녹는다. 설탕이 물에 녹는다. 잉크가 퍼진다.

2. 화학 변화

(1) 화학 변화: 어떤 물질이 성질이 다른 물질로 변하는 현상

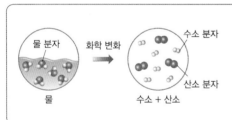

- 원자 사이의 결합이 끊어지고 원자 사이에 새로운 결합이 형성된다. ➡ 원자의 배열이 변한다.
- 원자 사이의 새로운 결합에 의해 분자의 종류가 달라진다. ➡ 물질의 성질이 변한다.
- 화학 변화가 일어나도 원자들의 배열만 달라질 뿐, 원자의 종류와 개수는 변하지 않는다.

➕ 양초의 연소
고체 양초가 융해하는 것과 액체 양초가 심지를 타고 올라가 심지 끝에서 기화하는 것은 물리 변화이고, 기체 양초가 연소하면서 빛과 열을 내는 것은 화학 변화이다.

(2) 화학 변화의 예
① 빛과 열 발생: 나무가 빛과 열을 내며 탄다, 양초가 빛과 열을 내며 탄다.⁺ 등
② 색, 냄새, 맛 변화: 철이 녹슨다, 깎아 놓은 사과의 색이 변한다, 김치가 시어진다, 음식물이 부패한다, 가을이 되면 단풍잎이 붉은색으로 변한다. 등
③ 앙금 생성: 석회수에 이산화 탄소를 넣으면 뿌옇게 흐려진다. 등
④ 기체 발생: 상처에 과산화 수소수를 바르면 거품이 발생한다. 등

➕ 물리 변화와 화학 변화 비교
• 물리 변화

변하는 것	• 분자의 배열
변하지 않는 것	• 분자의 종류와 개수 • 물질의 성질 • 원자의 배열 • 원자의 종류와 개수

• 화학 변화

변하는 것	• 분자의 종류와 개수 • 물질의 성질 • 원자의 배열
변하지 않는 것	• 원자의 종류와 개수

나무가 탄다. 철이 녹슨다. 음식물이 부패한다. 상처에 과산화 수소수를 바르면 거품이 발생한다.

기초 섭렵 문제

01 다음은 물질 변화에 대한 예이다. 물리 변화에 해당하면 '물', 화학 변화에 해당하면 '화'라고 쓰시오.

(1) 종이를 오린다. ( )
(2) 설탕이 물에 녹는다. ( )
(3) 향수 냄새가 퍼진다. ( )
(4) 아이스크림이 녹는다. ( )
(5) 깎아 놓은 사과의 색이 변한다. ( )
(6) 가을에 나뭇잎이 빨갛게 물든다. ( )

02 그림은 설탕이 물에 녹는 현상을 모형으로 나타낸 것이다.

위와 같은 변화가 일어날 때 변화 전후 변하는 것만을 〈보기〉에서 있는 대로 고르시오.

┤ 보기 ├
ㄱ. 원자의 개수   ㄴ. 물질의 성질   ㄷ. 원자의 배열
ㄹ. 원자의 종류   ㅁ. 분자의 종류   ㅂ. 분자의 배열

03 그림은 물의 변화를 모형으로 나타낸 것이다.

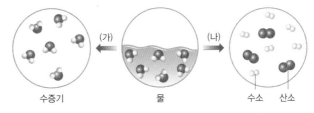

이에 대한 설명으로 옳은 것은 ○표, 옳지 않은 것은 ×표를 하시오.

(1) (가)는 물이 수증기가 되는 반응으로 반응 후 성질이 달라진다. ( )
(2) (가)는 분자의 배열만 달라지는 물리 변화를 나타낸 것이다. ( )
(3) (가)는 분자의 종류가 달라지지 않고, (나)는 분자의 종류가 달라진다.
( )
(4) (나)는 원자의 재배열이 일어나므로 원자의 종류와 개수가 달라진다.
( )
(5) (나)는 물이 수소, 산소로 분해되어 성질이 변하는 화학 변화를 나타낸 것이다.
( )

물질 변화

② 화학 반응과 화학 반응식

1. 화학 반응: 화학 변화가 일어나는 과정✦
  예 물 생성 반응: 수소와 산소가 반응하면 새로운 물질인 물이 생성된다.

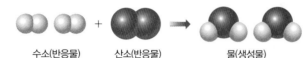

수소(반응물)　　　산소(반응물)　　　　물(생성물)

(1) **반응물:** 화학 반응에 참여하는 물질
(2) **생성물:** 화학 반응 후에 만들어진 새로운 물질
(3) 화학 반응이 일어나면 물질을 이루는 원자의 종류와 개수는 변하지 않지만, 원자의 배열이 달라져 반응 전 물질과 다른 새로운 물질이 생성된다.

2. 화학 반응식: 화학식✦을 이용하여 화학 반응을 나타낸 식

3. 화학 반응식을 나타내는 방법

방법		예 수소와 산소가 반응하여 물이 생성되는 반응
1단계	• 화살표의 왼쪽에는 반응물을, 화살표의 오른쪽에는 생성물을 쓴다. • 반응물이나 생성물이 두 가지 이상이면 각 물질을 '+'로 연결한다.	• 반응물: 수소, 산소 • 생성물: 물 　수소 + 산소 ⟶ 물
2단계	반응물과 생성물을 화학식으로 나타낸다.	• 수소: H_2, 산소: O_2, 물: H_2O 　$H_2 + O_2 \longrightarrow H_2O$
3단계	• 반응 전후에 원자의 종류와 개수가 같도록 화학식 앞의 계수를 맞춘다. • 계수는 간단한 정수로 나타내고, 1일 때는 생략한다.	• 산소 원자의 개수를 같게 맞추기 위해 H_2O 앞에 계수 2를 붙인다. • 수소 원자의 개수를 맞추기 위해 H_2 앞에 계수 2를 붙인다. 　$2H_2 + O_2 \longrightarrow 2H_2O$

4. 화학 반응식으로 알 수 있는 것: 화학 반응식을 통해 반응물과 생성물의 종류, 원자의 종류와 개수, 계수비(분자 수의 비)를 알 수 있다.
  예 메테인의 연소 반응

화학 반응식	CH_4	+	$2O_2$	⟶	CO_2	+	$2H_2O$
	반응물			생성물			
모형	메테인	산소			이산화 탄소		물
분자의 종류와 개수	메테인 분자 1개	산소 분자 2개			이산화 탄소 분자 1개		물 분자 2개
원자의 종류와 개수	탄소 원자 1개 수소 원자 4개	산소 원자 4개			탄소 원자 1개 산소 원자 2개		수소 원자 4개 산소 원자 2개
계수비	1	:	2	:	1	:	2
분자 수의 비	1	:	2	:	1	:	2

✦ **화학 반응의 종류**
• **화합:** 두 종류 이상의 물질이 반응하여 한 종류의 새로운 물질이 생성되는 반응

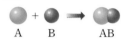
A　　B　　　AB

  예 수소 + 산소 ⟶ 물
• **분해:** 한 종류의 화합물이 두 종류 이상의 물질로 나누어지는 반응

AB　　　A　　B

  예 과산화 수소 ⟶ 물 + 산소
• **치환:** 화합물을 구성하는 성분의 일부가 다른 성분과 자리를 바꾸는 반응

AB　C　　A　CB

  예 질산 은 + 구리 ⟶
　　　　　은 + 질산 구리(Ⅱ)

✦ **화학식**
물질을 이루는 원자의 종류와 수를 원소 기호를 이용하여 나타낸 식
  예 N_2(질소), O_2(산소), NH_3(암모니아)

✦ **여러 가지 화학 반응식**
• 암모니아의 생성 반응
　$N_2 + 3H_2 \longrightarrow 2NH_3$
• 과산화 수소의 분해 반응
　$2H_2O_2 \longrightarrow 2H_2O + O_2$
• 탄산수소 나트륨의 분해 반응
　$2NaHCO_3 \longrightarrow$
　　　$Na_2CO_3 + H_2O + CO_2$
• 탄산 나트륨과 염화 칼슘의 반응
　$Na_2CO_3 + CaCl_2 \longrightarrow$
　　　$2NaCl + CaCO_3$

기초 섭렵 문제

04 다음은 화학 반응과 화학 반응식에 대한 설명이다. 이에 대한 설명으로 옳은 것은 ○표, 옳지 않은 것은 ×표를 하시오.

(1) 화학 반응은 화학 변화가 일어나는 과정이다. ( )

(2) 화학 반응에 참여하는 물질을 생성물이라고 한다. ( )

(3) 화학 반응이 일어나면 원자의 종류와 개수가 변한다. ( )

(4) 화학 반응이 일어나면 원자의 배열이 달라져 새로운 물질이 생성된다.

( )

(5) 화학 반응식은 화학식을 이용하여 화학 반응을 나타낸 식이다. ( )

05 다음은 화학 반응식을 나타내는 방법을 순서 없이 나열한 것이다. 순서대로 나열하시오.

> ㉠ 화학식 앞에 계수를 붙여서 화살표 좌우의 원자의 종류와 개수를 같게 맞춘다.
> ㉡ 화살표와 '＋'로 연결된 반응물과 생성물을 화학식으로 나타낸다.
> ㉢ 화살표의 왼쪽에는 반응물을, 화살표의 오른쪽에는 생성물을 쓴다. 이때 반응물이나 생성물이 두 가지 이상이면 각 물질을 '＋'로 연결한다.

06 화학 반응식을 통해 알 수 있는 것만을 〈보기〉에서 있는 대로 고르시오.

> ┤보기├
> ㄱ. 계수비 ㄴ. 원자의 개수비 ㄷ. 원자의 종류
> ㄹ. 생성물의 종류 ㅁ. 반응물의 종류 ㅂ. 분자 수의 비

07 그림은 질소와 수소가 반응하여 암모니아가 생성되는 과정을 모형으로 나타낸 것이다.

화학 반응식의 각 단계를 완성하시오.

1단계 화살표의 왼쪽에는 반응물을, 화살표의 오른쪽에는 생성물을 쓴다. 반응물 사이 또는 생성물 사이는 '＋'로, 반응물과 생성물은 '→'로 연결한다.

( )

2단계 반응물과 생성물을 화학식으로 나타낸다.

( )

3단계 화학식 앞에 계수를 붙여서 화살표 좌우의 원자의 종류와 개수를 같게 맞춘다. (단, 계수는 간단한 정수로 나타내고, 1일 때는 생략한다.)

( )

필수 탐구

마그네슘의 물리 변화와 화학 변화

목표

마그네슘 리본을 자를 때와 연소시킬 때 마그네슘의 성질 변화를 물리 변화와 화학 변화로 구분할 수 있다.

마그네슘 리본을 연소시킬 때 나오는 강한 빛을 직접 보지 않도록 하고, 화상을 입지 않도록 주의하여 실험한다.

간이 전기 전도계는 금속 봉에 전류가 흐르는 물질이 닿으면 빛과 소리가 난다.

과정

1 길이가 5 cm인 마그네슘 리본 3개와 페트리 접시 3개를 준비한다.

2 (가)에는 마그네슘 리본을, (나)에는 마그네슘 리본을 작게 잘라 놓는다. (다)에는 마그네슘 리본을 연소시키고, 남은 재를 놓는다.

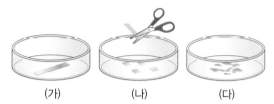

(가)　　　　(나)　　　　(다)

3 (가)~(다)에 각각 간이 전기 전도계를 대고 전류가 흐르는지 확인한다.

4 (가)~(다)에 묽은 염산을 2방울씩 떨어뜨린 후, 변화를 관찰한다.

결과

구분	(가)	(나)	(다)
간이 전기 전도계를 대었을 때	빛과 소리가 남 → 전류가 흐름	빛과 소리가 남 → 전류가 흐름	빛과 소리가 나지 않음 → 전류가 흐르지 않음
묽은 염산을 떨어뜨렸을 때	수소 기체가 발생함	수소 기체가 발생함	수소 기체가 발생하지 않음

정리

1 마그네슘의 크기가 달라지는 변화: 물리 변화
　① (가)와 (나)를 비교하면, 마그네슘 리본의 크기만 다르고 전류가 흐르는 성질과 묽은 염산과 반응하여 수소 기체가 발생하는 성질이 같다는 사실을 알 수 있다.
　② 물리 변화가 일어날 때 물질의 성질이 변하지 않는다.

2 마그네슘을 연소시키는 변화: 화학 변화
　① (가)와 (다)를 비교하면, 마그네슘 리본이 연소되어 생성된 물질은 전류가 흐르지 않고, 묽은 염산과 반응하여 수소 기체가 발생하지 않는다는 사실을 알 수 있다.
　② 화학 변화가 일어날 때 물질의 성질이 변한다.

3 물질 변화는 물질의 성질이 변하지 않는 물리 변화와 물질의 성질이 변하는 화학 변화로 구분할 수 있다.

실험
클립
QR

수행평가 섭렵 문제

마그네슘의 물리 변화와 화학 변화

▶ 마그네슘 리본을 작게 자르면 모양과 크기는 달라지지만, 마그네슘 원래의 □□은 변하지 않는다. 이러한 변화를 □□ 변화라고 한다.

▶ 마그네슘 리본을 태우면 겉모양이 변하고, 마그네슘 원래의 □□이 변한다. 이러한 변화를 □□ 변화라고 한다.

[1~3] 다음은 마그네슘 리본을 이용한 실험 과정이다.

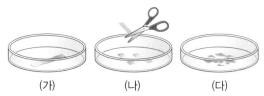

(가)   (나)   (다)

1. (가) 길이가 5 cm인 마그네슘 리본을 준비한다.
2. (가)와 같은 길이의 (나) 마그네슘 리본을 잘라 준비한다.
3. (가)와 같은 길이의 마그네슘 리본을 연소시킨 후 (다) 재로 만든다.
4. (가)~(다)에 간이 전기 전도계를 대어 변화를 살펴본다.
5. (가)~(다)에 묽은 염산을 몇 방울 떨어뜨린 후 변화를 관찰한다.

1 과정 2에서 마그네슘 리본을 자를 때와 같은 종류의 물질 변화만을 〈보기〉에서 있는 대로 고르시오.

┤ 보기 ├
ㄱ. 컵이 깨진다.
ㄴ. 달걀이 익는다.
ㄷ. 물이 증발한다.
ㄹ. 종이를 접어 예쁜 꽃을 만든다.

2 위 실험에 대한 설명으로 옳은 것은?

① 마그네슘 리본을 자르면 마그네슘 리본의 성질이 변한다.
② (가)와 (다)의 결과를 비교하면 화학 변화가 일어날 때 물질의 성질 변화 여부를 알 수 있다.
③ 마그네슘 리본을 연소시켜 생성된 재에 묽은 염산을 떨어뜨리면 수소 기체가 발생한다.
④ (나)와 (다)의 결과를 비교하면 마그네슘 리본 크기에 따른 화학 반응의 빠르기를 알 수 있다.
⑤ (가)에 간이 전기 전도계를 대면 반응이 없지만, (나)에 간이 전기 전도계를 대면 빛과 소리가 난다.

3 (다)의 재를 만드는 것과 같은 종류의 변화에 대한 설명으로 옳은 것은 ○표, 옳지 않은 것은 ×표를 하시오.

⑴ 변화가 일어날 때 분자의 배열만 달라진다.   (   )
⑵ 변화가 일어날 때 원자의 종류와 개수는 달라지지 않는다.   (   )
⑶ 변화가 일어날 때 원자의 배열이 달라지지만 성질은 변하지 않는다. (   )

내신 기출 문제

1 물리 변화와 화학 변화

01 물리 변화와 화학 변화에 대한 설명으로 옳지 <u>않은</u> 것은?

① 물리 변화는 분자의 배열만 변한다.
② 화학 변화는 물질과 원자의 종류가 변한다.
③ 물리 변화는 물질의 성질이 변하지 않는다.
④ 물질의 모양과 상태가 변하는 것은 물리 변화이다.
⑤ 화학 변화는 원자 사이의 결합이 끊어지고 원자 사이의 새로운 결합이 형성된다.

02 다음은 어떤 물질 변화에 대한 예이다.

> • 액체 양초가 심지를 타고 올라가 심지 끝에서 기화한다.
> • 더운 날씨에 밖에 두었던 아이스크림이 녹는다.

이 물질 변화와 관련된 현상으로 옳은 것은?

① 기체가 발생한다.
② 앙금이 생성된다.
③ 색과 맛이 변한다.
④ 물질의 상태가 변한다.
⑤ 빛 또는 열이 발생한다.

03 페트리 접시에 다음과 같이 마그네슘 리본을 준비한 후, 간이 전기 전도계를 이용하여 전기 전도성을 측정하고, 묽은 염산을 떨어뜨려 변화를 관찰하였다.

> ㉠ 10 cm 마그네슘 리본
> ㉡ 작게 조각낸 마그네슘 리본
> ㉢ 연소시킨 마그네슘 리본 재

이에 대한 설명으로 옳지 <u>않은</u> 것을 모두 고르면?

(정답 2개)

① ㉡에서 마그네슘 리본을 작게 조각내는 것은 물리 변화이다.
② ㉢의 재는 마그네슘과 성질이 다르다.
③ 묽은 염산을 떨어뜨릴 때, ㉠과 ㉢에서 발생하는 기체의 종류가 같다.
④ 전기 전도계를 대었을 때, ㉠은 전류가 흐르지만, ㉡은 전류가 흐르지 않는다.
⑤ 마그네슘 리본은 묽은 염산과 반응하여 기체를 발생시킨다.

04 그림은 어떤 물질 변화에 대한 예를 나타낸 것이다.

컵이 깨진다.

종이를 오린다.

아이스크림이 녹는다.

잉크가 퍼진다.

이 물질 변화와 관련 있는 것만을 〈보기〉에서 있는 대로 고른 것은?

> **보기**
> ㄱ. 분자의 종류가 변하지 않는다.
> ㄴ. 원자와 분자의 배열이 변한다.
> ㄷ. 물질의 모양이나 상태가 변한다.

① ㄱ   ② ㄴ   ③ ㄷ
④ ㄱ, ㄴ   ⑤ ㄱ, ㄷ

05 그림은 물을 가열할 때 수증기로 되는 과정을 모형으로 나타낸 것이다.

물   가열   수증기

이 물질 변화와 종류가 같은 것은?

① 철이 녹슨다.   ② 나무가 탄다.
③ 꽃향기가 퍼진다.   ④ 김치가 시어진다.
⑤ 음식물이 부패한다.

06 화학 변화의 증거가 될 수 있는 현상만을 〈보기〉에서 있는 대로 고른 것은?

> **보기**
> ㄱ. 빛 방출   ㄴ. 열 발생   ㄷ. 용해
> ㄹ. 앙금 생성   ㅁ. 상태 변화   ㅂ. 모양 변화

① ㄱ, ㄴ, ㄷ   ② ㄱ, ㄴ, ㄹ
③ ㄴ, ㄷ, ㅁ   ④ ㄷ, ㄹ, ㅁ
⑤ ㄹ, ㅁ, ㅂ

07 그림 (가)와 (나)는 각각 물을 가열할 때와 전류를 흘려줄 때의 변화를 모형으로 나타낸 것이다.

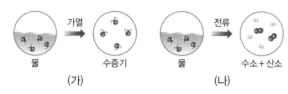

이에 대한 설명으로 옳지 <u>않은</u> 것은?

① (가)는 물리 변화이다.
② (나)는 화학 변화이다.
③ (가)에서 물 분자가 다른 종류의 기체 분자로 변한다.
④ (가)와 (나)에서 반응 전후 원자의 개수는 변하지 않는다.
⑤ (나)에서 원자의 배열이 달라져 새로운 분자가 생성된다.

08 설탕이 물에 녹아 설탕물이 되는 변화에 대한 설명으로 옳은 것만을 〈보기〉에서 있는 대로 고른 것은?

┤ 보기 ├
ㄱ. 설탕의 성질이 변화된다.
ㄴ. 설탕 분자 배열이 달라진다.
ㄷ. 물 분자의 구조가 변하지 않는 용해 현상이다.
ㄹ. 설탕을 구성하는 원자들이 재배열되어 새로운 종류의 분자가 생성된다.

① ㄱ, ㄴ 　② ㄱ, ㄷ 　③ ㄴ, ㄷ
④ ㄴ, ㄹ 　⑤ ㄷ, ㄹ

09 화학 변화만을 〈보기〉에서 있는 대로 고르시오.

┤ 보기 ├
ㄱ. 유리창에 김이 서린다.
ㄴ. 빈 음료수 캔을 찌그러트린다.
ㄷ. 가을이 되면 단풍잎이 붉은색으로 변한다.
ㄹ. 석회수에 이산화 탄소를 넣으면 뿌옇게 흐려진다.
ㅁ. 상처에 과산화 수소수를 바르면 거품이 발생한다.

2 화학 반응과 화학 반응식

중요
10 그림은 구리(Cu)를 연소시켜 산화 구리(Ⅱ)(CuO)를 얻는 반응을 모형으로 나타낸 것이다.

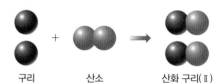
구리　　　산소　　　산화 구리(Ⅱ)

구리의 연소 반응의 화학 반응식을 옳게 나타낸 것은?

① $Cu + O \longrightarrow CuO$
② $Cu + O_2 \longrightarrow CuO$
③ $Cu + O^2 \longrightarrow CuO$
④ $2Cu + 2O \longrightarrow 2CuO$
⑤ $2Cu + O_2 \longrightarrow 2CuO$

11 두 반응을 화학 반응식으로 나타낼 때 계수를 옳게 짝지은 것은?

• 물의 전기 분해
 : $(㉠) H_2O \longrightarrow (㉡) H_2 + (㉢) O_2$
• 과산화 수소의 촉매 분해
 : $(㉣) H_2O_2 \longrightarrow (㉤) H_2O + (㉥) O_2$

	㉠	㉡	㉢	㉣	㉤	㉥
①	1	1	1	2	1	1
②	1	1	2	1	2	2
③	2	2	1	2	2	1
④	2	2	1	2	2	2
⑤	2	2	2	2	1	1

중요
12 화학 반응식에 대한 설명으로 옳지 <u>않은</u> 것은?

① 화학식을 이용하여 나타낸다.
② 반응물과 생성물은 '→'로 연결한다.
③ 반응물과 생성물이 두 가지 이상일 때는 '＋'로 연결한다.
④ 화살표의 왼쪽에는 반응물을, 오른쪽에는 생성물을 적는다.
⑤ 화살표의 왼쪽과 오른쪽 분자의 종류와 개수를 같게 맞춘다.

[13~15] 그림은 메테인(CH_4)이 연소하여 이산화 탄소와 물을 생성하는 반응을 모형으로 나타낸 것이다.

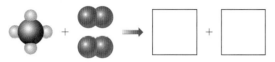

13 이산화 탄소와 물의 화학식을 옳게 짝 지은 것은?

	이산화 탄소	물
①	CO	H_2O
②	CO_2	HO_2
③	CO	OH_2
④	CO_2	H_2O
⑤	CO_2	$2HO$

14 메테인의 연소 반응을 화학 반응식으로 나타내시오.

15 반응 전후의 원자의 개수를 옳게 짝 지은 것은?

	반응 전			반응 후		
	탄소	수소	산소	탄소	수소	산소
①	1	4	4	1	4	4
②	1	4	2	1	2	4
③	1	4	4	1	2	4
④	1	4	2	1	4	2
⑤	4	4	1	4	4	1

16 다음 화학 반응식에 대한 설명으로 옳은 것은?

$$A_2 + 3B_2 \longrightarrow 2AB_3$$

① 반응물은 A와 B이고, 생성물은 AB이다.
② 반응이 일어날 때 분자의 전체 개수는 줄어든다.
③ 생성물은 A 원자 2개와 B 원자 3개로 이루어져 있다.
④ A_2 분자 1개를 반응시키기 위해서 B_2 분자가 최소 6개가 필요하다.
⑤ 반응이 일어날 때 원자의 종류는 달라지지 않지만, 원자의 개수는 달라진다.

17 화학 반응식으로 알 수 있는 것이 <u>아닌</u> 것은?
① 원자의 종류
② 반응물과 생성물의 종류
③ 반응 전후 원자의 개수비
④ 반응 전후 분자의 개수비
⑤ 원자들의 상대적 질량

18 다음은 과학이가 친구들에게 화학 반응식에 대해 설명을 하고 있는 내용이다.

> 과학이: 화학 변화가 일어날 때 물질들이 어떻게 변하는지를 화학식으로 나타낸 것이 화학 반응식이야.
> 친구 1: 화학 반응식에서 화학식 앞에 있는 계수는 무엇이야?
> 과학이: 그 물질의 분자 수를 의미하는 것이지.
> 친구 2: 그럼, 화학 반응식을 세울 때 계수를 어떻게 맞춰야 해?
> 과학이: 반응물과 생성물 사이에는 '→'로 연결되는데, 화살표 양쪽의 (㉠)과(/와) (㉡)이(/가) 같도록 화학식 앞에 숫자로 적어주면 돼.
> 친구 1: 숫자가 없는 경우도 보았는데?
> 과학이: 맞아. 계수가 1인 경우는 생략도 가능해.

㉠과 ㉡에 들어갈 수 있는 것으로 옳은 것은? (정답 2개)
① 원자의 질량
② 분자의 질량
③ 원자의 종류
④ 분자의 종류
⑤ 원자의 개수

정답과 해설 | 4쪽

정답과 해설 | 4쪽

01 다음은 철 가루와 황 가루를 이용한 실험과 철 가루의 특징을 나타낸 것이다. D에서 혼합한 철 가루와 황 가루는 남김없이 모두 반응하였다.

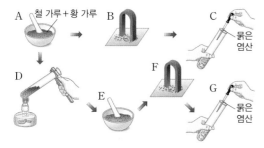

- 철 가루는 자석을 대었을 때 끌려온다.
- 철 가루는 묽은 염산을 떨어뜨렸을 때 기체가 발생한다.

이에 대한 설명으로 옳은 것은?

① A에서 황 가루와 철 가루의 원자 배열이 변한다.
② B와 F에서 철 가루는 자석에 끌려온다.
③ C와 G에서 G에서만 기체가 발생한다.
④ D에서 철 가루와 황 가루의 성질이 변한다.
⑤ A에서는 화학 변화가, D에서는 물리 변화가 일어난다.

02 그림은 설탕을 가열하여 녹인 후 탄산수소 나트륨(베이킹소다)을 젓가락에 묻혀 넣었을 때 부풀어 오른 모습을 나타낸 것이다.

이에 대한 설명으로 옳은 것만을 〈보기〉에서 있는 대로 고른 것은?

┤ 보기 ├
ㄱ. 탄산수소 나트륨의 분해로 이산화 탄소가 발생한다.
ㄴ. 탄산수소 나트륨과 산소가 결합하여 부피가 증가한다.
ㄷ. 탄산수소 나트륨의 상태 변화가 일어나 질량이 증가한다.

① ㄱ   ② ㄴ   ③ ㄷ   ④ ㄱ, ㄴ   ⑤ ㄱ, ㄷ

예제

01 그림은 수증기, 물, 수소, 산소의 분자 모형을 나타낸 것이다.

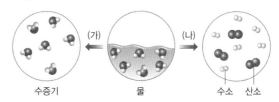

수증기   물   수소 산소

(가)와 (나)에 나타난 변화를 각각 쓰고, 그렇게 판단한 근거와 (가)와 (나)를 구분할 수 있는 기준을 서술하시오.

Tip (가)의 과정에서는 분자의 배열만 변하였고, (나)에서는 물 분자를 이루고 있는 원자 사이의 결합이 끊어지고 원자 사이의 새로운 결합에 의해 수소와 산소 기체가 생성되었다.
Key Word 물리 변화, 화학 변화, 물질의 성질

[설명] 물리 변화는 물질의 모양, 크기 또는 상태만 변할 뿐 물질의 성질은 변하지 않는 현상이며, 화학 변화는 어떤 물질이 성질이 전혀 다른 새로운 물질로 변하는 현상이다.
[모범 답안] (가)는 분자의 배열만 달라졌으므로 물리 변화이고, (나)는 원자 배열이 달라졌으므로 화학 변화이다. 물질의 성질이 변하는지 여부를 기준으로 물리 변화와 화학 변화를 구분한다.

실전 연습

01 다음은 에탄올(C_2H_5OH)의 연소 반응을 화학 반응식으로 나타낸 것이다.

$$C_2H_5OH + 3O_2 \longrightarrow 2CO_2 + 5H_2O$$

이 화학 반응식에서 <u>잘못된</u> 부분을 옳게 고치고, 그 까닭을 서술하시오.

Tip 화학 반응 전후의 원자의 종류와 개수는 같다.
Key Word 원자의 종류, 원자의 개수

② 질량 보존 법칙

❶ 질량 보존 법칙

1. 질량 보존 법칙(1772년, 라부아지에): 화학 반응이 일어날 때 반응물의 전체 질량은 생성물의 전체 질량과 같다.

(1) **질량 보존 법칙이 성립하는 까닭:** 화학 반응이 일어날 때 물질을 이루는 원자의 배열만 달라질 뿐 원자가 새롭게 생기거나 없어지지 않기 때문이다. ➡ 원자의 종류와 개수의 변화가 없다.

(2) **질량 보존 법칙 적용✛:** 물리 변화와 화학 변화에 모두 적용된다.

2. 앙금 생성 반응✛에서의 질량 변화

화학 반응	염화 나트륨 수용액과 질산 은 수용액을 혼합하면 흰색 앙금인 염화 은이 생성된다. 염화 나트륨 수용액 · 질산 은 수용액 · 염화 은 + 질산 나트륨 수용액 / 염화 나트륨 + 질산 은 → 염화 은 + 질산 나트륨
질량 관계	반응물의 전체 질량(염화 나트륨＋질산 은)＝생성물의 전체 질량(염화 은＋질산 나트륨)

3. 기체 발생 반응✛에서의 질량 변화

탄산 칼슘과 묽은 염산✛이 반응하면 이산화 탄소 기체가 발생한다.

탄산 칼슘 ＋ 묽은 염산 → 염화 칼슘 ＋ 물 ＋ 이산화 탄소

화학 반응	닫힌 용기	열린 용기
	염산 / 탄산 칼슘 / 질량 일정 ➡ 발생한 기체가 공기 중으로 날아가지 못하기 때문	염산 / 탄산 칼슘 / 질량 감소 ➡ 발생한 기체가 공기 중으로 날아가기 때문
질량 관계	반응물의 전체 질량(탄산 칼슘＋묽은 염산)＝생성물의 전체 질량(염화 칼슘＋물＋이산화 탄소)	

4. 연소 반응에서의 질량 변화✛

구분	강철 솜의 연소	나무의 연소
화학 반응	철 ＋ 산소 → 산화 철(Ⅱ)	나무 ＋ 산소 → 재 ＋ 이산화 탄소 ＋ 수증기
열린 용기	질량 증가 ➡ 철이 공기 중의 산소와 결합하므로	질량 감소 ➡ 발생한 기체가 공기 중으로 날아가므로
닫힌 용기	질량 일정 ➡ 결합한 산소의 질량을 고려해 주면 반응 전후 질량 일정	질량 일정 ➡ 결합한 산소와 발생한 기체의 질량을 모두 고려해 주면 반응 전후 질량 일정
질량 관계	반응 전 질량(철 ＋ 산소)＝반응 후 질량(산화 철(Ⅱ))	반응 전 질량(나무 ＋ 산소)＝반응 후 질량(재 ＋ 이산화 탄소 ＋ 수증기)

✛ 질량 보존 법칙의 성립 예
· 물리 변화: 얼음 10 g이 녹으면 물 10 g이 생성된다.
· 화학 변화: 과산화 수소 17 g이 분해되면 물 9 g과 산소 8 g이 생성된다.

✛ 여러 가지 앙금 생성 반응
· 탄산 나트륨 ＋ 염화 칼슘
　　→ 탄산 칼슘↓ ＋ 염화 나트륨
· 황산 나트륨＋염화 바륨
　　→ 황산 바륨↓ ＋ 염화 나트륨

✛ 여러 가지 기체 발생 반응
· 마그네슘 ＋ 묽은 염산
　　→ 염화 마그네슘 ＋ 수소↑
· 과산화 수소 → 물 ＋ 산소↑
· 탄산수소 나트륨 →
　　탄산 나트륨 ＋ 물 ＋ 이산화 탄소↑

✛ 묽은 염산
수소와 염소로 이루어진 염화 수소 기체를 물에 녹인 것이다.

✛ 열린 용기에서 강철 솜과 나무의 연소 모형
· 강철 솜의 연소

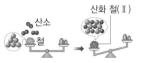

반응 전 질량＜반응 후 질량

· 나무의 연소

반응 전 질량＞반응 후 질량

기초 섭렵 문제

정답과 해설 | 4쪽

❶ 질량 보존 법칙

▶ 화학 반응이 일어날 때 ☐☐☐의 전체 질량은 ☐☐☐의 전체 질량과 ☐다.

▶ 화학 반응이 일어날 때 물질을 이루는 원자의 ☐☐와 ☐☐가 달라지지 않으므로 질량 보존 법칙이 성립한다.

▶ 질량 보존 법칙은 ☐☐ 변화, ☐☐ 변화에 모두 적용된다.

▶ 앙금 생성 반응에서 반응 전후 물질의 전체 질량은 ☐☐하다.

▶ 열린 용기에서 기체 발생 반응이 일어나면 반응 후 질량이 ☐☐한다. 하지만 빠져나간 기체의 질량을 고려하면 반응 전후의 질량이 ☐☐하다.

▶ 금속을 공기 중에서 연소시키면, 금속이 공기 중의 ☐☐와 결합하여 금속 산화물이 되므로 반응 후 물질의 질량이 ☐☐한다.

01 염화 나트륨 수용액과 질산 은 수용액의 질량을 측정한 뒤 반응시켰더니 앙금이 생성되었다. 반응 전 질량이 **70 g**이었다면 반응 후 질량은?

02 질량 보존 법칙에 대한 설명으로 옳은 것은 ○표, 옳지 않은 것은 ×표를 하시오.

(1) 반응물의 전체 질량과 생성물의 전체 질량은 같다. ( )
(2) 앙금을 생성하는 반응에서 반응 후 질량이 증가한다. ( )
(3) 기체가 발생하는 반응에서 질량 보존 법칙은 성립하지 않는다. ( )
(4) 금속의 연소 반응에서 반응하는 산소의 질량을 고려하면 질량 보존 법칙이 성립함을 확인할 수 있다. ( )

03 화학 반응식에서 ( ) 안에 들어갈 물질의 질량을 구하시오.

(1) 구리 + 산소 → 산화 구리(Ⅱ)
    160 g   ( )g   200 g

(2) 수소 + 산소 → 수증기
    4 g   32 g   ( )g

(3) 과산화 수소 → 물 + 산소
    ( )g   36 g   32 g

04 탄산 칼슘과 염산의 질량을 각각 측정한 후, 열린 용기에서 반응시킨 다음 질량을 측정하였다.

> • 반응 전 질량: 178.3 g   • 반응 후 질량: 163.3 g

반응 후 질량이 반응 전 질량보다 작은 까닭을 간단히 쓰시오.

05 열린 용기에서 다음 반응이 일어날 때 반응 후 질량이 증가하면 '증가', 감소하면 '감소', 일정하면 '일정'을 쓰시오.

(1) 강철 솜의 연소 반응 ( )
(2) 과산화 수소의 분해 반응 ( )
(3) 묽은 염산과 마그네슘의 반응 ( )
(4) 탄산 칼슘과 묽은 염산의 반응 ( )
(5) 염화 나트륨 수용액과 질산 은 수용액의 반응 ( )

필수 탐구 | 질량 보존 법칙 실험하기

활동 1 앙금 생성 반응에서의 질량 변화

목표
앙금 생성 반응에서 반응 전후 물질의 전체 질량이 보존됨을 알 수 있다.

전자저울은 편평한 곳에서 영점을 맞춰 사용하고, 수용액을 바이알과 물약 병에 반 이상 넣지 않는다.

탄산 칼슘: 물에 잘 녹지 않는 앙금으로 방해석, 조개 껍데기, 달걀 껍데기의 주성분이다.

과정 **1** 바이알에 탄산 나트륨 수용액 10 mL를 넣고 물약 병에 염화 칼슘 수용액 10 mL를 넣는다.
2 전자저울의 영점을 맞춘 후 [과정 **1**]의 바이알을 올려놓고 그 위에 [과정 **1**]의 물약 병을 뒤집어 놓은 후 질량을 측정한다.
3 물약 병을 눌러 염화 칼슘 수용액을 탄산 나트륨 수용액과 섞고 반응이 일어나는 동안 질량 변화를 관찰한다.

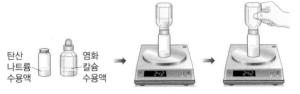

결과 **1** 탄산 나트륨 수용액과 염화 칼슘 수용액을 섞으면 흰색 앙금(탄산 칼슘)이 생성된다.
➡ 탄산 나트륨 + 염화 칼슘 ⟶ 탄산 칼슘 + 염화 나트륨
$$(Na_2CO_3 + CaCl_2 \longrightarrow CaCO_3\downarrow + 2NaCl)$$
2 화학 반응 전후 물질의 전체 질량은 변하지 않는다.

정리 앙금 생성 반응 후 원자들의 배열이 달라지지만 원자의 종류와 원자의 개수는 변하지 않는다. 따라서 물질의 전체 질량은 변하지 않으므로 질량 보존 법칙이 성립한다.

활동 2 기체 발생 반응에서의 질량 변화

목표
기체 발생 반응에서 반응 전후 물질의 전체 질량이 보존됨을 알 수 있다.

탄산 칼슘 대신 방해석, 조개 껍데기, 달걀 껍데기로 실험할 수 있다.

발생한 이산화 탄소 기체가 빠져나가지 못하도록 유리병의 뚜껑을 닫은 후 뒤집어 질량을 측정한다.

과정 **1** 시험관에 탄산 칼슘을 한 숟가락 넣고 묽은 염산 10 mL가 들어 있는 유리병에 넣은 후, 뚜껑을 닫고 질량을 측정한다.
2 [과정 **1**]의 유리병을 뒤집어 탄산 칼슘과 묽은 염산을 반응시킨 후 질량을 측정한다.
3 [과정 **2**]의 유리병을 똑바로 하고 뚜껑을 연 후 다시 질량을 측정한다.

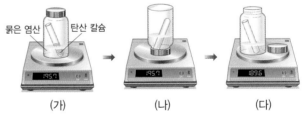

(가) (나) (다)

결과 **1** 탄산 칼슘과 묽은 염산이 반응하면 기체(이산화 탄소)가 발생한다.
➡ 탄산 칼슘 + 염산 ⟶ 염화 칼슘 + 물 + 이산화 탄소
$$(CaCO_3 + 2HCl \longrightarrow CaCl_2 + H_2O + CO_2\uparrow)$$
2 질량 비교: (가)의 질량 = (나)의 질량 > (다)의 질량

정리 닫힌 유리병에서는 생성된 이산화 탄소 기체가 빠져나가지 못하므로 화학 반응 전후 물질의 전체 질량이 보존된다. 그러나 뚜껑을 열면 이산화 탄소 기체가 빠져나가므로 이산화 탄소 기체가 빠져나간 만큼 질량이 감소한다. 빠져나간 기체의 질량을 고려하면 반응이 일어나는 용기에 관계없이 반응 전후에 물질의 전체 질량은 일정하므로 질량 보존 법칙이 성립한다.

수행평가 섭렵 문제

질량 보존 법칙 실험하기

▶ 탄산 나트륨 수용액과 염화 칼슘 수용액을 섞으면 □색 앙금인 □□ □□이 생성된다.

▶ 앙금이 생성되더라도 반응 전후 원자의 □□와 □□가 변하지 않았으므로 반응 전후 질량은 □□하다.

▶ 탄산 칼슘과 묽은 염산을 반응시키면 □□□ □□ 기체가 발생한다.

▶ 기체가 발생하는 실험에서 닫힌 용기에서는 반응 전후의 질량이 □□하고, 열린 용기에서는 반응 후 질량이 □□한다.

1 그림은 탄산 나트륨 수용액과 염화 칼슘 수용액의 질량을 측정한 후 혼합하는 과정을 나타낸 것이다.

이에 대한 설명으로 옳은 것은 ○표, 옳지 않은 것은 ×표를 하시오.

(1) 이 실험을 닫힌 용기에서 실험하면 결과는 달라진다. ( )
(2) 반응 전후 물질의 성질과 전체 질량은 변하지 않는다. ( )
(3) 탄산 나트륨 수용액과 염화 칼슘 수용액이 반응하면 앙금이 생성된다. ( )
(4) 이 실험의 결과로 반응 전후의 부피가 일정하게 보존됨을 알 수 있다. ( )

2 그림은 묽은 염산에 달걀 껍데기를 넣었을 때 일어나는 반응을 나타낸 것이다.

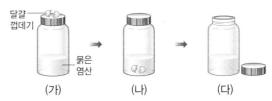

(가)~(다)의 전체 질량을 부등호 또는 등호를 이용하여 비교하시오.

3 다음은 과학이가 질량 보존 법칙을 확인하기 위해 수행한 실험이다. 질량 보존 법칙이 성립됨을 실험으로 확인하기 위해 수정해야 할 부분을 찾아 옳게 고치시오.

> 과학이는 질량 보존 법칙을 확인하기 위해 용기에 넣은 묽은 염산과 탄산 칼슘의 질량을 측정하였다. 열린 용기에서 묽은 염산과 탄산 칼슘을 반응시켰다. 충분한 시간이 지난 후 질량을 측정하였더니 질량이 감소하였다.

4 ( ) 안에 들어갈 알맞은 말을 쓰시오.

> 탄산 나트륨 수용액과 염화 칼슘 수용액을 반응시키면 앙금이 생성된다. 앙금이 생성되어도 반응물의 전체 질량은 생성물의 전체 질량과 같다. 이는 반응이 일어날 때, 원자의 (㉠)은 달라지지만, 원자의 (㉡)와 원자의 (㉢)는 변하지 않기 때문이다.

내신 기출 문제

① 질량 보존 법칙

01 다음 〈보기〉의 현상에서 공통적으로 알 수 있는 법칙은?

┤ 보기 ├

ㄱ. 물 100 g에 설탕 30 g을 녹이면 설탕물 130 g이 된다.
ㄴ. 물 30 g을 얼리면 부피가 증가하고 질량은 30 g이 된다.
ㄷ. 철 7 g과 황 4 g을 혼합 후 가열하면 황화 철 11 g이 된다.

① 보일 법칙
② 질량 보존 법칙
③ 일정 성분비 법칙
④ 기체 반응 법칙
⑤ 아보가드로 법칙

02 화학 반응이 일어날 때 질량 보존 법칙이 성립하는 까닭으로 옳은 것은?

① 화학 반응 후 기체가 발생하기 때문
② 화학 반응이 일어날 때 분자는 변하지 않기 때문
③ 화학 반응이 일어날 때 열에너지가 발생하기 때문
④ 화학 반응이 일어날 때 물질의 성질이 달라지기 때문
⑤ 화학 반응이 일어날 때 원자의 종류와 개수가 변하지 않기 때문

03 질량 보존 법칙이 성립되는 경우만을 〈보기〉에서 있는 대로 고른 것은? (단, 모든 반응은 닫힌 공간에서 일어난다.)

┤ 보기 ├

ㄱ. 철 + 산소 → 산화 철(Ⅱ)
ㄴ. 나무 + 산소 → 재 + 이산화 탄소 + 수증기
ㄷ. 염화 나트륨 + 질산 은 → 질산 나트륨 + 염화 은
ㄹ. 마그네슘 + 묽은 염산 → 염화 마그네슘 + 수소

① ㄱ, ㄴ
② ㄱ, ㄹ
③ ㄱ, ㄴ, ㄷ
④ ㄴ, ㄷ, ㄹ
⑤ ㄱ, ㄴ, ㄷ, ㄹ

04 그림은 염화 나트륨 수용액과 질산 은 수용액을 담은 용기 안에서 반응시킬 때 반응 전후 질량을 나타낸 것이다.

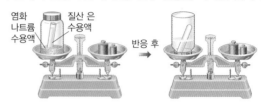

이에 대한 설명으로 옳지 **않은** 것은?

① 질산 나트륨은 물에 녹아 있다.
② 반응 후 흰색 앙금인 염화 은이 생성된다.
③ 위 실험을 통해 질량 보존 법칙을 확인할 수 있다.
④ 열린 용기에서 실험했다면 결과가 달라졌을 것이다.
⑤ 앙금이 생성되어도 반응 전후의 원자의 종류와 개수가 변하지 않는다.

05 그림과 같이 막대 저울의 양쪽에 같은 질량의 강철 솜을 매달아 수평이 되게 하고, 오른쪽의 강철 솜을 충분히 가열하였다.

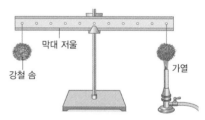

이에 대한 설명으로 옳은 것만을 〈보기〉에서 있는 대로 고른 것은?

┤ 보기 ├

ㄱ. 막대 저울은 오른쪽으로 기울어진다.
ㄴ. 강철 솜을 가열하면 공기 중의 산소와 결합하여 질량이 증가한다.
ㄷ. 반응하는 산소의 질량을 고려하면 질량 보존 법칙이 성립함을 설명할 수 있다.

① ㄱ
② ㄷ
③ ㄱ, ㄴ
④ ㄴ, ㄷ
⑤ ㄱ, ㄴ, ㄷ

06 구리 4 g을 공기 중에서 연소시킨 후 생성된 물질의 질량을 측정하였더니 5 g이었다. 구리와 결합한 산소의 질량은?

① 1 g
② 2 g
③ 4 g
④ 5 g
⑤ 9 g

고난도 실력 향상 문제

정답과 해설 | 6쪽

01 그림은 탄산 칼슘을 넣은 주사기와 묽은 염산을 넣은 주사기를 연결하여 반응 전후의 질량을 측정하는 모습을 나타낸 것이다.

묽은 염산   탄산 칼슘

반응 전   반응 후

이에 대한 설명으로 옳은 것만을 〈보기〉에서 있는 대로 고른 것은?

┤ 보기 ├
ㄱ. 반응이 일어나는 동안 주사기 전체의 질량은 점점 감소한다.
ㄴ. 비커에 담아 실험하더라도 같은 결과를 얻을 수 있다.
ㄷ. 묽은 염산과 탄산 칼슘이 반응하여 발생하는 기체를 주사기로 모을 수 있다.
ㄹ. 반응 전 묽은 염산과 탄산 칼슘의 질량을 알고 있다면 생성물의 전체 질량을 알 수 있다.

① ㄱ, ㄴ   ② ㄱ, ㄷ   ③ ㄱ, ㄹ
④ ㄴ, ㄹ   ⑤ ㄷ, ㄹ

02 그림은 열린 공간에서 나무의 연소 반응 전후의 질량을 측정하는 모습을 모형으로 나타낸 것이다.

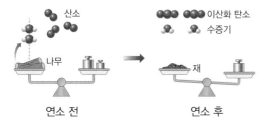

산소   이산화 탄소
수증기
나무   재

연소 전   연소 후

이에 대한 설명으로 옳은 것은?
① 연소 후 질량은 처음보다 증가한다.
② 반응 전후 반응물과 생성물의 원자의 종류와 개수는 같다.
③ 닫힌 공간에서 나무를 연소시키면 연소 후 질량 변화 폭이 더 커진다.
④ 나무와 결합한 산소의 질량은 연소 후 발생한 이산화 탄소와 수증기의 질량의 합과 같다.
⑤ 생성된 이산화 탄소와 수증기는 공기 중으로 흩어졌다가 다시 나무에 흡수되므로 질량이 보존된다.

서논술형 유형 연습

정답과 해설 | 6쪽

예제

01 그림 (가)는 묽은 염산이 들어 있는 유리병과 탄산 칼슘의 질량을 측정하는 모습을, 그림 (나)는 묽은 염산과 탄산 칼슘을 닫힌 용기에서 반응시킨 후의 모습을, 그림 (다)는 (나)에서 뚜껑을 열었을 때의 모습을 나타낸 것이다.

묽은 염산
탄산 칼슘
73.93

(가) 반응 전   (나) 반응 후   (다) 뚜껑을 열었을 때

(가)~(다)에서 측정된 질량을 부등호나 등호를 사용하여 비교하고, 그 까닭을 서술하시오.

Tip 탄산 칼슘과 묽은 염산이 반응하면 이산화 탄소 기체가 발생한다.
Key Word 질량, 닫힌 용기, 열린 용기, 이산화 탄소 기체

[설명] 닫힌 용기에서는 질량 보존 법칙에 의해 반응 전후 질량이 동일하게 측정되지만, 열린 용기에서는 날아간 기체의 질량만큼 감소한다.
[모범 답안] (가)=(나)>(다), 탄산 칼슘과 묽은 염산이 반응하면 이산화 탄소 기체가 발생한다. (나)의 닫힌 용기에서는 이산화 탄소 기체의 질량이 측정되어 반응물의 전체 질량과 생성물의 전체 질량이 같게 측정된다. 그러나 (다)의 열린 용기에서는 이산화 탄소 기체가 날아가 측정되지 않으므로 질량이 감소한다.

실전 연습

01 그림은 도가니에 구리 가루와 숯가루를 각각 넣고 공기 중에서 가열하는 모습을 나타낸 것이다.

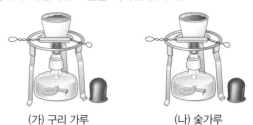

(가) 구리 가루   (나) 숯가루

(가)와 (나) 도가니 안에서의 질량 변화를 그 까닭과 함께 서술하시오.

Tip 구리는 연소하면 산소와 결합하고, 숯은 연소하면 이산화 탄소 기체가 발생한다.
Key Word 산소, 이산화 탄소, 질량

_____

_____

3 일정 성분비 법칙

❶ 일정 성분비 법칙

1. 일정 성분비 법칙(1799년, 프루스트): 화합물[+]을 구성하는 성분 원소 사이에는 일정한 질량비가 성립한다.[+] ➡ 두 가지 이상의 물질이 반응하여 화합물을 만들 때 반응하는 물질 사이의 질량비는 일정하다.

(1) 일정 성분비 법칙은 혼합물에서는 성립하지 않고, 화합물에서만 성립한다.[+]

(2) 일성 성분비 법칙이 성립하는 까닭: 물질을 구성하는 원자가 항상 일정한 개수비로 결합하여 화합물을 생성하기 때문이다.

- 원자는 각각 일정한 질량이 있고, 원자의 종류에 따라 질량이 다르다. ➡ 화합물을 구성하는 원자의 개수비가 일정하면 질량비도 일정하다.

2. 원자의 상대적 질량[+]을 이용하여 성분 원소의 질량비 구하기: 화합물을 구성하는 성분 원소의 질량비는 원자의 개수비에 원자의 상대적 질량을 곱해서 구한다.

(원자의 상대적 질량: 탄소=12, 산소=16)

구분	일산화 탄소(CO)	이산화 탄소(CO_2)
모형	⬤⚫	⚫⬤⚫
원자의 개수비(탄소 : 산소)	1 : 1	1 : 2
성분 원소의 질량비(탄소 : 산소)	$1\times12 : 1\times16=3 : 4$	$1\times12 : 2\times16=3 : 8$

3. 볼트(B)와 너트(N)를 이용한 일정 성분비 법칙 확인 모형: 화합물 모형을 구성하는 볼트와 너트는 일정한 개수비로 결합하므로, 여분의 모형은 결합하지 못하고 남는다.

예 화학 반응식: $B + 2N \longrightarrow BN_2$

(단, B의 질량=3 g, N의 질량=1 g)

구분	반응물		생성물	남는 물질	반응에 참여하는 B : N
모형	🔩🔩🔩 +	⬡⬡⬡⬡⬡⬡	BN₂ 모형	없음	🔩🔩🔩 : ⬡⬡⬡⬡⬡⬡
개수	B 3개	N 6개	BN₂ 3개		3 : 6=1 : 2
모형	🔩🔩🔩 +	⬡⬡⬡⬡	BN₂ 모형	🔩	🔩🔩 : ⬡⬡⬡⬡
개수	B 3개	N 4개	BN₂ 2개	B 1개	2 : 4=1 : 2

(1) 반응에 참여하는 볼트(B)와 너트(N)의 개수비: 1 : 2로 일정하며, 여분의 모형은 결합하지 않고 남는다.

(2) 반응에 참여하는 볼트(B)와 너트(N)의 질량비: $B : N=(1개\times3 g) : (2개\times1 g)=3 : 2$로 일정하다.

✛ 화합물
두 가지 이상의 원소가 결합하여 생성된 물질

✛ 몇 가지 화합물을 이루는 성분 원소의 질량비
한 화합물을 구성하는 성분 원소의 질량비는 항상 일정하다.

물질	성분 원소	질량비
물	수소 : 산소	1 : 8
암모니아	질소 : 수소	14 : 3
황화 철	철 : 황	7 : 4
산화 구리(Ⅱ)	구리 : 산소	4 : 1

✛ 혼합물과 일정 성분비 법칙
혼합물은 두 종류 이상의 순물질이 섞여 있는 물질이다. 혼합물은 성분 물질의 양에 따라 혼합 비율이 달라지므로 일정 성분비 법칙이 성립하지 않는다.
예 소금물은 소금과 물의 양에 따라 여러 가지 농도로 만들 수 있다.

✛ 원자의 상대적 질량

수소	탄소	질소	산소
1	12	14	16

✛ 성분 원소의 종류는 같고, 질량비가 다른 화합물
같은 원소로 이루어진 화합물이라도 화합물을 구성하는 성분 원소의 질량비가 다르면 서로 다른 물질이다.

화합물	성분 원소	질량비
하이드라진	질소 : 수소	7 : 1
암모니아		14 : 3
물	수소 : 산소	1 : 8
과산화 수소		1 : 16

기초 섭렵 문제

❶ 일정 성분비 법칙

▶ 두 가지 이상의 물질이 반응하여 □□□을 만들 때, 반응하는 물질 사이에는 일정한 □□□가 성립한다.

▶ 일정 성분비 법칙은 □□□에서는 성립하지 않고, □□□에서만 성립한다.

▶ 화합물을 구성하는 원자의 □□□가 일정하기 때문에 일정 성분비 법칙이 성립한다.

▶ 화합물을 구성하는 성분 원소의 질량비가 다르면 서로 □□ 물질이다.

▶ 볼트(B)와 너트(N)를 이용하여 BN_2를 만들 때 B가 5개, N가 12개 있으면 BN_2 □개를 만들고 □이 □개 남는다.

01 ( ) 안에 알맞은 말을 쓰시오.

> 두 물질이 반응하여 화합물을 만들 때, 반응하는 두 물질 사이에 일정한 (㉠)가 성립한다. 이를 (㉡) 법칙이라고 한다.

02 표는 성분 원소의 종류는 같고 질량비가 다른 화합물의 구성 성분의 원자 수, 질량, 질량비를 나타낸 것이다. 표를 완성하시오. (단, 원자의 상대적 질량은 수소 원자는 1, 탄소 원자는 12, 질소 원자는 14, 산소 원자는 16이다.)

화합물	구성 원자	원자 수	질량	질량비
암모니아(NH_3)	질소 원자(N)			N : H= ( ) : ( )
	수소 원자(H)			
하이드라진(N_2H_4)	질소 원자(N)			N : H= ( ) : ( )
	수소 원자(H)			
이산화 탄소(CO_2)	탄소 원자(C)			C : O= ( ) : ( )
	산소 원자(O)			
일산화 탄소(CO)	탄소 원자(C)			C : O= ( ) : ( )
	산소 원자(O)			

03 다음은 여러 가지 물질을 나타낸 것이다. 다음 물질 중 일정 성분비 법칙이 성립하는 것은 ○표, 성립하지 <u>않는</u> 것은 ×표를 하시오.

(1) 물 ( ) (2) 공기 ( )
(3) 간장 ( ) (4) 우유 ( )
(5) 염화 수소 ( ) (6) 산화 마그네슘 ( )

04 오른쪽 그림은 볼트(B)와 너트(N)를 가지고 화합물 모형(BN_3)을 만든 것을 나타낸 것이다. 볼트(B) 1개의 질량이 3 g, 너트(N) 1개의 질량이 2 g일 때 화합물 모형(BN_3)를 이루는 볼트(B)와 너트(N)의 질량비(B : N)을 쓰시오.

② 화합물을 이루는 성분 원소의 질량비

1. 산화 구리(Ⅱ) 생성 반응에서 질량비: 구리 가루를 가열하면 구리와 산소가 4 : 1의 질량비로 반응하여 산화 구리(Ⅱ)가 생성된다.[+]

	구리	+	산소	⟶	산화 구리(Ⅱ)
질량비 ➡	4	:	1	:	5

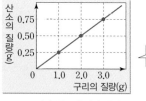
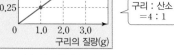

구리 : 산소 =4 : 1

▲ 구리와 산소의 질량 관계

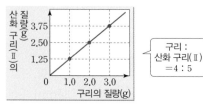

구리 : 산화 구리(Ⅱ) =4 : 5

▲ 구리와 산화 구리(Ⅱ)의 질량 관계

+ 산화 구리(Ⅱ)에서의 일정 성분비 법칙

산화 구리(Ⅱ)가 생성될 때 구리 이온과 산화 이온은 1 : 1의 개수비로 결합한다. 이때 구리 이온과 산화 이온의 질량비는 4 : 1이므로 산화 구리(Ⅱ)를 구성하는 구리와 산소의 질량비는 4 : 1로 일정하다.

2. 산화 마그네슘 생성 반응에서 질량비: 마그네슘을 가열하면 마그네슘과 산소가 3 : 2의 질량비로 반응하여 산화 마그네슘이 생성된다.

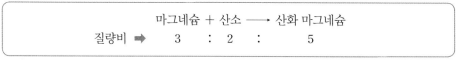

	마그네슘	+	산소	⟶	산화 마그네슘
질량비 ➡	3	:	2	:	5

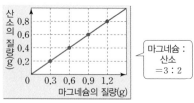

마그네슘 : 산소 =3 : 2

▲ 마그네슘과 산소의 질량 관계

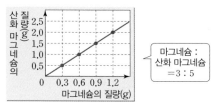

마그네슘 : 산화 마그네슘 =3 : 5

▲ 마그네슘과 산화 마그네슘의 질량 관계

+ 아이오딘화 납 앙금(노란색) 생성 반응에서 질량비

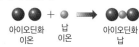

아이오딘화 이온 + 납 이온 ⟶ 아이오딘화 납

아이오딘화 이온과 납 이온은 일정한 개수비(2 : 1)로 결합한다. 아이오딘화 납이 생성될 때 결합하는 아이오딘화 이온과 납 이온 사이에는 일정한 질량비가 성립한다.

3. 물의 합성 반응에서 질량비: 수소와 산소의 혼합 기체에 전기 불꽃을 가하면 수소와 산소가 1 : 8의 질량비로 반응하여 물이 생성된다.

	수소	+	산소	⟶	물
질량비 ➡	1	:	8	:	9

➡ **물 합성 실험에서 질량 관계[+]:** 수소와 산소는 항상 1 : 8의 질량비로 반응하여 물을 생성하므로 과량의 수소 또는 산소는 반응하지 않고 남는다. 따라서 남은 기체의 질량을 이용하여 반응한 기체의 질량을 알아내어 질량비를 계산한다.

실험	반응 전 기체의 질량(g)		남은 기체의 종류와 질량(g)	반응한 기체의 질량(g)		생성된 물의 질량(g)
	수소	산소		수소	산소	
Ⅰ	2	8	수소, 1	1	8	9
Ⅱ	3	24	없음	3	24	27
Ⅲ	6	60	산소, 12	6	48	54
반응하는 수소와 산소의 질량비				1 : 8		

+물 합성 실험에서 질량 관계

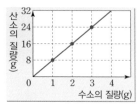

기초 섭렵 문제

❷ 화합물을 이루는 성분 원소의 질량비

❷ 화합물을 이루는 성분 원소의 질량비

▶ 구리를 연소시키면 구리와 □□가 일정한 □□□로 반응하여 □□ □□(Ⅱ)가 생성된다.

▶ 산화 구리(Ⅱ)를 구성하는 □□와 □□의 질량비는 4 : 1이다.

▶ 구리의 연소 반응에서 산화 구리(Ⅱ)의 질량은 구리의 질량에 반응한 □□의 질량만큼 □□한다.

▶ 물의 합성 반응에서 반응한 □□ : 반응한 □□ : 생성된 □의 질량비는 1 : 8 : 9이다.

05 그림은 구리 가루가 산소와 반응하여 산화 구리(Ⅱ)가 될 때의 질량 관계를 나타낸 것이다.

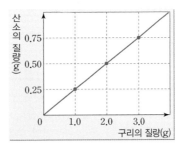

이에 대한 설명으로 옳은 것은 ○표, 옳지 <u>않은</u> 것은 ×표를 하시오.

(1) 구리 4 g이 모두 반응할 때 산소 1 g이 반응한다. (   )

(2) 구리와 산화 구리(Ⅱ)의 질량비는 4 : 1이다. (   )

(3) 구리 1 g이 모두 반응하면 산화 구리(Ⅱ) 1.25 g이 생성된다. (   )

(4) 이 그래프를 통해 구리와 산소가 일정한 질량비로 반응하여 산화 구리(Ⅱ)를 생성함을 알 수 있다. (   )

06 표는 마그네슘을 공기 중에서 가열할 때 반응하는 마그네슘과 산소의 질량 관계를 나타낸 것이다. ㉠~㉢에 들어갈 알맞은 수를 쓰시오.

마그네슘의 질량(g)	3	6	9	12
산소의 질량(g)	㉠	㉡	6	㉢

07 오른쪽 그림은 물의 합성 반응에서 반응하는 수소와 산소의 질량 관계를 나타낸 것이다. 수소와 산소의 질량비를 구하시오.

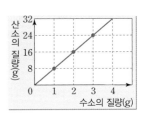

08 다음은 물의 합성 반응에서 질량비에 대한 설명이다. (   ) 안에 들어갈 알맞은 말을 쓰시오.

(㉠)와 (㉡)가 반응할 때 (㉠)와 (㉡)가 일정한 (㉢)로 반응하여 물이 생성된다. 수소 0.3 g, 산소 2.4 g을 반응시켜 물이 생성되었을 때 반응 후 남은 기체가 없었다. 수소 0.2 g과 산소 0.8 g이 반응하여 물이 생성되면 반응 후 (㉣) 기체 (㉤) g이 남는다.

필수 탐구 일정 성분비 법칙 확인하기 − 산화 구리(Ⅱ) 생성 반응에서 질량비

목표

구리의 연소 반응에서 산화 구리(Ⅱ)를 구성하는 구리와 산소 사이의 질량 관계를 설명할 수 있다.

구리를 가열하여 산소와 반응시켜 산화 구리(Ⅱ)를 만들 때에는 구리 가루를 잘 섞어 구리 가루가 완전히 연소가 되도록 해야 한다.

과정

1 도가니에 구리 가루 0.5 g을 넣고 핫플레이트 위에 올린 후 잘 섞어주면서 가열한다.

2 구리 가루의 색이 모두 검게 변하면 도가니를 식힌 후, 산화 구리(Ⅱ)의 질량을 측정한다.

3 1.0 g, 1.5 g, 2.0 g, 2.5 g, 3.0 g의 구리 가루로 [과정 **1**], [과정 **2**]를 반복하여 산화 구리(Ⅱ)의 질량을 측정한다.

4 측정한 산화 구리(Ⅱ)의 질량으로부터 구리와 반응한 산소의 질량을 구한다.
 • 구리와 반응한 산소의 질량 = 산화 구리(Ⅱ)의 질량 − 구리의 질량

산화 구리(Ⅱ)는 보통 구리의 검은 녹이며 산소와 구리 원자가 1 : 1의 개수비로 결합하여 생성된다.

산화 구리(Ⅱ) 5.0 g

구리 4.0 g / 산소 1.0 g

산화 구리(Ⅱ)의 질량비
구리 : 산소 = 4 : 1

결과

1 구리를 연소시키면 산소와 결합하여 산화 구리(Ⅱ)가 생성된다.

구리 + 산소 ⟶ 산화 구리(Ⅱ) ($2Cu + O_2 \longrightarrow 2CuO$)

2 산화 구리(Ⅱ)가 생성될 때 반응하는 구리와 산소의 질량 관계

구리 가루의 질량(g)	0.5	1.0	1.5	2.0	2.5	3.0
산화 구리(Ⅱ)의 질량(g)	0.625	1.25	1.875	2.5	3.125	3.75
구리와 반응한 산소의 질량(g)	0.125	0.25	0.375	0.5	0.625	0.75

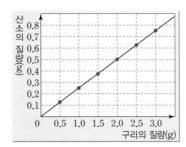

3 산화 구리(Ⅱ)를 구성하는 성분 원소인 구리와 산소는 항상 4 : 1의 일정한 질량비를 나타낸다.

정리

1 구리를 연소시키면 구리가 공기 중의 산소와 결합하여 산화 구리(Ⅱ)를 생성한다.

2 산화 구리(Ⅱ)를 구성하는 구리와 산소의 질량비는 항상 4 : 1로 일정하다. 이처럼 화합물의 성분 원소 사이에는 일정한 질량비가 성립하는데, 이를 일정 성분비 법칙이라고 한다.

수행평가 섭렵 문제

일정 성분비 법칙 확인하기

▶ 구리 가루를 도가니에 넣고 잘 섞어주면서 가열하면 구리 가루가 □□색으로 변한다.

▶ 구리를 가열하여 □□와 반응시키면 □□ □□(Ⅱ)가 생성된다.

▶ 구리 가루 1 g을 모두 연소시켰을 때 산화 구리(Ⅱ) 1.25 g이 생성되었으므로 구리와 산소의 질량비는 □ : □이다.

▶ 산화 구리(Ⅱ)를 구성하는 구리와 산소의 질량비는 항상 일정하다. 이처럼 □□□의 성분 원소 사이에는 일정한 질량비가 성립하는데, 이를 □□ □□□ □□이라고 한다.

1 다음은 구리의 연소 반응에서 구리와 산화 구리(Ⅱ)의 질량을 측정하여 나타낸 것이다.

구리 가루의 질량(g)	1.0	2.0	3.0
산화 구리(Ⅱ)의 질량(g)	1.25	㉠	3.75
반응한 (㉡)의 질량(g)	0.25	㉢	0.75

(1) 구리의 연소 반응을 화학 반응식으로 나타내시오.

(2) ㉠~㉢에 알맞은 숫자나 말을 쓰시오.

㉠: (   )   ㉡: (   )   ㉢: (   )

(3) 산화 구리(Ⅱ)를 구성하는 성분 원소 사이의 질량비(구리 : 산소)를 쓰시오.

(4) 위의 제시된 자료를 바탕으로 산화 구리(Ⅱ)를 구성하는 성분 원소 사이의 질량 관계 그래프와 구리와 산화 구리(Ⅱ) 사이의 질량 관계 그래프를 완성하시오.

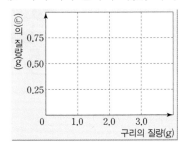 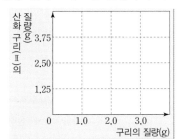

2 표는 구리 가루 3 g을 도가니에 넣고 가열하면서 시간에 따라 처음 구리 가루 3 g에서 증가한 질량을 측정한 결과를 나타낸 것이다.

시간(분)	5	10	15	20
증가한 질량(g)	0.25	0.5	0.75	0.75

15분과 20분에 증가한 질량이 같은 까닭을 쓰시오.

3 구리를 가열하여 산화 구리(Ⅱ)를 생성하는 실험에서 반응하는 구리의 양이 달라짐에 따라 변하는 것만을 〈보기〉에서 있는 대로 고르시오.

┤ 보기 ├
ㄱ. 구리와 결합하는 산소의 질량
ㄴ. 구리와 반응하는 산소의 질량비
ㄷ. 생성되는 산화 구리(Ⅱ)의 질량
ㄹ. 구리가 완전히 반응하는 데 걸리는 시간

내신 기출 문제

1 일정 성분비 법칙

01 일정 성분비 법칙에 대한 설명으로 옳은 것은?

① 혼합물과 화합물에서 모두 성립한다.

② 반응물의 전체 질량과 생성물의 전체 질량이 같다.

③ 화합물을 구성하는 성분 원소가 같으면 같은 물질이다.

④ 화합물을 구성하는 성분 원소가 달라도 질량비가 같으면 같은 물질이다.

⑤ 두 가지 이상의 물질이 반응하여 화합물을 만들 때 반응물 사이에 일정한 질량비가 성립한다.

02 일정 성분비 법칙이 적용되지 <u>않는</u> 것은?

① 수소 + 산소 ⟶ 물

② 철 + 황 ⟶ 황화 철

③ 수소 + 질소 ⟶ 암모니아

④ 산소 + 마그네슘 ⟶ 산화 마그네슘

⑤ 과산화 수소 + 물 ⟶ 과산화 수소수

03 그림은 물(H_2O)과 과산화 수소(H_2O_2)를 모형으로 나타낸 것이다.

물(H_2O)   과산화 수소(H_2O_2)

이에 대한 설명으로 옳지 <u>않은</u> 것은? (단, 수소 원자와 산소 원자의 상대적 질량은 각각 1, 16이다.)

① 물과 과산화 수소는 구성 원소가 같다.

② 물을 구성하는 수소와 산소의 질량비는 1 : 8이다.

③ 과산화 수소를 구성하는 수소와 산소의 질량비는 1 : 16이다.

④ 물과 과산화 수소는 구성 원소의 질량비가 다르므로 서로 다른 물질이다.

⑤ 물 분자의 개수가 많아지면 물 분자를 구성하는 원소의 개수비가 변한다.

04 볼트(B) 30개와 너트(N) 36개로 오른쪽 그림과 같은 BN_3 모형을 최대한 만들 수 있는 개수와 남은 모형의 개수를 옳게 짝 지은 것은?

	BN_3 모형	남은 모형
①	10개	B, 12개
②	10개	N, 6개
③	12개	B, 18개
④	12개	N, 6개
⑤	18개	B, 18개

2 화합물을 이루는 성분 원소의 질량비

05 그림은 마그네슘의 질량을 달리하여 가열할 때 생성된 산화 마그네슘의 질량을 측정한 결과를 나타낸 것이다.

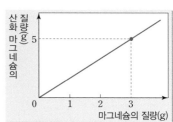

산화 마그네슘을 이루는 마그네슘과 산소의 질량비(마그네슘 : 산소)로 옳은 것은?

① 2 : 3   ② 2 : 5   ③ 3 : 2

④ 3 : 5   ⑤ 3 : 8

06 표는 수소와 산소를 반응시켜 물을 합성할 때, 반응하는 두 기체 사이의 질량을 나타낸 것이다.

반응 전 기체의 질량(g)		남아 있는 기체의 질량(g)
수소	산소	
0.3	2.9	산소, 0.5
0.6	㉠	없음

㉠에 들어갈 산소 기체의 질량(g)으로 옳은 것은?

① 1.0   ② 2.9   ③ 3.9

④ 4.8   ⑤ 5.8

01 표는 철, 마그네슘, 구리가 산소와 반응하여 생성된 산화 철(Ⅲ), 산화 마그네슘, 산화 구리(Ⅱ)에서 성분 원소의 질량비를 나타낸 것이다.

물질	성분 원소의 질량비
산화 철(Ⅲ)	철 : 산소=5 : 2
산화 마그네슘	마그네슘 : 산소=3 : 2
산화 구리(Ⅱ)	구리 : 산소=4 : 1

30 g의 철, 마그네슘, 구리를 충분한 양의 산소와 반응시켜 생성된 화합물 중 질량이 가장 큰 물질과 그 질량을 옳게 짝 지은 것은?

① 산화 구리(Ⅱ), 37.5 g ② 산화 마그네슘, 42 g
③ 산화 철(Ⅲ), 42 g ④ 산화 마그네슘, 50 g
⑤ 산화 철(Ⅲ), 70 g

02 일정량의 마그네슘 가루를 공기 중에서 가열할 때 가열 시간에 따른 생성되는 산화 마그네슘의 질량 변화 그래프로 옳은 것은?

①

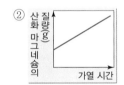
②

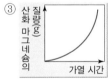
③

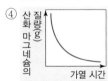
④

⑤

03 그림은 1개의 질량이 5 g인 A와 질량이 1 g인 B로 만든 화합물(AB₂)의 모형이다.

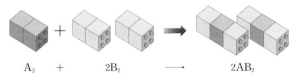

A₂ + 2B₂ ⟶ 2AB₂

이 화합물(AB₂)을 구성하는 두 성분 원소의 질량비 (A : B)를 구하시오.

예제

01 다음은 물의 입자 모형을 개수를 다르게 하여 나타낸 것이다.

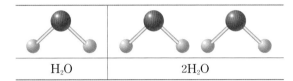

| H₂O | 2H₂O |

이를 이용하여 일정 성분비 법칙이 성립함을 서술하시오. (단, 수소 원자와 산소 원자의 질량비는 1 : 16이다.)

Tip 화합물을 구성하는 원자의 개수비가 일정하기 때문에 원소의 질량비가 일정하다.
Key Word 물, 수소, 산소, 개수비, 질량비

[설명] 물(H₂O) 분자 1개는 수소 원자 2개와 산소 원자 1개로 이루어진다. 수소와 산소의 질량비가 1 : 16이므로, 물을 구성하는 성분 원소의 질량비는 2 : 16=1 : 8이다. 물(H₂O) 분자 2개는 수소 원자 4개와 산소 원자 2개로 이루어진다. 수소와 산소의 질량비가 1 : 16이므로, 물을 구성하는 성분 원소의 질량비는 4 : 32=1 : 8이다. 따라서 물을 합성할 때는 수소와 산소가 1 : 8의 질량비로 결합함을 알 수 있다.
[모범 답안] 물 분자 1개는 수소 원자 2개와 산소 원자 1개로 결합하여 생성된다. 물 분자 2개는 수소 원자 4개와 산소 원자 2개로 결합하여 생성된다. 물 분자 1개와 2개는 모두 수소 원자와 산소 원자의 개수비가 2 : 1로 일정하기 때문에 물 분자를 구성하는 성분 원소의 질량비는 항상 일정하다. 따라서 두 물질이 화합하여 한 화합물을 만들 때 반응하는 두 물질 사이에는 항상 일정한 질량비가 성립한다.

실전 연습

01 암모니아와 하이드라진은 모두 질소(N)와 수소(H)로 이루어진 화합물이며, 다음과 같은 질량비로 구성된다.

구분	암모니아	하이드라진
질소(N) : 수소(H)	14 : 3	7 : 1

암모니아의 화학식이 NH₃일 때 하이드라진을 이루는 질소와 수소 원자의 개수비를 구하고, 이를 설명하시오.

Tip 암모니아는 질소 1개와 수소 3개로 이루어진 화합물이다. 질소와 수소의 질량비가 14 : 3이므로, 질소와 수소의 질량비가 14 : 1임을 알 수 있다.
Key Word 질소, 수소, 질량비, 개수비

4 기체 반응 법칙

❶ 기체 반응 법칙

1. 기체 반응 법칙(1808년, 게이뤼삭): 일정한 온도와 압력에서 기체들이 반응하여 새로운 기체가 생성될 때 각 기체의 부피 사이에는 간단한 정수비가 성립한다.✚

(1) 수소와 산소가 반응하여 수증기를 생성할 때 부피비는 수소 : 산소 : 수증기＝2 : 1 : 2로 일정하다. ➡ 기체 사이의 부피비는 화학 반응식에서 계수비와 같다.

화학 반응식과 모형	$2H_2$ + O_2 ⟶ $2H_2O$
부피비	2 : 1 : 2

(2) 수증기 생성 반응에서 부피 관계✚

반응 전 기체의 부피(L)		반응 후 남는 기체의 종류와 부피(L)	반응한 기체의 부피(L)		생성된 수증기(H_2O)의 부피(L)
수소(H_2)	산소(O_2)		수소(H_2)	산소(O_2)	
3	1	수소, 1	2	1	2
4	4	산소, 2	4	2	4
8	3	수소, 2	6	3	6

2. 아보가드로 법칙(1811년, 아보가드로): 같은 온도와 압력에서 모든 기체는 같은 부피 속에 같은 수의 분자가 들어 있다. 기체는 분자 수에 비례하여 부피를 차지하므로, 기체의 부피와 그 부피 속에 포함된 기체 분자의 수는 비례한다.✚ ➡ 기체 반응 법칙이 성립하는 까닭

3. 기체 반응 법칙의 적용: 온도와 압력이 일정할 때 기체 사이의 반응에서 각 기체의 부피비는 분자 수비와 같다.

암모니아 생성 반응	화학 반응식과 모형	N_2 + $3H_2$ ⟶ $2NH_3$
	부피비	1 : 3 : 2
	분자 수비	1 : 3 : 2
염화 수소 생성 반응	화학 반응식과 모형	H_2 + Cl_2 ⟶ $2HCl$
	부피비	1 : 1 : 2
	분자 수비	1 : 1 : 2
이산화 탄소 생성 반응	화학 반응식과 모형	$2CO$ + O_2 ⟶ $2CO_2$
	부피비	2 : 1 : 2
	분자 수비	2 : 1 : 2

✚ **기체 반응 법칙**
기체 반응 법칙은 반응물과 생성물이 기체인 경우에만 성립한다.
⑩ 탄소＋산소 → 이산화 탄소
　　　　　　　　　고체
➡ 기체 반응 법칙이 성립하지 않는다.

✚ **수증기 생성 반응에서 부피비**
과량으로 혼합된 기체는 반응하지 않고 남는다. 따라서 남은 기체의 부피를 통해 반응한 기체의 부피를 알아내어 부피비를 계산한다.

✚ **아보가드로 법칙 적용**
1기압, 0 ℃일 때 1부피

수소　수증기　암모니아
분자 수: 수소＝수증기＝암모니아
↓ 부피가 2배 증가하면
↓ 분자 수도 2배 증가
1기압, 0 ℃일 때 2부피

분자 수: 수소＝수증기＝암모니아

✚ **기체 분자의 크기와 부피**
기체 분자의 크기는 분자 사이의 평균 거리에 비해 매우 작기 때문에 기체 분자의 크기는 전체 기체의 부피에 영향을 주지 않는다. 따라서 같은 수의 분자가 차지하는 공간의 크기는 같은 온도와 압력 조건에서는 항상 같다.

기초 섭렵 문제

정답과 해설 | 8쪽

❶ 기체 반응 법칙

▶ 일정한 ☐☐와 ☐☐에서 ☐☐들이 반응하여 새로운 ☐☐가 될 때 각 기체의 ☐☐ 사이에는 간단한 정수비가 성립한다.

▶ 기체의 ☐☐는 달라도 같은 온도와 압력에서는 같은 부피 속에 같은 수의 ☐☐가 들어 있다.

▶ 일정한 온도와 압력에서 수소와 산소가 반응하여 수증기를 생성할 때, 수소 : 산소 : 수증기의 분자 수비는 ☐ : ☐ : ☐이고, 부피비는 ☐ : ☐ : ☐이다.

▶ 화학 반응에서 기체 물질의 ☐☐비는 화학 반응식의 ☐☐비와 같다.

01 ( ) 안에 알맞은 말을 쓰시오.

> 기체들이 반응하여 새로운 기체가 생성될 때, 일정한 (㉠)와/과 (㉡)에서 각 기체들의 부피 사이에는 간단한 (㉢)가 성립한다.

02 일정한 온도와 압력에서 수소 10 mL와 염소 10 mL를 반응시켰더니 모두 반응하여 염화 수소 20 mL가 생성되었다. 이에 대한 설명으로 옳은 것은 ○표, 옳지 <u>않은</u> 것은 ×표를 하시오.

(1) $H_2 + Cl_2 \longrightarrow H_2Cl_2$로 나타낼 수 있다. ( )
(2) 수소, 염소, 염화 수소 기체 사이의 부피비는 1 : 1 : 2이다. ( )
(3) 이 반응에서 기체의 부피비는 화학 반응식의 계수비와 같다. ( )
(4) 수소 20 mL와 염소 10 mL를 반응시키면 염화 수소 30 mL가 생성된다.
( )

03 그림은 일산화 탄소 기체와 산소 기체가 반응하여 이산화 탄소를 생성할 때 부피비를 나타낸 것이다.

일산화 탄소 2부피   산소 1부피   이산화 탄소 2부피

일정한 온도와 압력에서 일산화 탄소 기체 50 mL와 산소 기체 30 mL가 반응할 때 생성되는 이산화 탄소의 부피는 몇 mL인지 쓰시오.

04 그림은 수소와 산소가 반응하여 수증기가 생성되는 반응을 모형으로 나타낸 것이다. (단, 반응 전후 온도와 압력은 일정하다.)

수소   산소   수증기

이에 대한 설명으로 옳은 것은 ○표, 옳지 <u>않은</u> 것은 ×표를 하시오.

(1) 수소와 산소의 질량비는 2 : 1이다. ( )
(2) 반응한 수소의 부피와 생성된 수증기의 부피가 같다. ( )
(3) 수소, 산소, 수증기 모두 1부피에 포함된 분자 수가 같다. ( )

4. 기체 반응 법칙 ● **33**

내신 기출 문제

1 기체 반응 법칙

01 다음은 기체 반응 법칙을 설명한 것이다.

> 기체들이 반응하여 새로운 기체가 생성될 때 각 기체들이 부피 사이에는 항상 일정한 정수비가 성립한다.

위의 법칙이 성립하는 조건으로 가장 옳은 것은?

① 일정한 온도
② 일정한 압력
③ 일정한 습도, 일정한 압력
④ 일정한 온도, 일정한 압력
⑤ 일정한 온도, 일정한 반응 시간

02 그림은 같은 온도와 압력일 때 1부피에 포함된 수소, 수증기, 암모니아와 2부피에 포함된 수소, 수증기, 암모니아 분자의 수를 모형으로 나타낸 것이다.

위 모형에 대한 설명으로 옳지 않은 것은?

① 기체는 분자 수에 비례하여 부피를 차지한다.
② 같은 부피 속에 같은 수의 분자가 들어 있다.
③ 기체의 종류에 따라 부피 속의 분자 수가 다르다.
④ 기체의 부피와 그 부피 속에 포함된 기체 분자 수는 비례한다.
⑤ 기체 반응 법칙이 성립하는 까닭을 이 모형으로 설명할 수 있다.

03 다음에서 설명하는 법칙으로 가장 옳은 것은?

> 기체의 종류는 달라도 같은 온도와 압력에서 같은 부피 속에 같은 수의 분자가 들어 있다.

① 질량 보존 법칙　　　② 일정 성분비 법칙
③ 기체 반응 법칙　　　④ 아보가드로 법칙
⑤ 샤를 법칙

04 그림은 수소와 산소가 반응하여 수증기가 생성되는 반응을 모형으로 나타낸 것이다.

이에 대한 설명으로 옳지 않은 것은? (단, 온도와 압력은 일정하며, 원자의 상대적 질량은 수소 원자는 1, 산소 원자는 16이다.)

① 수소와 산소 사이에는 2 : 1의 질량비가 성립한다.
② 반응한 산소의 부피는 반응한 수소 부피의 $\frac{1}{2}$이다.
③ 산소 2분자가 모두 반응하면 수증기 4분자가 생성된다.
④ 수증기 분자 수는 수소 분자와 산소 분자 수의 합보다 적다.
⑤ 기체가 반응할 때 각 기체들의 부피 사이에는 간단한 정수비가 성립한다.

05 표는 일정한 온도와 압력에서 수소와 염소가 반응하여 염화 수소를 합성할 때 반응하는 두 기체 사이의 부피 관계를 나타낸 것이다.

실험	수소(mL)	염소(mL)	남아 있는 기체(mL)
1	10	30	염소, 20
2	20	15	수소, 5
3	25	25	없음

이에 대한 설명으로 옳은 것만을 〈보기〉에서 있는 대로 고른 것은?

> **│ 보기 │**
> ㄱ. 실험 1에서 염소의 부피를 늘리면 기체가 남지 않는다.
> ㄴ. 실험 1에서 수소는 모두 반응한다.
> ㄷ. 실험 2에서 염화 수소 기체 30 mL가 생성된다.
> ㄹ. 온도와 압력이 변해도 실험 결과는 달라지지 않는다.

① ㄱ, ㄴ　　② ㄱ, ㄷ　　③ ㄱ, ㄹ
④ ㄴ, ㄷ　　⑤ ㄴ, ㄹ

01 그림은 일산화 탄소(CO)와 산소(O_2)가 반응하여 이산화 탄소(CO_2)를 생성하는 반응을 모형으로 나타낸 것이다.

일산화 탄소 2부피   산소 1부피   이산화 탄소 2부피

이를 참고하여 탄소(C)와 산소(O_2)가 반응하여 이산화 탄소(CO_2)를 생성하는 반응을 설명하려고 할 때, 이와 같은 모형을 이용하여 부피비를 설명할 수 <u>없는</u> 까닭으로 옳은 것은? (단, 두 반응 모두 온도와 압력은 일정하다.)

① 산소가 충분하게 반응한 정도가 다르기 때문에
② 탄소와 일산화 탄소는 결합비가 다르기 때문에
③ 생성되는 이산화 탄소의 분자 수가 다르기 때문에
④ 기체들이 반응하여 기체를 생성한 반응이 아니기 때문에
⑤ 같은 부피 속에 같은 수의 분자가 들어 있지 않기 때문에

02 그림은 질소(N_2)와 수소(H_2) 기체가 반응하여 암모니아(NH_3)를 생성하는 반응을 모형으로 나타낸 것이다. 이 모형으로 알 수 있는 것만을 〈보기〉에서 있는 대로 고르시오. (단, 온도와 압력은 일정하다.)

질소   수소   암모니아

┤ 보기 ├
ㄱ. 화학 반응의 계수비
ㄴ. 화학 반응의 질량비
ㄷ. 화학 반응의 분자 수비
ㄹ. 원자의 상대적 질량비
ㅁ. 화학 반응에서 물질의 부피비

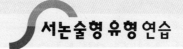

예제

01 다음은 일정한 온도와 압력에서 수소(H_2)와 산소(O_2)가 반응하여 수증기(H_2O)가 생성되는 반응에서 반응 전과 후 기체에 대한 자료를 나타낸 것이다.

실험	반응 전 기체의 부피(mL)		반응 후 남은 기체의 종류와 부피(mL)
	수소	산소	
1	60	15	수소, 30 mL
2	120	㉠	없음
3	30	75	㉡

⑴ 실험 2에서 반응한 산소 기체의 양 ㉠을 구하고, 화학 반응식을 이용하여 서술하시오.
⑵ 실험 3에서 반응 후 남은 기체의 종류와 부피 ㉡을 구하고, 이 과정을 기체 반응 법칙을 사용하여 서술하시오.

Tip 수소 기체와 산소 기체가 만나 수증기가 되는 반응을 화학 반응식으로 나타내면 $2H_2+O_2 \longrightarrow 2H_2O$이다. 일정한 온도와 압력에서 기체들이 반응하여 새로운 기체를 생성할 때 기체들 사이에는 간단한 정수비가 성립한다.
Key Word 수소, 산소, 수증기, 화학 반응식, 기체, 정수비

[설명] 실험 1을 통해 수소 30 mL와 산소 15 mL가 반응했음을 알 수 있다. 따라서 두 기체 사이에는 2 : 1의 부피비가 성립하는데, 이는 화학 반응식의 계수비와 같다.
[모범 답안] ⑴ 60 mL, 수소와 산소 기체가 결합하여 수증기를 생성하는 반응의 화학 반응식은 $2H_2+O_2 \longrightarrow 2H_2O$이다. 일정한 온도와 압력에서 화학 반응식의 계수비는 기체 물질들의 부피비와 같다. 따라서 수소와 산소는 2 : 1로 반응하므로 60 mL의 산소 기체가 반응한다.
⑵ 산소 60 mL, 일정한 온도와 압력에서 기체들이 결합하여 새로운 기체를 생성할 때 각 기체들의 부피 사이에는 항상 일정한 정수비가 성립한다. 수소와 산소의 부피비가 2 : 1이므로 수소 30 mL가 모두 반응할 때 산소 15 mL가 반응한다. 따라서 산소 60 mL가 남는다.

실전 연습

01 뷰테인(C_4H_{10})을 연소시키면 이산화 탄소와 수증기가 생성된다. 뷰테인 2 L가 완전 연소했을 때 생성되는 이산화 탄소와 수증기의 부피를 구하고, 그 풀이 과정을 설명하시오. (단, 온도와 압력은 일정하다.)

Tip 뷰테인의 연소 반응을 화학 반응식으로 나타내면, $2C_4H_{10}+13O_2 \longrightarrow 8CO_2+10H_2O$이다. 온도와 압력이 일정할 때 각 기체의 부피비는 화학 반응식의 계수비와 같다.
Key Word 화학 반응식, 계수비, 부피비

5 화학 반응에서의 에너지 출입

❶ 화학 반응에서의 에너지 출입

1. 화학 반응이 일어날 때 에너지 변화: 에너지를 방출하거나 흡수한다.

2. 발열 반응: 에너지를 방출하는 반응이다. 반응이 일어날 때 에너지를 방출하므로 주변의 온도가 높아진다.

 에너지 방출

　예 연소 반응, 산과 염기⁺의 반응, 산화 칼슘과 물의 반응, 금속과 산의 반응, 철이 녹스는 반응, 호흡⁺ 등

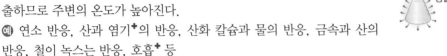

연소 반응	산과 염기의 반응	산화 칼슘과 물의 반응
	수산화 나트륨 수용액 / 묽은 염산	물 / 산화 칼슘
공기 중의 산소와 빠르게 반응하여 에너지를 방출	염산과 수산화 나트륨 수용액이 반응하여 에너지를 방출	산화 칼슘과 물이 반응하여 에너지를 방출

3. 흡열 반응: 에너지를 흡수하는 반응이다. 반응이 일어날 때 에너지를 흡수하므로 주변의 온도가 낮아진다.

 에너지 흡수

　예 수산화 바륨과 염화 암모늄의 반응, 소금과 물의 반응, 광합성, 열분해⁺, 물의 전기 분해, 질산 암모늄과 물의 반응 등

수산화 바륨과 염화 암모늄의 반응	소금과 물의 반응	광합성
수산화 바륨 + 염화 암모늄	소금 / 얼음물	물관 / 체관 / 태양 / 기공 / 이산화 탄소 / 포도당 / 산소 / 물 / 설탕 / 녹말 / 체관
수산화 바륨과 염화 암모늄이 반응할 때 에너지를 흡수	소금이 물에 녹을 때 에너지를 흡수	식물이 엽록체에서 포도당을 합성할 때 에너지를 흡수

4. 화학 반응에서 출입하는 에너지의 이용

　(1) 발열 반응의 이용

　　① 발열 깔창: 철 가루와 산소가 반응할 때 방출하는 에너지로 발을 따뜻하게 한다.

　　② 발열 컵: 산화 칼슘과 물이 반응할 때 방출하는 에너지로 컵 안의 음료를 데운다.

　　③ 염화 칼슘 제설제: 염화 칼슘이 물과 반응할 때 에너지를 방출하므로 제설제로 이용된다.

　(2) 흡열 반응의 이용

　　① 냉찜질 주머니: 질산 암모늄이 물에 녹을 때 온도가 낮아지는 것을 이용한다.

　　② 한제: 두 가지 이상의 물질을 혼합하여 만든 냉각제로, 주로 얼음과 소금을 혼합한 것을 이용한다.

✚ 산과 염기
산은 푸른색 리트머스 종이를 붉게 만드는 물질이며, 그 종류에는 염산, 황산 등이 있다. 염기는 붉은색 리트머스 종이를 푸르게 만드는 물질이며, 그 종류에는 수산화 나트륨, 수산화 칼륨, 수산화 칼슘 등이 있다.

✚ 호흡
호흡에서 포도당과 산소가 반응할 때 방출하는 에너지는 체온을 유지하거나 운동 등의 생명 활동을 하는 데 이용된다.

✚ 소석고를 묻힌 붕대

분말 형태의 소석고를 묻힌 붕대를 물에 적시고 다친 다리에 감은 후 5분～10분 정도 기다리면 석고가 굳으면서 열이 발생하여 따뜻해진다.

✚ 탄산수소 나트륨의 열분해

빵을 만들 때 사용하는 베이킹파우더의 주성분은 탄산수소 나트륨으로, 탄산수소 나트륨을 가열하면 열에너지를 흡수하면서 분해된다. 이때 이산화 탄소 기체가 생성되므로 빵이 부풀어 오른다.

기초 섭렵 문제

❶ 화학 반응에서의 에너지 출입

▶ 화학 반응이 일어날 때에는 에너지를 □□하거나 □□한다.

▶ 발열 반응은 □□□를 □□하는 반응이며 주변의 온도가 □□진다.

▶ 흡열 반응은 □□□를 □□하는 반응이며 주변의 온도가 □□진다.

01 화학 반응에서의 에너지 출입에 대한 설명으로 옳은 것은 ○표, 옳지 않은 것은 ×표를 하시오.

(1) 화학 반응이 일어날 때는 에너지를 방출하거나 흡수한다. ( )

(2) 화학 반응이 일어날 때 에너지를 방출하면 주변의 온도가 낮아진다. ( )

(3) 화학 반응이 일어날 때 에너지를 흡수하면 주변의 온도가 높아진다. ( )

02 다음은 다양한 화학 반응을 나타낸 것이다. 아래의 반응을 에너지를 방출하는 반응과 에너지를 흡수하는 반응으로 바르게 연결하시오.

(1) 물질의 연소 반응 •

(2) 철이 녹스는 반응 •

(3) 소금과 물의 반응 •

(4) 식물의 광합성 반응 •

(5) 금속과 산의 반응 •

(6) 산과 염기의 반응 •

• ㉠ 에너지를 방출하는 반응

• ㉡ 에너지를 흡수하는 반응

03 다음은 화학 반응이 일어날 때 주변의 온도 변화에 대한 설명이다. ( ) 안에 알맞은 말을 쓰시오.

에너지를 방출하는 반응을 발열 반응이라고 하며, 발열 반응이 일어날 때 주변의 온도는 (㉠)진다. 에너지를 흡수하는 반응을 흡열 반응이라고 하며, 흡열 반응이 일어날 때 주변의 온도는 (㉡)진다.

04 다음은 화학 반응에서 출입하는 에너지의 이용을 나타낸 것이다. 발열 반응을 이용한 것은 '발열', 흡열 반응을 이용한 것은 '흡열'을 쓰시오.

(1) 발열 깔창: ( )

(2) 냉찜질 주머니: ( )

(3) 염화 칼슘 제설제: ( )

필수 탐구   화학 반응에서 에너지의 출입 확인하기

 활동 1 온열기(손난로) 만들기

목표

에너지를 방출하는 화학 반응을 이용하여 온열기(손난로)를 만들 수 있다.

부직포에는 공기가 통과할 수 있는 미세한 구멍이 있다. 따라서 철 가루가 공기 중의 산소와 만나 화학 반응 ($4Fe + 3O_2 \longrightarrow 2Fe_2O_3$) 할 수 있도록 하기 위해 손난로를 만들 때 부직포를 사용한다.

과정

1 비커에 철 가루, 활성탄, 소금, 질석을 한 숟가락씩 넣어 철 가루 혼합물을 만든다.
2 [과정 1]의 철 가루 혼합물을 부직포 봉투에 넣고 스포이트를 이용하여 물을 떨어뜨린다.
3 부직포 봉투를 한 번 접어 스테이플러로 봉합한다.
4 완성된 손난로를 흔들어 나타나는 변화를 확인한다.

1   2   4

결과 화학 반응이 일어남에 따라 부직포 봉투가 점점 따뜻해진다.

정리 철 가루가 산소와 화학 반응하여 산화 철을 생성할 때 에너지를 방출하므로 주변의 온도가 높아져 손난로가 따뜻해진다.

 활동 2 냉각기(손 냉장고) 만들기

목표

에너지를 흡수하는 화학 반응을 이용하여 냉각기(손 냉장고)를 만들 수 있다.

질산 암모늄이 물에 녹아 이온화될 때($NH_4NO_3 \longrightarrow NH_4^+ + NO_3^-$) 열에너지를 흡수하는 것을 이용한다.

과정

1 작은 지퍼 백에 물을 $\frac{1}{2}$ 정도 넣고 입구를 닫는다.
2 큰 지퍼 백에 질산 암모늄을 $\frac{1}{5}$ 정도 넣고 온도를 측정한다.
3 [과정 1]의 작은 지퍼 백을 [과정 2]의 큰 지퍼 백에 넣고 큰 지퍼 백의 입구를 밀봉한다.
4 작은 지퍼 백을 눌러 물과 큰 지퍼 백의 질산 암모늄이 잘 섞이도록 한다.
5 반응 후 지퍼 백에서 나타나는 온도 변화를 확인한다.

3   물   4   지퍼 백을 누른다.   5

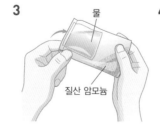  

질산 암모늄   손 냉장고

결과 화학 반응이 일어남에 따라 지퍼 백이 점점 차가워진다.

정리 질산 암모늄이 물에 녹을 때 에너지를 흡수하므로 주변의 온도가 낮아져 손 냉장고가 차가워진다.

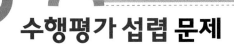
수행평가 섭렵 문제

화학 반응에서 에너지의 출입 확인하기

▶ 철 가루와 산소가 반응하면 □□□이 생성되면서 에너지를 □□하므로 주변의 온도가 □□진다.

▶ 온열기(손난로)는 □□ 반응을 이용하여 만든 것이다.

▶ 질산 암모늄이 물에 녹을 때 에너지를 □□하므로 주변의 온도가 □□진다.

▶ 냉각기(손 냉장고)는 □□ 반응을 이용하여 만든 것이다.

1 다음은 화학 반응에서 에너지의 출입을 이용하여 간이 냉각기를 만드는 실험 과정을 나타낸 것이다.

〈실험 과정〉
(가) 작은 지퍼 백에 물을 넣고, 큰 지퍼 백에는 질산 암모늄을 넣은 후 각각 온도를 측정한다.
(나) 작은 지퍼 백을 큰 지퍼 백에 넣고 입구를 밀봉한다.
(다) 작은 지퍼 백을 손으로 눌러 물과 질산 암모늄을 반응시킨 후 온도를 확인한다.

(1) (다)에서 온도는 어떻게 변하는지 쓰시오. (   )
(2) 화학 반응이 일어날 때 에너지가 방출 또는 흡수되는데, 위의 과정은 어떤 과정에 해당되는지 쓰시오. (   )

2 화학 반응에서 출입하는 에너지를 이용하여 냉각기를 만들 때 사용할 수 있는 반응으로 옳은 것은?

① 철이 부식하는 반응
② 숯이 연소하는 반응
③ 산화 칼슘과 물의 반응
④ 질산 암모늄과 물의 반응
⑤ 염산과 수산화 나트륨 수용액의 반응

3 그림은 질산 암모늄과 물이 반응할 때 에너지가 흡수되는 것을 모형으로 나타낸 것이다.

에너지 흡수

질산 암모늄과 물의 반응에 대한 설명으로 옳은 것은 ○표, 옳지 않은 것은 ×표를 하시오.

(1) 주변의 온도가 높아진다. (   )
(2) 질산 암모늄과 물이 반응하면 주변의 에너지를 흡수한다. (   )
(3) 질산 암모늄과 물 대신 소금과 얼음을 반응시켜도 같은 결과를 얻을 수 있다.
(   )

4 다음은 화학 반응에서 에너지 출입을 이용한 예를 나타낸 것이다. 발열 반응이 이용된 것에는 '발열', 흡열 반응이 이용된 것에는 '흡열'을 쓰시오.

(1) 냉찜질 주머니 : (   )
(2) 발열 도시락 : (   )

내신 기출 문제

① 화학 반응에서의 에너지 출입

01 화학 반응이 일어날 때 에너지 변화에 대한 설명으로 옳은 것은?

① 화학 반응이 일어나면 주변의 에너지는 변하지 않는다.
② 화학 반응이 일어나면 항상 에너지를 방출한다.
③ 화학 반응이 일어날 때 에너지를 방출 또는 흡수한다.
④ 화학 반응이 일어나면 주변의 온도는 항상 높아진다.
⑤ 화학 반응이 일어나더라도 주변의 온도는 변하지 않는다.

02 다음은 발열 반응과 흡열 반응에 대한 설명이다.

> 화학 반응이 일어날 때 에너지를 방출하는 반응을 (㉠) 반응이라고 하며, 주변의 온도가 (㉡)진다. 화학 반응이 일어날 때 에너지를 흡수하는 반응을 (㉢) 반응이라고 하며, 주변의 온도가 (㉣)진다.

㉠~㉣에 들어갈 알맞은 말을 옳게 짝 지은 것은?

	㉠	㉡	㉢	㉣
①	발열	높아	흡열	낮아
②	발열	낮아	흡열	높아
③	발열	높아	발열	높아
④	흡열	낮아	발열	높아
⑤	흡열	높아	발열	낮아

03 에너지를 방출하는 반응만을 〈보기〉에서 있는 대로 고른 것은?

> ┤ 보기 ├
> ㄱ. 묽은 염산과 수산화 나트륨 수용액이 반응한다.
> ㄴ. 손난로 속의 철 가루가 산소와 반응하여 열이 발생한다.
> ㄷ. 베이킹파우더를 넣은 빵 반죽을 오븐에 넣어 구우면 빵이 부풀어 오른다.

① ㄱ   ② ㄴ   ③ ㄷ
④ ㄱ, ㄴ   ⑤ ㄴ, ㄷ

04 화학 반응이 일어날 때 주변의 온도가 높아지는 경우는?

① 식물의 광합성 반응
② 메테인의 연소 반응
③ 소금과 얼음물의 반응
④ 탄산수소 나트륨의 열분해 반응
⑤ 수산화 바륨과 염화 암모늄의 반응

05 발열 반응에 해당하는 것만을 〈보기〉에서 있는 대로 고른 것은?

> ┤ 보기 ├
> ㄱ. 산화 칼슘이 물과 반응한다.
> ㄴ. 소금과 물이 반응한다.
> ㄷ. 나무가 공기 중에서 빠르게 산소와 반응하여 연소한다.
> ㄹ. 묽은 염산과 수산화 나트륨 수용액이 반응한다.

① ㄱ, ㄴ   ② ㄴ, ㄷ   ③ ㄴ, ㄹ
④ ㄷ, ㄹ   ⑤ ㄱ, ㄷ, ㄹ

06 화학 반응이 일어날 때 주변의 온도가 낮아지는 반응은?

①
묽은 염산
아연

②
수산화 나트륨 수용액
묽은 염산

③
물
산화 칼슘

④
수산화 바륨 + 염화 암모늄

⑤
철의 녹

01 화학 반응이 진행되면 에너지의 출입이 생긴다. 에너지 출입의 방향이 다른 것은?

① 피자를 굽는 화덕의 장작이 연소한다.
② 어두운 방에서 양초에 불을 밝히면 밝아진다.
③ 탄산 칼슘이 분해되어 산화 칼슘과 이산화 탄소를 생성한다.
④ 소석고를 묻힌 붕대를 물에 적시고 다리에 감으면 석고가 굳는다.
⑤ 겨울날 손난로를 사용하면 추위를 피할 수 있다.

[02~03] 그림은 발열 반응과 흡열 반응에서 에너지 출입을 순서 없이 나타낸 것이다.

(가) 에너지 방출 (나) 에너지 흡수

02 이에 대한 설명으로 옳지 않은 것은?

① (가)는 에너지를 방출하는 반응으로 주변의 온도가 높아진다.
② (나)는 에너지를 흡수하는 반응으로 주변의 온도가 낮아진다.
③ (가)의 반응은 냉찜질 주머니에 이용된다.
④ 염화 칼슘이 물과 반응할 때 에너지의 출입은 (가)와 같다.
⑤ 소금을 얼음물과 반응시켜 한제를 만드는 것은 (나)의 원리를 이용한 것이다.

03 다음은 우리 주변에서 일어나는 다양한 현상이다.

┤ 보기 ├
ㄱ. 질산 암모늄을 물에 녹이는 반응으로 냉찜질 주머니를 만들 수 있다.
ㄴ. 천연가스의 주성분인 메테인이 연소한다.
ㄷ. 공기 중에 방치되어 있던 철로 된 자전거가 녹슬었다.
ㄹ. 식물은 광합성을 하여 필요한 양분을 얻는다.

(가)와 (나)에 해당하는 화학 반응을 옳게 짝 지은 것은?

	(가)	(나)		(가)	(나)
①	ㄱ	ㄴ	②	ㄱ	ㄷ
③	ㄴ	ㄷ	④	ㄴ	ㄹ
⑤	ㄱ	ㄹ			

예제

01 다음은 발열 반응과 흡열 반응에서의 에너지의 이동을 나타낸 것이다.

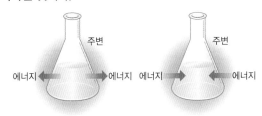

발열 반응 흡열 반응

각 반응에서 주변의 온도가 어떻게 변하는지 서술하시오.

Tip 발열 반응이 일어나면 주변으로 에너지를 방출하고, 흡열 반응이 일어나면 주변의 에너지를 흡수한다.
Key Word 온도, 발열 반응, 흡열 반응

[설명] 발열 반응이 일어나면 주변으로 에너지를 방출하게 된다. 따라서 주변의 온도는 높아진다. 흡열 반응이 일어나면 주변의 에너지를 흡수하게 된다. 따라서 주변의 온도는 낮아진다.
[모범 답안] 발열 반응이 일어나면 주변의 온도가 높아지고, 흡열 반응이 일어나면 주변의 온도가 낮아진다.

실전 연습

01 물을 적신 나무판 위에 그림과 같이 수산화 바륨과 질산 암모늄을 넣은 삼각 플라스크를 올려놓고 반응시키면 나무판이 삼각 플라스크에 달라붙는다.

수산화 바륨 + 질산 암모늄

물

위의 삼각 플라스크 속에서 일어나는 반응에서 에너지 출입과 주변의 온도 변화를 서술하시오.

Tip 수산화 바륨과 질산 암모늄의 반응은 흡열 반응이다.
Key Word 에너지, 흡수, 주변의 온도

_____

_____

_____

대단원 마무리

1 물질 변화

01 다음은 물질 변화가 일어날 때 여러 가지 현상을 나타낸 것이다.

> (가) 콩을 삶는다.
> (나) 액체 양초가 심지를 타고 올라가 끝에서 기화한다.
> (다) 설탕을 가열하여 녹인 후 탄산수소 나트륨을 넣으면 부풀어 오른다.

이에 대한 설명으로 옳은 것은?

① (가)에서 물질의 성질은 변하지 않는다.
② (나)에서 양초 분자의 배열이 달라진다.
③ (나)는 연소 반응으로 화학 변화에 해당한다.
④ (다)에서 부피 팽창은 물리 변화로 볼 수 있다.
⑤ (다)의 변화가 일어날 때 원자의 개수가 달라진다.

02 그림은 물이 (가)와 (나)의 변화를 거쳐 수증기와 수소, 산소로 되는 과정을 모형으로 나타낸 것이다.

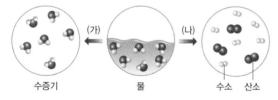

수증기   물   수소 산소

(가)와 (나)의 변화 과정에 대한 설명으로 옳은 것은?
(정답 2개)

① (가)는 물이 에너지를 흡수하여 기체가 되는 반응이므로 화학 반응이다.
② (가)의 과정에서 원자의 종류와 개수는 변하지 않는다.
③ (나)는 물이 수소와 산소로 분해되는 반응으로 발열 반응에 해당한다.
④ (나)의 과정에서 원자의 종류와 개수는 변하지 않는다.
⑤ (가)와 (나) 모두 공통적으로 분자의 배열만 달라진다.

2 질량 보존 법칙

03 질량 보존 법칙에 대한 설명으로 옳은 것만을 〈보기〉에서 있는 대로 고른 것은?

> ┤ 보기 ├
> ㄱ. 물리 변화가 일어날 때 적용된다.
> ㄴ. 화학 변화가 일어날 때는 적용되지 않는다.
> ㄷ. 앙금 생성 반응에서는 생성물의 전체 질량이 증가한다.
> ㄹ. 기체 발생 반응에서는 생성물의 전체 질량이 감소한다.

① ㄱ
② ㄱ, ㄴ
③ ㄱ, ㄹ
④ ㄴ, ㄷ
⑤ ㄴ, ㄷ, ㄹ

04 화학 반응 전후에 질량이 보존되는 까닭으로 옳은 것은?

① 모든 물질은 같은 원자로 구성되어 있기 때문에
② 같은 종류의 원자라도 질량이 다를 수 있기 때문에
③ 결합하는 원자의 크기와 질량이 모두 다르기 때문에
④ 결합하는 원자들 사이에는 일정한 개수비가 성립하기 때문에
⑤ 화학 반응 전후에 원자가 새로 생기거나 없어지지 않기 때문에

05 그림과 같이 밀폐된 용기에서 강철 솜을 연소시켰을 때 질량이 보존되는 까닭으로 옳은 것은?

산소
강철 솜
연소한 후의 산화 철

① 연소시킬 때 원자가 사라지기 때문에
② 밀폐된 용기에서는 불완전 연소가 일어나기 때문에
③ 반응물의 산소는 기체로 질량이 측정되지 않기 때문에
④ 강철 솜은 연소되면서 산소와 결합하여 질량이 증가하기 때문에
⑤ 밀폐된 용기에서는 반응물인 산소의 질량이 측정되기 때문에

06 입자 모형으로 질량 보존 법칙을 설명하고자 할 때 (가)에 들어갈 적절한 모형은?

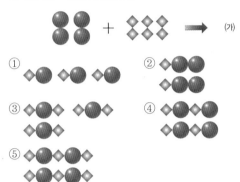

07 오른쪽 그림은 열린 용기에서 염화 나트륨과 질산 은 수용액이 반응할 때 나타나는 변화를 관찰하는 실험을 나타낸 것이다. 이에 대한 설명으로 옳은 것은?

① 생성된 앙금은 질산 나트륨이다.
② 생성된 앙금의 색깔은 검은색이다.
③ 반응 전후에 전체 질량의 합은 같다.
④ 닫힌 용기에서 실험했다면 결과는 달라진다.
⑤ 앙금이 생성되었으므로 질량이 증가한다.

❸ 일정 성분비 법칙

[08~09] 표는 일정량의 구리를 충분한 양의 산소와 반응시킬 때 생성된 산화 구리(Ⅱ)의 질량을 나타낸 것이다.

구리(g)	2	4	6	8	10
산화 구리(Ⅱ)(g)	2.5	5.0	7.5	10.0	12.5

08 이에 대한 설명으로 옳지 않은 것은?

① 구리 2 g과 반응한 산소의 질량은 0.5 g이다.
② 결합하는 구리와 산소의 질량비는 4 : 1이다.
③ 산화 구리(Ⅱ) 20 g을 얻기 위해서는 산소 4 g이 있어야 한다.
④ 구리는 공기 중의 산소와 결합하여 산화 구리(Ⅱ)가 된다.
⑤ 가열 시간을 계속 늘리면 생성되는 산화 구리(Ⅱ)의 양이 계속 증가한다.

09 일정량의 구리 가루를 도가니에 넣고 연소시킬 때 가열 시간에 따른 반응한 산소의 질량을 그래프로 옳게 나타낸 것은?

10 다음은 이산화 탄소와 황화 철을 이루는 원소의 질량비를 나타낸 것이다.

• 이산화 탄소－탄소 : 산소＝3 : 8
• 황화 철－철 : 황＝7 : 4

이산화 탄소와 황화 철을 각각 44 g씩 얻기 위해 반응시켜야 하는 탄소와 철의 양을 옳게 짝 지은 것은?

	탄소	철		탄소	철
①	12	28	②	12	40
③	24	14	④	24	28
⑤	36	40			

11 그림은 어떤 화학 반응을 입자 모형으로 나타낸 것이다.

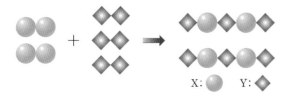

X: ●   Y: ◆

이에 대한 설명으로 옳은 것만을 〈보기〉에서 있는 대로 고른 것은?

┤ 보기 ├
ㄱ. 위 모형으로 일정 성분비 법칙을 설명할 수 있다.
ㄴ. 화학 반응식으로 나타내면 $2X_2 + 3Y_2 \longrightarrow 2X_2Y_3$이다.
ㄷ. X가 더 많이 존재했다면 생성물의 양이 증가한다.
ㄹ. X의 상대적 질량이 2이고 Y의 상대적 질량이 3이면, 생성물을 이루는 원소 X와 Y의 질량비는 2 : 3이다.

① ㄱ, ㄴ   ② ㄱ, ㄷ   ③ ㄱ, ㄹ
④ ㄴ, ㄷ   ⑤ ㄷ, ㄹ

④ 기체 반응 법칙

12 표는 일정한 온도와 압력에서 수소와 산소가 반응하여 수증기를 합성할 때 반응하는 두 기체 사이의 부피 관계를 나타낸 것이다.

실험	수소(mL)	산소(mL)	남아 있는 기체(mL)
1	10	30	산소, 25
2	25	10	수소, 5
3	30	15	?

위의 반응에 대한 설명으로 옳지 <u>않은</u> 것은?

① 수소와 산소 원자는 일정한 개수비로 결합한다.
② 수소와 산소는 일정한 부피비로 반응한다.
③ 반응한 수소와 생성된 수증기의 부피비는 1 : 1이다.
④ 실험 1에서 50 mL의 수소 기체가 더 반응할 수 있다.
⑤ 실험 3에서 반응 후 남은 기체는 산소 5 mL이다.

13 그림은 질소(N_2)와 수소(H_2) 기체가 반응하여 암모니아(NH_3)를 생성하는 반응을 모형으로 나타낸 것이다.

질소   수소   암모니아

이에 대한 설명으로 옳지 <u>않은</u> 것은? (단, 온도와 압력은 일정하다.)

① 반응이 진행되면 부피는 늘어난다.
② 반응이 진행되면 분자 수는 줄어든다.
③ 질소와 암모니아의 분자 수비는 1 : 2이다.
④ 반응 전후 원자의 종류와 개수는 변하지 않는다.
⑤ 수소 15 mL가 모두 반응하면 암모니아 10 mL가 생성된다.

⑤ 화학 반응에서의 에너지 출입

14 반응이 일어날 때 주변의 온도가 높아지는 반응만을 〈보기〉에서 있는 대로 고른 것은?

┤ 보기 ├
ㄱ. 소금과 물의 반응
ㄴ. 산화 칼슘과 물의 반응
ㄷ. 수산화 바륨과 염화 암모늄의 반응
ㄹ. 염산과 수산화 나트륨 수용액의 반응

① ㄱ, ㄴ   ② ㄱ, ㄷ   ③ ㄴ, ㄹ
④ ㄷ, ㄹ   ⑤ ㄴ, ㄷ, ㄹ

15 에너지를 방출하는 화학 반응을 이용한 예가 <u>아닌</u> 것은?
① 손난로를 이용한다.
② 추운 겨울 날 발열 깔창을 사용한다.
③ 눈이 쌓인 도로에 제설제를 뿌려 눈을 녹인다.
④ 따뜻한 차를 마시기 위해 발열 컵을 이용한다.
⑤ 소금과 얼음을 반응시키면 한제를 만들 수 있다.

대단원 서논술형 문제

01 A는 수소와 산소가 반응하여 물을 합성하는 반응을, B는 물이 수증기로 기화하는 것을 모형으로 나타낸 것이다.

A	B

A와 B에서 물질의 성질 변화 여부를 그 까닭과 함께 서술하시오.

Tip 물리 변화는 분자의 배열만 달라지지만, 화학 변화는 원자 배열이 달라진다.
Key Word 물리 변화, 분자 배열, 화학 변화, 원자 배열

_____

_____

02 그림 (가)~(다)는 묽은 염산이 담긴 삼각 플라스크에 방해석을 넣고 반응을 완결시킨 다음, 뚜껑을 여는 과정을 나타낸 것이다.

(가) ─ 묽은 염산, 방해석
(나)
(다)

(1) (가)와 (나)의 질량을 비교하고, 그 까닭을 서술하시오.

Tip 닫힌 용기에서는 발생한 기체가 공기 중으로 빠져 나가지 않으므로 질량이 일정하다.
Key Word 닫힌 용기, 발생한 기체, 질량

_____

_____

(2) (나)와 (다)의 질량을 비교하고, 그 까닭을 서술하시오.

Tip 열린 용기에서는 생성된 기체가 공기 중으로 빠져 나간다.
Key Word 열린 용기, 질량

_____

_____

03 표는 구리와 산소가 반응하여 산화 구리(Ⅱ)를 생성하는 반응을 모형으로 나타낸 것이다.

구분	(가)	(나)	(다)
구리 원자 모형	2개	4개	4개
산소 원자 모형	6개	4개	2개
산화 구리(Ⅱ) 모형	4①①④	①④①④ ④①④①	④① ①④
남는 원자	산소 원자 4개	0	구리 원자 2개

산화 구리(Ⅱ)의 성분 원소인 구리와 산소의 질량비를 쓰고, 각각의 산화 구리(Ⅱ) 모형에서 일정한 질량비가 성립하는 까닭을 서술하시오. (단, 노란색 스티커 1개는 4 g의 구리를, 빨간색 스티커 1개는 1 g의 산소를 의미한다.)

Tip 산화 구리(Ⅱ)는 구리 원자 1개와 산소 원자 1개가 결합하여 생성된다.
Key Word 원자, 개수비

_____

_____

04 메테인(CH_4)이 연소하면 수증기와 이산화 탄소가 생성된다. 메테인 10 L를 완전 연소시켰을 때 생성되는 수증기와 이산화 탄소의 부피를 구하는 과정을 서술하고, 각각의 부피를 구하시오. (단, 온도와 압력은 일정하다.)

Tip 온도와 압력이 일정할 때 기체의 부피비는 화학 반응식의 계수비와 같다.
Key Word 화학 반응식, 부피비, 계수비

_____

_____

Ⅱ 기권과 날씨

1 기권과 지구 기온

❶ 기권의 층상 구조

1. 기권: 지구를 둘러싸고 있는 대기

(1) 기권을 구성하는 기체

① 질소, 산소가 대부분을 이룬다.

② 아르곤, 이산화 탄소 등이 조금 포함되어 있다.

(2) 기권을 이루는 대기는 지표면으로부터 약 1000 km 높이까지 분포한다.

▲ 대기를 이루는 성분의 부피비

2. 기권의 층상 구조

(1) 기권의 구분 기준: 높이에 따른 기온 분포

① 대류권, 성층권, 중간권, 열권 4개의 층으로 구분한다.

② 높이 올라갈수록 기온이 낮아지는 층: 대류권, 중간권

③ 높이 올라갈수록 기온이 높아지는 층: 성층권, 열권

(2) 기권의 구조와 특징

① 대류권: 지표~높이 약 11 km 구간

• 위로 올라갈수록 기온이 낮아진다.

• 공기 대부분이 모여 있다.

• 대류⁺가 활발하고, 수증기가 포함되어 있다.

• 비나 눈 등의 기상 현상이 나타난다.

② 성층권: 높이 약 11 km~50 km 구간

• 위로 올라갈수록 기온이 높아진다.

• 대류가 일어나지 않는 안정한 층이다.

• 성층권 하부 20 km~30 km 구간에 오존층이 존재한다.

③ 중간권: 높이 약 50 km~80 km 구간

• 위로 올라갈수록 기온이 낮아진다.

• 대류가 일어나지만, 수증기가 거의 없어서 기상 현상은 나타나지 않는다.

• 높이 약 80 km 부근에서 기온이 가장 낮다.

• 상부에서 유성⁺이 관측되기도 한다.

④ 열권: 높이 약 80 km~1000 km 구간

• 위로 올라갈수록 기온이 높아진다.

• 공기가 매우 희박하다.

• 낮과 밤의 기온 차이가 매우 크다.

• 고위도 지방에서는 오로라⁺가 나타나기도 한다.

▲ 기권의 구조

➕ 대류

열을 받아 따뜻해진 기체나 액체의 부피가 커지고 밀도가 작아져 위쪽으로 올라가면서 열을 전달하는 방식이다.

➕ 유성

외권에 있는 천체가 남긴 암석 조각들이 지구로 들어오면서 대기와 마찰하여 밝게 빛난다.

➕ 오로라(극광)

태양에서 날아오는 전기를 띤 입자가 기권의 상층에서 대기 입자들과 충돌하여 빛을 내는 현상이다.

기초 섭렵 문제

❶ 기권의 층상 구조

▶ □□은 지구를 둘러싸고 있는 대기로, 지표면에서부터 약 □□□□km 높이까지 분포한다.

▶ 기권은 높이에 따른 □□ 분포를 기준으로 □개의 층으로 구분한다.

▶ 높이 올라갈수록 기온이 낮아지는 층은 □□□. □□□이고, 높이 올라갈수록 기온이 높아지는 층은 □□□. □□이다.

▶ 성층권 하부 20 km~30 km 사이의 구간에는 □□□이 분포하며, 이곳에서는 태양으로부터 오는 □□□을 흡수한다.

▶ 외권에 있는 천체가 남긴 암석 조각들이 지구로 들어오면서 대기와 마찰하여 밝게 빛나는 □□은 □□□에서 관측된다.

▶ 극광 현상이라고 불리는 □□□는 고위도 지방의 □□에서 나타난다.

---

01 그림은 기권을 구성하는 기체의 성분비를 나타낸 것이다.

A, B에 해당하는 기체를 쓰시오.

02 기권에 대한 설명으로 옳은 것은 ○표, 옳지 <u>않은</u> 것은 ×표를 하시오.

(1) 지구에 존재하는 모든 물과 얼음을 뜻한다. ( )
(2) 기권은 지표면으로부터 높이 약 500 km까지 분포한다. ( )
(3) 기권은 여러 가지 기체를 포함하고 있다. ( )
(4) 기권의 기온은 높이 올라갈수록 계속해서 낮아진다. ( )

03 그림은 기권의 층상 구조를 나타낸 것이다. A~D층의 이름을 각각 쓰시오.

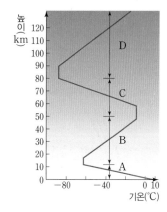

04 기권의 각 층과 이에 해당하는 특징을 옳게 연결하시오.

(1) 열권 •   • ㉠ 유성
(2) 중간권 •   • ㉡ 오로라
(3) 성층권 •   • ㉢ 오존층
(4) 대류권 •   • ㉣ 기상 현상

② 복사 평형

1. 복사 에너지: 물질의 도움을 받지 않고 복사의 형태로 직접 전달되는 에너지
  (1) **태양 복사 에너지:** 태양이 방출하는 복사 에너지
  (2) **지구 복사 에너지:** 지구가 방출하는 복사 에너지

2. 지구의 복사 평형✚
  (1) **복사 평형:** 물체가 흡수하는 복사 에너지양과 방출하는 복사 에너지양이 같아 온도가 일정하게 유지되는 상태
  (2) **지구의 복사 평형**
    ① 지구는 흡수하는 태양 복사 에너지양과 같은 양의 복사 에너지를 방출한다.
    ② 지구는 복사 평형을 이루므로, 연평균 기온이 일정하게 유지된다.

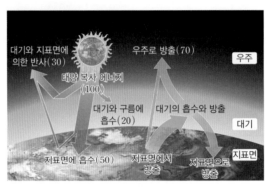
▲ 지구의 복사 평형

③ 지구 온난화

1. 온실 효과✚
  (1) **온실 효과:** 지구의 대기가 지표로 방출하는 복사 에너지 때문에 평균 기온이 높아지는 현상
    ① 지구의 대기는 지구에서 방출되는 복사 에너지를 대부분 흡수하고, 흡수한 복사 에너지의 일부를 지표면으로 다시 방출하여 지표면의 온도를 높이고 보온하는 역할을 한다.
    ② 지구에 대기가 없다면 온실 효과가 나타나지 않아서 낮은 온도에서 복사 평형을 이룬다.

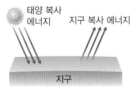 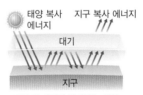
▲ 지구의 온실 효과와 복사 평형

  (2) **온실 기체:** 온실 효과를 일으키는 대기의 성분
    ① 지구 복사 에너지를 흡수하여 온실 효과를 일으킨다.
    ② 수증기, 이산화 탄소, 메테인 등이 있다.

2. 지구 온난화: 온실 효과의 증가로 지구의 평균 기온이 점점 상승하는 현상
  (1) **지구 온난화의 원인**✚: 온실 기체의 양이 점점 많아지기 때문이다.
    ➡ 인류의 산업 활동으로 인해 온실 기체의 양이 점점 증가하고 있다.
  (2) **지구 온난화의 영향**
    ① 빙하가 녹고 해수의 부피 증가로 해수면이 상승하고 육지가 줄어들고 있다.
    ② 전 세계적으로 폭염, 홍수 등의 기상 이변이 자주 나타날 수 있다.

✚ **지구의 복사 평형**
지구로 들어오는 태양 복사 에너지를 100이라고 할 때, 대기와 지표면에서 반사된 30을 뺀 70만 흡수된다. 이때, 흡수한 70만큼의 복사 에너지를 방출하므로 지구는 복사 평형을 이루고 있다.

✚ **온실 효과**
유리창으로 된 온실은 태양으로부터 들어온 복사 에너지(가시광선, 자외선)는 잘 통과시키지만, 온실 내의 지면에서 복사되는 에너지(적외선)는 통과시키지 않아 온실을 따뜻하게 하는 역할을 한다. 실제 지구에서는 대기 중의 수증기, 이산화 탄소 등이 온실의 유리와 같은 작용을 하여 지구의 기온을 높이므로 지구의 평균 기온은 15 ℃ 정도가 되는데, 이것은 대기가 전혀 없을 때에 비하면 35 ℃ 정도 높다. 이러한 작용은 온실의 유리와 같은 보온 효과가 있어서 온실 효과라고 한다.

✚ **지구 온난화의 원인**
대기 중 이산화 탄소의 농도가 증가할수록 지구의 평균 기온도 높아진다.

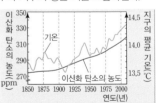
▲ 대기 중 이산화 탄소의 농도와 지구의 평균 기온 변화

❷ 복사 평형
▶ 태양이 방출하는 복사 에너지를 □□ □□ □□□라고 하고, 지구가 방출하는 복사 에너지를 □□ □□ □□라고 한다.

▶ 물체가 흡수하는 복사 에너지양과 방출하는 복사 에너지양이 같아서 온도가 □□하게 유지되는 상태를 □□ □□이라고 한다.

▶ 지구는 □□ □□을 이루고 있어서 연평균 기온이 일정하게 유지된다.

05 복사 에너지에 대한 설명으로 옳은 것은 ○표, 옳지 <u>않은</u> 것은 ×표를 하시오.
(1) 고체나 액체를 통해서만 전달되는 에너지이다. ( )
(2) 태양과 지구는 복사 에너지를 방출한다. ( )
(3) 물체가 흡수하는 복사 에너지양이 물체가 방출하는 복사 에너지양보다 많으면 물체의 온도가 일정하게 유지된다. ( )

06 그림은 지구의 복사 평형을 나타낸 것이다. 태양으로부터 지구로 들어오는 복사 에너지를 100이라고 했을 때, A, B, C에 들어갈 알맞은 수치를 쓰시오.

❸ 지구 온난화
▶ □□ □□는 지구의 □□가 지표로 방출하는 복사 에너지 때문에 평균 기온이 높아지는 현상이다.

▶ 지구에는 대기가 있으므로, 대기가 없다고 가정했을 때보다 □□ 온도에서 복사 평형을 이룬다.

▶ 온실 효과로 인해서 지구의 평균 기온이 점점 상승하는 현상을 □□ □□□라고 하며, 이 현상의 원인은 대기 중 □□ □□의 양이 증가하기 때문이다.

07 다음은 온실 효과를 일으키는 대기의 성분에 대한 설명이다. ( ) 안에 알맞은 말을 쓰시오.

온실 효과를 일으키는 대기의 성분을 ㉠ ( )라고 하며, 이에는 ㉡ ( ), ㉢ ( ), ㉣ ( ) 등이 있다.

08 지구 온난화에 대한 설명으로 옳은 것은 ○표, 옳지 <u>않은</u> 것은 ×표를 하시오.
(1) 온실 효과의 증가로 지구의 평균 기온이 내려가는 현상이다. ( )
(2) 지구 온난화는 온실 기체의 양이 점점 감소하기 때문에 나타난다.
( )
(3) 지구 온난화의 영향으로 빙하가 녹고 해수면이 상승한다. ( )
(4) 지구 온난화로 전 세계적인 폭염이나 홍수 등의 기상 이변이 자주 나타날 수 있다. ( )

필수 탐구 복사 평형 실험하기

목표
물체가 복사 평형에 도달하는 과정을 설명할 수 있다.

과정
1 검은색 알루미늄 컵에 디지털 온도계를 꽂은 뚜껑을 덮고, 컵의 온도를 측정한다.
2 알루미늄 컵을 적외선등에서 30 cm 떨어진 곳에 놓고, 적외선등을 켠 다음 20분 동안 2분 간격으로 온도를 측정한다.
3 측정한 결과를 표에 기록하고, 시간−온도 그래프로 그려본다.

적외선등이 알루미늄 컵을 잘 비추도록 높이를 조절하고, 적외선등의 빛의 세기가 일정하게 유지되도록 한다.

결과
1 시간에 따른 알루미늄 컵의 온도 측정 값

시간(분)	0	2	4	6	8	10	12	14	16	18	20
온도(°C)	18	20	22	24	26	28	30	32	32	32	32

2 시간에 따른 알루미늄 컵의 온도 변화 그래프

알루미늄 컵과 적외선등 사이의 거리를 멀리하면 복사 평형에 도달하는 온도는 더 낮아지고, 복사 평형에 도달하는 시간은 더 오래 걸린다.

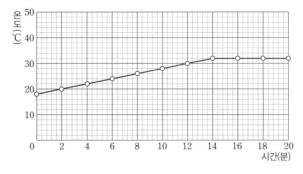

지구는 태양으로부터 복사 에너지를 받지만, 다시 복사 에너지의 형태로 에너지를 방출한다.

정리
1 처음에는 알루미늄 컵의 온도가 상승한다.
➡ 알루미늄 컵이 흡수하는 에너지양이 방출하는 에너지양보다 많기 때문이다.
2 어느 정도 시간이 지난 후에는 온도가 일정하게 유지된다.
➡ 알루미늄 컵이 흡수하는 에너지양과 방출하는 에너지양이 같아져서 복사 평형을 이루기 때문이다.
3 적외선등을 태양, 알루미늄 컵을 지구라고 했을 때 지구의 연평균 기온이 일정하게 유지되는 이유를 설명할 수 있다.
➡ 지구가 흡수하는 태양 복사 에너지양과 방출하는 복사 에너지양이 같아 복사 평형을 이루기 때문이다.

수행평가 섭렵 문제

복사 평형 실험하기

▶ 알루미늄 컵에 적외선등을 비추면서 온도를 측정하면 처음에는 온도가 □□하다가 어느 정도 시간이 지나면서 □□하게 유지된다.

▶ 알루미늄 컵의 온도가 일정해지는 이유는 컵이 □□하는 복사 에너지양과 □□하는 복사 에너지양이 같은 □□ □□을 이루었기 때문이다.

▶ 실험에서 적외선등은 □□, 알루미늄 컵은 □□에 비유할 수 있다.

▶ 지구의 연평균 기온이 일정한 까닭은 지구가 흡수하는 □□ □□ □□□양과 방출하는 □□ □□ □□□양이 같아서 지구가 □□ □□을 이루기 때문이다.

[1~4] 오른쪽 그림은 복사 평형을 알아보기 위한 실험 장치를 나타낸 것이다.

적외선등

1 이 실험에 대한 설명으로 옳은 것만을 〈보기〉에서 있는 대로 고르시오.

┤보기├
ㄱ. 알루미늄 컵을 비추는 적외선등 빛은 지구에 비치는 태양 빛에 비유할 수 있다.
ㄴ. 알루미늄 컵이 복사 평형을 이루면, 알루미늄 컵의 온도는 다시 내려간다.
ㄷ. 처음에 알루미늄 컵의 온도가 올라가는 까닭은 알루미늄 컵이 흡수한 복사 에너지양이 알루미늄 컵이 방출한 복사 에너지양보다 많기 때문이다.

2 위 실험 결과, 시간에 따른 알루미늄 컵의 온도 변화를 나타낸 그래프로 옳은 것은?

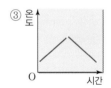

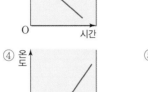

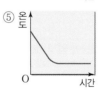

3 다음은 위 실험 결과에 대한 설명이다. (   ) 안에 알맞은 말을 쓰시오.

실험 결과를 볼 때, 지구에서 태양 복사 에너지를 흡수한 만큼 지구 복사 에너지를 방출하여 지구도 ㉠ (   )을/를 이루므로, 지구의 연평균 기온은 ㉡ (   ) 하게 유지된다.

4 복사 평형 실험에서 알루미늄 컵과 적외선등 사이의 거리를 점점 더 멀리하였을 때에 대한 설명으로 옳은 것만을 〈보기〉에서 있는 대로 고르시오.

┤보기├
ㄱ. 알루미늄 컵이 복사 평형을 이루는 온도가 더 낮아진다.
ㄴ. 알루미늄 컵에서 복사 평형에 도달하는 시간이 더 오래 걸린다.
ㄷ. 알루미늄 컵에서 흡수하는 복사 에너지양이 점점 증가한다.

내신 기출 문제

1 기권의 층상 구조

[01~02] 그림은 기권의 층상 구조를 나타낸 것이다.

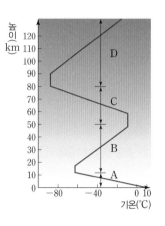

중요

01 D층에 대한 설명으로 옳은 것만을 〈보기〉에서 있는 대로 고른 것은?

┤ 보기 ├
ㄱ. 오존 농도가 특히 높은 오존층이 존재한다.
ㄴ. 고위도 지방에서 오로라가 나타나기도 한다.
ㄷ. 공기가 매우 희박하고 낮과 밤의 기온 차가 매우 크다.

① ㄱ   ② ㄷ   ③ ㄱ, ㄴ
④ ㄴ, ㄷ   ⑤ ㄱ, ㄴ, ㄷ

02 A~D 중에서 다음 설명에 해당하는 층의 기호와 이름을 쓰시오.

• 대류가 일어난다.
• 수증기가 거의 없어, 기상 현상이 나타나지 않는다.

2 복사 평형

중요

03 그림은 지구에서의 에너지 출입을 나타낸 것이다.

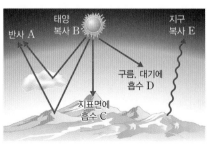

이에 대한 설명으로 옳은 것만을 〈보기〉에서 있는 대로 고른 것은?

┤ 보기 ├
ㄱ. 태양으로부터 지구가 흡수하는 에너지양은 C+D이다.
ㄴ. 태양으로부터 들어오는 복사 에너지양 B와 지구에서 방출하는 에너지양 E는 같다.
ㄷ. 대기와 구름, 지표면에서 반사되는 복사 에너지양 A와 지표면에서 흡수되는 복사 에너지양 C는 같다.

① ㄱ   ② ㄷ   ③ ㄱ, ㄴ
④ ㄴ, ㄷ   ⑤ ㄱ, ㄴ, ㄷ

3 지구 온난화

04 그림은 대기 중에 들어 있는 기체 A의 농도와 지구의 평균 기온 변화를 나타낸 것이다.

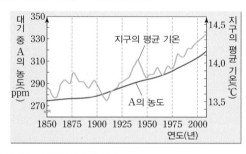

기체 A는 무엇인지 쓰시오.

중요

05 온실 효과에 대한 설명으로 옳은 것만을 〈보기〉에서 있는 대로 고른 것은?

┤ 보기 ├
ㄱ. 대기가 없는 달에서도 온실 효과가 나타난다.
ㄴ. 온실 효과를 일으키는 대기 성분에는 수증기, 이산화 탄소, 메테인 등이 있다.
ㄷ. 지구 대기에 흡수된 복사 에너지가 지표면의 온도를 높이기 때문에 나타난다.

① ㄱ   ② ㄴ   ③ ㄱ, ㄷ
④ ㄴ, ㄷ   ⑤ ㄱ, ㄴ, ㄷ

정답과 해설 | 14쪽

정답과 해설 | 14쪽

01 성층권에 오존층이 존재하지 않을 때 높이에 따른 기온 분포로 가장 적절한 것은?

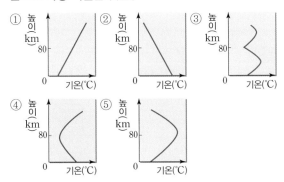

02 그림과 같이 검은색 알루미늄 컵 A와 B를 적외선등에서 각각 10 cm, 20 cm 떨어진 곳에 놓고, 알루미늄 컵의 온도를 측정하였다.

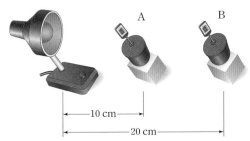

실험 결과, 시간에 따른 알루미늄 컵의 온도 변화를 나타낸 그래프로 옳은 것은?

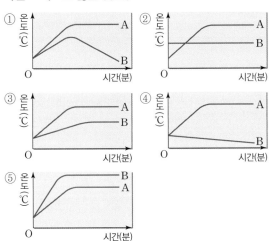

예제

01 그림은 기권의 높이에 따른 기온 분포를 나타낸 것이다

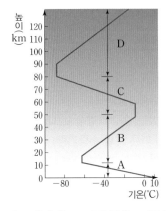

기권을 A~D 4개의 층으로 구분하는 기준은 무엇인지 구체적으로 서술하시오.

Tip 높이 올라갈수록 기온 변화가 달라진다.
Key Word 기온 분포, 높이

[설명] 높이 올라갈수록 기온이 일정하지 않고, 높이에 따라 기온이 상승하는 구간과 하강하는 구간이 있다.
[모범 답안] 지표면에서부터 높이 올라갈수록 기온이 낮아지는 층과 높아지는 층이 번갈아 나타나므로, 높이에 따른 기온 분포를 기준으로 기권을 4개의 층으로 구분한다.

실전 연습

01 그림은 기권의 구조를 나타낸 것이다 .

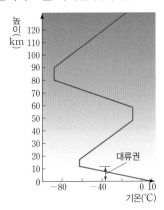

대류권에서 높이 올라갈수록 기온이 낮아지는 이유는 무엇인지 서술하시오.

Tip 대류권은 지표면에 가장 가까운 층으로 지표면에서 방출하는 에너지를 가장 먼저 흡수한다.
Key Word 지표면, 에너지

2 대기 중의 수증기

❶ 대기 중의 수증기

1. 포화 수증기량

(1) **포화 상태**: 어떤 공기가 수증기를 최대로 포함하고 있는 상태

(2) **포화 수증기량**: 포화 상태의 공기 1 kg에 들어 있는 수증기량을 g으로 나타낸 것

(3) **기온에 따른 포화 수증기량**: 기온이 높아지면 증가하고, 기온이 낮아지면 감소한다.

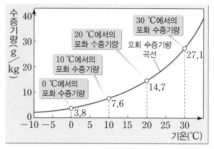

▲ 기온에 따른 포화 수증기량

2. 이슬점과 응결량

(1) **이슬점**: 수증기가 응결⁺하기 시작할 때의 온도

① 현재 공기 중에 포함된 수증기량으로 포화 상태가 될 때의 온도이다.

② 현재 공기 중에 포함된 수증기량이 많을수록 이슬점이 높다.

(2) **응결량**: 현재 수증기량 − 냉각된 온도에서의 포화 수증기량

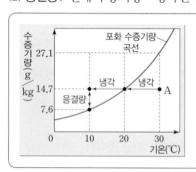

- A 공기의 현재 수증기량: 14.7 g/kg
- A 공기의 포화 수증기량: 27.1 g/kg
- A 공기의 이슬점: 20 ℃
- 1 kg의 A 공기를 10 ℃로 냉각했을 때 응결되는 수증기량: 14.7 g − 7.6 g = 7.1 g

❷ 상대 습도

1. 상대 습도
우리가 일반적으로 사용하는 습도⁺로, 현재 기온에서 공기의 포화 수증기량에 대한 실제 포함된 수증기량의 비율로 나타낸 것

$$상대 \ 습도(\%) = \frac{현재 \ 공기의 \ 실제 \ 수증기량(g/kg)}{현재 \ 공기의 \ 포화 \ 수증기량(g/kg)} \times 100$$

2. 기온과 상대 습도

(1) **기온이 일정할 때**: 공기가 포함하고 있는 수증기량이 많아질수록 상대 습도가 높아진다.
➡ 기온이 일정하면 포화 수증기량이 일정하기 때문이다.

(2) **기온이 변할 때**: 기온이 높을수록 포화 수증기량이 증가하므로 상대 습도는 낮아진다.

(3) **맑은 날 하루 동안 기온과 습도, 이슬점 변화⁺**

① 기온이 높은 낮에는 습도가 낮고, 기온이 낮은 밤에는 습도가 높다.

② 이슬점은 크게 변하지 않는다.

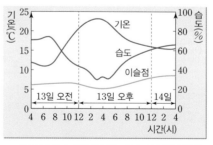

▲ 맑은 날 하루 동안의 기온, 습도, 이슬점의 변화

✚ 응결

대기 중의 수증기가 물방울로 변하는 현상이다. 식물의 잎에 이슬이 맺히거나 냉장고에서 꺼낸 음료수 캔 표면에 물방울이 맺히는 현상은 모두 기온이 낮아지면서 수증기가 응결했기 때문이다.

▲ 이슬

✚ 습도

공기의 습하고 건조한 정도로, 대기 중에 포함된 수증기량에 의해 결정된다. 비오는 날은 대기 중에 포함된 수증기량이 많아 공기가 습하고, 맑은 날은 대기 중에 포함된 수증기량이 적어 공기가 건조하다.

✚ 습도와 생활

습도는 우리 생활과 건강에 많은 영향을 준다. 습도가 낮아 공기가 건조해지면 목이 따갑고 눈이 건조해지기도 한다. 특히 겨울철에는 난방기를 사용하므로 실내 공기의 습도는 매우 낮아진다. 실내의 습도를 높이기 위해서는 가습기를 사용하여 공기 중에 수증기를 공급해 주는 것이 좋다. 또는 실내에 빨래를 널거나 화분이나 꽃병을 두는 것도 습도를 조절하는 방법 중의 하나이다.

✚ 맑은 날 하루 동안의 이슬점 변화

맑은 날 하루 동안에는 공기가 포함하고 있는 수증기량이 거의 변하지 않으므로 이슬점은 거의 일정하다.

기초 섭렵 문제

정답과 해설 | 15쪽

① 대기 중의 수증기

▶ 어떤 공기가 수증기를 최대로 포함하고 있는 상태를 □□ □□□라고 한다.

▶ □□ □□□□은 포화 상태의 공기 1 kg에 들어 있는 수증기량을 g으로 나타낸 것으로, □□에 따라 달라진다.

▶ 수증기가 응결하기 시작할 때의 온도를 □□□이라고 하며, 현재 공기 중의 수증기량이 많을수록 높아진다.

01 대기 중의 수증기에 대한 설명으로 옳은 것은 ○표, 옳지 않은 것은 ×표를 하시오.

(1) 기온이 높아질수록 포화 수증기량은 감소한다. ( )

(2) 불포화 상태인 공기의 온도를 낮추어 주면 포화 상태를 만들 수 있다.

( )

(3) 현재 공기 중의 수증기량이 적을수록 이슬점은 높아진다. ( )

02 그림은 기온에 따른 포화 수증기량을 나타낸 것이다.

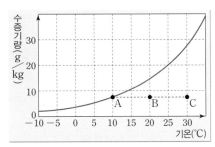

(1) A, B, C 중 포화 수증기량이 가장 많은 공기를 고르시오.
(2) A, B, C 중 포화 상태의 공기를 고르시오.
(3) A, B, C 중 상대 습도가 가장 높은 공기를 고르시오.

② 상대 습도

▶ 공기가 습하고 건조한 정도를 습도라고 하며, □□ □□는 현재 기온에서 공기의 포화 수증기량에 대한 실제 포함된 수증기량의 비로 나타낸다.

▶ 기온이 높아질 때는 포화 수증기량이 □□하므로 상대 습도는 □□진다.

03 표는 기온에 따른 포화 수증기량을 나타낸 것이다.

기온(℃)	10	15	20	25	30
포화 수증기량(g/kg)	7.6	10.6	14.7	20.0	27.1

25 ℃인 공기 1 kg에 10.6 g의 수증기가 포함되어 있을 때, 이 공기의 이슬점은 몇 ℃인지 구하시오.

04 그림은 맑은 날 하루 동안의 기온, 습도, 이슬점의 변화를 나타낸 것이다.

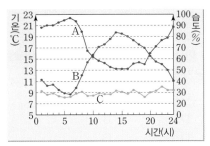

A, B, C는 각각 무엇인지 쓰시오.

내신 기출 문제

1 대기 중의 수증기

[01~02] 그림은 기온에 따른 포화 수증기량을 나타낸 것이다.

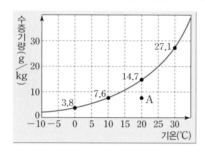

01 A 공기에 대한 설명으로 옳은 것만을 〈보기〉에서 있는 대로 고른 것은?

┤ 보기 ├
ㄱ. 현재 온도에서 불포화 상태이다.
ㄴ. A 공기의 현재 수증기량은 7.6 g/kg이다.
ㄷ. 온도를 25 ℃로 높이면 포화 상태가 된다.

① ㄱ   ② ㄷ   ③ ㄱ, ㄴ
④ ㄴ, ㄷ   ⑤ ㄱ, ㄴ, ㄷ

02 10 kg의 A 공기를 0 ℃로 냉각시켰을 때, 응결되는 수증기의 양은 몇 g인가?

① 3.8 g   ② 7.6 g   ③ 10.9 g
④ 14.7 g   ⑤ 38.0 g

03 그림은 기온에 따른 포화 수증기량을 나타낸 것이다.

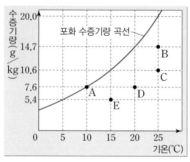

A~E 중 (가) 이슬점이 가장 높은 공기와 (나) 이슬점이 가장 낮은 공기를 옳게 짝 지은 것은?

	(가)	(나)		(가)	(나)
①	A	D	②	B	E
③	C	D	④	D	A
⑤	E	B			

2 상대 습도

04 표는 기온에 따른 포화 수증기량을 나타낸 것이다.

기온(℃)	10	15	20	25	30
포화 수증기량(g/kg)	7.6	10.6	14.7	20.0	27.1

기온이 30 ℃인 공기의 이슬점이 15 ℃일 때, 이 공기의 상대 습도를 구하는 공식으로 옳은 것은?

① $\dfrac{7.6\,\text{g/kg}}{10.6\,\text{g/kg}} \times 100$ ② $\dfrac{10.6\,\text{g/kg}}{20.0\,\text{g/kg}} \times 100$

③ $\dfrac{14.7\,\text{g/kg}}{20.0\,\text{g/kg}} \times 100$ ④ $\dfrac{10.6\,\text{g/kg}}{27.1\,\text{g/kg}} \times 100$

⑤ $\dfrac{14.7\,\text{g/kg}}{27.1\,\text{g/kg}} \times 100$

05 상대 습도에 대한 설명으로 옳은 것만을 〈보기〉에서 있는 대로 고른 것은?

┤ 보기 ├
ㄱ. 비오는 날은 맑은 날보다 상대 습도가 높다.
ㄴ. 기온이 높아지면 포화 수증기량이 증가하여 상대 습도도 높아진다.
ㄷ. 기온이 일정하면 공기가 포함하고 있는 수증기량이 많아질수록 상대 습도가 높아진다.

① ㄴ   ② ㄷ   ③ ㄱ, ㄴ
④ ㄱ, ㄷ   ⑤ ㄱ, ㄴ, ㄷ

06 그림에서 A~C는 맑은 날 하루 동안의 기온, 습도, 이슬점 변화를 순서없이 나타낸 것이다.

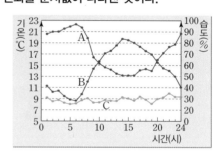

이에 대한 설명으로 옳은 것만을 〈보기〉에서 있는 대로 고르시오.

┤ 보기 ├
ㄱ. 기온이 낮을 때, A는 높게 나타난다.
ㄴ. B는 습도의 변화를 나타낸 것이다.
ㄷ. C는 공기 중의 수증기량에 따라 달라진다.

[01~02] 표는 기온에 따른 포화 수증기량을 나타낸 것이다.

기온(℃)	5	10	15	20	25	30
포화 수증기량(g/kg)	5.4	7.6	10.6	14.7	20.0	27.1

01 오른쪽 그림과 같이 장치하고 컵 표면이 뿌옇게 흐려지기 시작하는 순간의 온도를 측정해보니 15 ℃였다. 실험실의 공기 중에 포함된 전체 수증기량은 몇 g인지 구하시오. (단, 실험실의 기온은 27 ℃, 공기의 질량은 50 kg이다.)

온도계
얼음
알루미늄 컵

02 표는 (가)~(다) 세 곳에서 측정한 기온과 이슬점을 나타낸 것이다.

구분	(가)	(나)	(다)
기온(℃)	20	25	30
이슬점(℃)	10	20	15

(가)~(다)의 상대 습도를 옳게 비교한 것은?

① (가)>(나)>(다) 　② (가)>(다)>(나)
③ (나)>(가)>(다) 　④ (나)>(다)>(가)
⑤ (다)>(가)>(나)

03 그림과 같이 플라스크에 따뜻한 물을 조금 넣고 마개로 입구를 막은 다음, 헤어드라이어로 가열한 후 찬물에 넣어 식혔더니 플라스크 내부가 뿌옇게 흐려졌다.

따뜻한 물

A
찬물

이때 플라스크 내부의 공기 A에서 일어나는 변화로 적절한 것은?

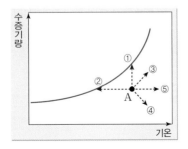
수증기량
①
③
②
⑤
A
④
기온

예제

01 그림은 어느 맑은 날 하루 동안의 기온과 이슬점의 변화를 나타낸 것이다.

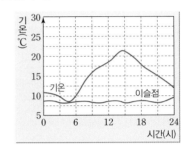
기온(℃)
기온
이슬점
시간(시)

하루 동안 이슬점이 거의 일정하게 나타나는 이유를 서술하시오.

Tip 날씨의 변화가 없으면 대기 중의 수증기량은 거의 일정하다.
Key Word 수증기량

[설명] 현재 대기 중의 수증기량이 포화 수증기량이 될 때의 온도가 이슬점이므로, 대기 중의 수증기량에 따라 이슬점이 달라진다.
[모범 답안] 날씨의 변화가 없는 날이므로 대기 중의 수증기량이 거의 일정하기 때문이다.

실전 연습

01 오른쪽 그림과 같이 밀폐된 방 안에 난방기를 켜두었을 때, 방 안의 상대 습도는 어떻게 달라지는지 다음 단어를 모두 사용하여 서술하시오.

기온, 포화 수증기량, 수증기량

Tip 밀폐된 방 안에서 공기의 수증기량은 일정하고, 이때 기온이 올라가면 포화 수증기량은 증가한다.
Key Word 기온, 포화 수증기량, 증가

_____

_____

3 구름과 강수

❶ 구름

1. 단열 변화: 공기가 외부로부터 열을 얻거나 빼앗기지 않으면서 부피가 변하여 온도가 변하는 현상

(1) **단열 팽창[＋]:** 주위 공기와의 열 교환 없이 공기의 부피가 늘어나는 현상
➡ 공기의 온도는 내려간다.

(2) **단열 압축:** 주위 공기와의 열 교환 없이 공기의 부피가 압축되는 현상
➡ 공기의 온도는 올라간다.

2. 구름: 물방울이나 얼음 알갱이가 하늘에 떠 있는 것[＋]

(1) **구름이 만들어지는 과정**
① 지표면에서 수증기를 포함한 공기 덩어리가 상승한다.
② 상승한 공기 덩어리는 단열 팽창하면서 기온이 낮아진다.
➡ 상승하면서 외부 기압이 낮아지기 때문이다.
③ 공기 덩어리의 포화 수증기량이 감소하고 상대 습도가 높아진다.
④ 계속 상승하던 공기 덩어리의 기온이 이슬점에 도달하면 수증기가 응결하여 물방울이 되면서 구름이 만들어진다.

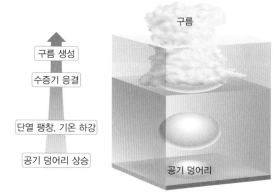

▲ 구름이 만들어지는 과정

(2) **구름이 만들어지는 경우:** 구름이 만들어지려면 지표 근처에 있는 공기가 상승해야 한다.

지표면의 일부가 가열될 때

이동하는 공기가 산을 타고 오를 때

따뜻한 공기와 찬 공기가 만날 때

＋ 단열 팽창
기체의 내부 에너지는 기체 분자의 운동 에너지에 비례한다. 외부와 열 교환이 없는 단열 상태에서 공기의 부피가 팽창하면 내부 기체는 주위에 있는 공기를 밀어내면서 기체의 운동 에너지가 감소된다. 이때 기체 내부 에너지가 줄어들기 때문에 기온이 하강한다.

▲ 단열 팽창

＋ 구름이 떠 있는 이유
구름을 이루는 작은 물방울이나 얼음 알갱이는 무게가 있어서 아주 느리게 떨어지고 있다. 물론 작은 입자일수록 천천히 떨어진다. 하지만 구름은 공기가 상승하는 곳에서 생성되므로 구름을 이루는 입자의 크기에 따라 다르지만 꽤 오랫동안 떠 있을 수 있다.

＋ 구름과 안개의 차이
구름은 상공에서 수증기가 응결하여 생성된 물방울이 떠 있는 것이고, 안개는 지표 부근에서 수증기가 응결하여 생성된 물방울이 지표 부근에 퍼져 있는 것이다.

▲ 안개

기초 섭렵 문제

① 구름

▶ 외부와 열을 교환하지 않고 공기가 팽창하여 온도가 내려가는 현상을 □□□□이라고 한다.

▶ 물방울이나 얼음 알갱이가 하늘에 떠 있는 것을 □□이라고 한다.

▶ 구름이 만들어지기 위해서는 지표 근처의 공기가 □□해야 한다.

▶ 지표면의 일부가 □□될 때, 이동하는 공기가 산을 타고 오를 때, 따뜻한 공기와 □ 공기가 만날 때 공기는 상승한다.

01 다음은 구름의 생성 과정을 나타낸 것이다. ( ) 안에 알맞은 말을 쓰시오.

> 수증기를 포함한 공기 ㉠ ( ) → 부피 팽창 → 기온 ㉡ ( ) →
> ㉢ ( ) 도달 → 수증기 ㉣ ( ) → 구름 생성

[02~03] 오른쪽 그림은 구름이 만들어지는 과정을 나타낸 것이다.

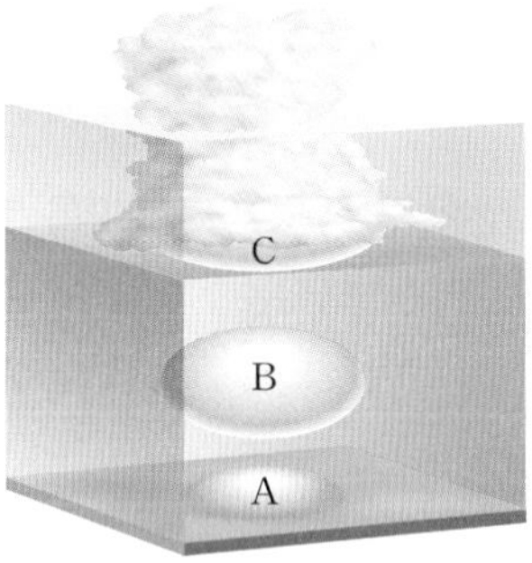

02 이에 대한 설명으로 옳은 것은 ○표, 옳지 <u>않은</u> 것은 ×표를 하시오.

(1) C에서 공기의 온도가 A에서 공기의 온도보다 낮다. ( )

(2) B에서 공기의 기온이 이슬점에 도달하여 수증기가 응결하기 시작한다. ( )

(3) 공기는 C에서 포화 상태가 된다. ( )

(4) 공기는 A에서 B로 이동할 때 부피 팽창하면서 기온이 올라간다. ( )

03 위 그림에 대한 다음 설명에서 ( ) 안에 알맞은 말을 쓰시오.

> 공기가 상승하여 A에서 B를 지나 C로 이동할 때, 이 공기의 온도는 ㉠ ( )지고, 포화 수증기량은 ㉡ ( )하므로, 상대 습도가 ㉢ ( )진다.

04 공기가 상승하여 구름이 만들어지는 경우에 ○표 하시오.

(1) 찬 공기가 이동하면서 따뜻한 공기를 만날 때 ( )

(2) 지표면의 일부가 차갑게 냉각될 때 ( )

(3) 이동하는 공기가 산을 타고 오를 때 ( )

(4) 지표면의 일부가 불균등하게 가열될 때 ( )

3. 구름과 응결핵

(1) **응결핵**: 수증기의 응결을 도와주는 작은 알갱이로, 공기 중의 작은 먼지나 소금 입자 등이 있다.

(2) 공기 중에 응결핵이 많이 포함되어 있으면 구름이 더 잘 생긴다.

4. 구름의 종류: 구름은 모양과 높이에 따라 구분할 수 있다.

(1) **구름의 모양에 따른 분류**: 공기의 상승 운동과 관련이 있다.

  ① **적운형 구름**: 위로 솟은 모양의 구름으로, 공기가 강하게 상승할 때 만들어진다.

  ② **층운형 구름**: 옆으로 퍼지는 모양의 구름으로, 공기가 약하게 상승할 때 만들어진다.

▲ 적운형 구름   ▲ 층운형 구름

(2) **구름의 높이**[+]**에 따른 분류**: 상층운(높이 6 km 이상), 중층운(높이 2 km~6 km), 하층운(지표~높이 2 km), 낮은 곳에서 높은 곳까지(지표~높이 12 km) 걸쳐 있는 구름으로 크게 4종류로 구분한다.

❷ 강수

1. 강수: 구름에서 비나 눈 등이 만들어져 지표로 떨어지는 현상

2. 강수 이론

(1) **병합설**: 열대 지역에서 비가 내리는 원리를 설명하는 강수 이론

  ① 열대 지역은 날씨가 더워서 0 °C보다 높은 온도에서 구름이 생성되므로, 구름이 대부분 물방울로만 이루어져 있다.

  ② 구름에서 크고 작은 물방울들이 부딪치고 뭉쳐져서 점점 커지면 빗방울[+]이 되어 지표로 떨어진다.

(2) **빙정설**: 우리나라와 같은 중위도 지역이나 고위도 지역에서 비나 눈이 내리는 원리를 설명하는 강수 이론

  ① 구름이 생성되는 온도가 낮으므로 구름에 물방울과 빙정[+]이 함께 존재한다.

  ② 물방울에서 증발한 수증기가 빙정에 달라붙어 무거워져서 떨어지면 눈이 되고, 떨어지면서 따뜻한 대기층을 통과하여 녹으면 비가 된다.

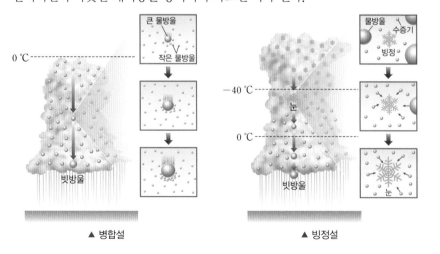

▲ 병합설   ▲ 빙정설

+ 높이에 따른 구름의 분류

권운, 권층운, 권적운은 상층운이고, 고적운, 고층운은 중층운이며, 층적운, 층운, 난층운은 하층운이다. 적운과 적란운은 낮은 곳에서 높은 곳까지 수직으로 발달한 구름이다.

+ 구름 입자와 빗방울

구름이 있다고 해서 반드시 비나 눈이 내리는 것은 아니다. 구름 입자는 응결핵에 수증기가 응결한 것으로, 크기가 매우 작기 때문에 약 100만 개 정도의 구름 입자가 모여야 빗방울을 만들고 비가 내린다.

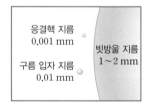

+ 빙정

기온이 0 °C 이하로 내려갈 때 대기 중의 수증기가 승화하여 만들어진 얼음 결정이다.

+ 인공 강우

비가 오지 않을 때 인공적으로 비를 내리게 하는 방법이다. 구름에 드라이아이스나 요오드화 은을 뿌려 온도를 낮추거나 응결핵 역할을 하게 하여 비가 내리도록 한다. 하지만 인공 강우는 구름 한 점 없는 하늘에서는 불가능하고, 비가 내릴 것 같으면서도 내리지 않는 구름에 대해서만 효과가 있다.

기초 섭렵 문제

정답과 해설 | 16쪽

❶ 구름
▶ 구름의 모양은 공기가 □□하는 정도에 따라 달라진다.

▶ 위로 솟은 모양의 □□□ 구름은 공기가 □하게 상승할 때 만들어지고, 옆으로 퍼진 모양의 □□□ 구름은 공기가 □하게 상승할 때 만들어진다.

❷ 강수
▶ 구름에서 비나 눈 등이 만들어져 지표로 떨어지는 현상을 □□라고 한다.

▶ 열대 지역에서 비가 내리는 원리를 설명하는 강수 이론을 □□□이라고 한다.

▶ 열대 지역에서는 0 ℃보다 높은 온도에서 구름이 생성되므로, 구름이 대부분 □□□로 이루어져 있다.

▶ □□□은 중위도 지역이나 고위도 지역에서 눈이나 비가 내리는 원리를 설명하는 강수 이론이다.

▶ 우리나라와 같은 중위도 지역에서 생성되는 구름은 온도가 낮으므로 구름에 물방울과 □□이 함께 존재한다.

05 그림은 모양이 다른 두 구름을 나타낸 것이다.

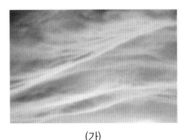 

(가) (나)

이에 대한 설명으로 옳은 것은 ○표, 옳지 <u>않은</u> 것은 ×표를 하시오.

(1) (가)는 적운형 구름이고, (나)는 층운형 구름이다. (　　　)
(2) 공기가 강하게 상승할 때는 (가) 모양의 구름이 생성된다. (　　　)
(3) 공기 중의 수증기량이 많은지 적은지에 따라 (가)와 (나)로 구름의 모양이 달라진다. (　　　)

06 강수에 대한 설명으로 옳은 것은 ○표, 옳지 <u>않은</u> 것은 ×표를 하시오.

(1) 구름이 있으면 반드시 비나 눈이 내린다. (　　　)
(2) 구름에서 지표로 비만 떨어질 때를 강수라고 한다. (　　　)
(3) 구름 입자는 매우 작기 때문에, 100만 개 이상의 구름 입자가 모여야 빗방울이 되어 떨어진다. (　　　)

07 병합설에 대한 설명이면 '병', 빙정설에 대한 설명이면 '빙'이라고 쓰시오.

(1) 중위도 지역이나 고위도 지역에서의 강수 이론이다. (　　　)
(2) 구름에는 대부분 물방울만 존재한다. (　　　)
(3) 빙정이 무거워져서 떨어지면 눈이 되고, 떨어지다 녹으면 비가 된다.
(　　　)
(4) 크고 작은 물방울이 뭉쳐져서 점점 커지면 빗방울이 되어 지표로 떨어진다.
(　　　)

08 그림이 나타내는 강수 이론은 무엇인지 쓰시오.

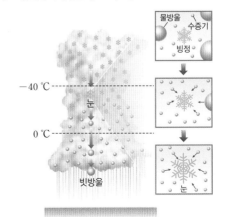

필수 탐구 · 구름 발생 실험하기

목표

구름이 만들어지는 원리를 설명할 수 있다.

페트병에 물을 조금 넣어 두면 페트병 내부에 수증기를 충분히 공급해 주어 단열 팽창이 일어날 때, 응결이 잘 일어난다.

과정

1 물을 조금 넣은 페트병에 액정 온도계를 넣고 뚜껑을 닫은 후, 페트병 내부의 온도를 측정한다.

2 뚜껑에 달린 간이 가압 장치를 여러 번 눌러 페트병 내부의 공기를 압축하였을 때, 페트병 내부의 온도를 측정하고 페트병 내부에서 일어나는 변화를 관찰한다.

3 뚜껑을 열어 페트병 내부의 공기를 팽창시켰을 때, 페트병 내부의 온도를 측정하고 페트병 내부에서 일어나는 변화를 관찰한다.

4 페트병에 향 연기를 조금 넣은 후, [과정 2]와 [과정 3]을 반복하면서 페트병 내부에서 일어나는 변화를 관찰한다.

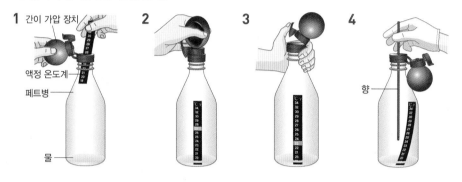

결과

1 페트병 내부의 처음 온도는 23 °C이다.

2 [과정 2]에서 공기를 압축하였을 때, 페트병 내부의 온도는 27 °C로 높아지고 페트병 내부는 변화가 없다.

3 [과정 3]에서 공기를 팽창시켰을 때, 페트병 내부의 온도는 23 °C로 낮아지고 페트병 내부는 약간 흐려진다.

4 향 연기를 넣고 실험했을 때의 변화

구분	페트병 내부의 변화	온도 변화
공기를 압축하였을 때	맑아진다.	높아진다.
공기를 팽창시켰을 때	뿌옇게 흐려진다.	낮아진다.

단열 상태에서 공기가 압축되면 기온이 높아지고, 공기가 팽창하면 기온이 낮아진다.

정리

1 공기를 압축하였을 때, 온도는 높아지고 페트병 내부는 변화가 없다.

2 공기를 팽창시켰을 때, 온도는 낮아지고 페트병 내부는 뿌옇게 흐려진다.
➡ 구름의 생성 과정과 같다.

3 향 연기를 넣었을 때 페트병 내부는 더 뿌옇게 흐려진다.
➡ 향 연기는 수증기의 응결을 돕는 응결핵의 역할을 하므로 수증기가 더 잘 응결된다.

수행평가 섭렵 문제

정답과 해설 | 16쪽

구름 발생 실험하기

▶ 간이 가압 장치를 눌러 페트병 내부의 공기를 압축하면 페트병 내부의 온도는 □□진다.

▶ 페트병 내부의 공기를 압축한 후, 뚜껑을 열어 페트병 내부의 공기를 팽창시키면 페트병 내부의 온도는 □□지고, 페트병 내부는 뿌옇게 흐려진다.

▶ 실험에 사용한 향 연기는 □□□의 역할을 하므로 페트병 내부의 공기가 팽창하였을 때, 더 뿌옇게 흐려짐을 관찰할 수 있다.

▶ □□이 생성되는 과정은 뚜껑을 열어 페트병 내부의 공기를 □□시켰을 때의 변화에 비유할 수 있다.

[1~4] 다음은 구름 발생 실험 과정을 나타낸 것이다.

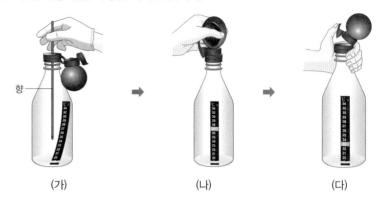

(가)   (나)   (다)

1 과정 (나)에서 간이 가압 장치를 여러 번 눌러 페트병 내부의 공기를 압축하였을 때, 페트병 내부의 온도와 페트병 내부에서 일어나는 변화에 대한 설명으로 옳은 것만을 〈보기〉에서 있는 대로 고르시오.

┤ 보기 ├

ㄱ. 내부의 온도는 내려간다.   ㄴ. 내부의 온도는 올라간다.

ㄷ. 내부의 온도에 변화가 없다.   ㄹ. 내부가 뿌옇게 흐려진다.

2 과정 (다)에서 페트병 뚜껑을 열었을 때, 페트병 내부의 변화를 옳게 짝 지은 것은?

	온도	부피	내부 변화
①	높아진다.	늘어난다.	맑아진다.
②	높아진다.	줄어든다.	맑아진다.
③	낮아진다.	늘어난다.	맑아진다.
④	낮아진다.	늘어난다.	뿌옇게 흐려진다.
⑤	낮아진다.	줄어든다.	뿌옇게 흐려진다.

3 과정 (나)와 (다) 중 구름이 생성되는 과정과 동일한 것을 고르시오.

4 향 연기를 넣지 않은 경우와 향 연기를 넣은 경우의 결과에 대한 설명으로 옳은 것만을 〈보기〉에서 있는 대로 고르시오.

┤ 보기 ├

ㄱ. 향 연기를 넣게 되면, 페트병 내부의 공기 온도가 더 많이 올라간다.

ㄴ. 페트병 뚜껑을 열었을 때, 향 연기를 넣은 경우에 더 뿌옇게 흐려진다.

ㄷ. 향 연기는 응결핵의 역할을 하므로, 수증기가 응결하는 모습을 잘 관찰할 수 있다.

내신 기출 문제

❶ 구름

01 다음은 구름이 생성되는 과정을 순서대로 나열한 것이다. 이 과정에서 옳지 <u>않은</u> 것을 고르시오.

> (가) 수증기를 포함한 공기가 상승한다.
> (나) 외부 기압이 낮아져서 공기의 부피는 증가한다.
> (다) 공기가 단열 팽창하여 기온이 상승한다.
> (라) 이슬점에 도달하여 수증기가 응결된다.
> (마) 구름이 생성된다.

02 구름이 생성되는 경우로 옳은 것만을 〈보기〉에서 있는 대로 고른 것은?

⊣ 보기 ⊢

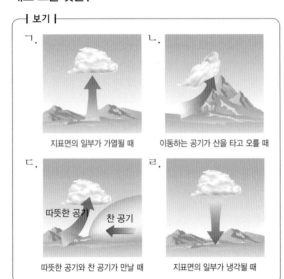

ㄱ. 지표면의 일부가 가열될 때
ㄴ. 이동하는 공기가 산을 타고 오를 때
ㄷ. 따뜻한 공기와 찬 공기가 만날 때
ㄹ. 지표면의 일부가 냉각될 때

① ㄱ, ㄴ   ② ㄱ, ㄹ   ③ ㄷ, ㄹ
④ ㄱ, ㄴ, ㄷ   ⑤ ㄴ, ㄷ, ㄹ

[03~04] 그림 (가)는 층운형 구름을, (나)는 적운형 구름을 나타낸 것이다.

(가)

(나)

03 위와 같이 구름을 분류한 기준은 무엇인가?

① 구름의 온도   ② 구름의 모양   ③ 구름의 색깔
④ 구름의 높이   ⑤ 구름 속 수증기의 양

04 그림 (가)와 (나)에 대한 설명으로 옳은 것만을 〈보기〉에서 있는 대로 고른 것은?

⊣ 보기 ⊢

ㄱ. (가)는 공기의 상승이 약할 때 생성된다.
ㄴ. 공기가 강하게 상승할 때 (나)와 같은 구름이 생성된다.
ㄷ. 구름 속 수증기의 양이 많을 때 (가)와 같은 구름이 생성된다.

① ㄱ   ② ㄷ   ③ ㄱ, ㄴ
④ ㄴ, ㄷ   ⑤ ㄱ, ㄴ, ㄷ

❷ 강수

05 오른쪽 그림은 강수 이론을 나타낸 것이다. 이에 대한 설명으로 옳지 <u>않은</u> 것은?

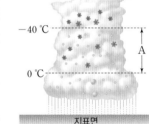

① 빙정설을 나타낸 것이다.
② 구름 속에는 물방울만 존재한다.
③ A 구간에서는 얼음 알갱이가 커진다.
④ 중위도 지역이나 고위도 지역에서 비가 내리는 원리를 설명하는 강수 이론이다.
⑤ 구름 속에서 커진 얼음 알갱이가 무거워져 떨어지면 눈이 되고, 떨어지면서 녹으면 비가 된다.

06 오른쪽 그림은 강수 이론을 나타낸 것이다. 이에 대한 설명으로 옳은 것만을 〈보기〉에서 있는 대로 고르시오.

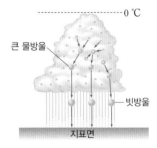

⊣ 보기 ⊢

ㄱ. 열대 지역에서 비가 내리는 원리이다.
ㄴ. 구름이 0 ℃ 이상의 온도에서 생성된다.
ㄷ. 구름 속 물방울끼리 합쳐져서 커지고, 무거워지면 떨어져 비가 된다.

01 그림은 구름이 생성되는 과정을 나타낸 것이다.

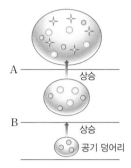

기호	설명
✧	: 얼음 알갱이
◯	: 물방울
∘	: 수증기

이에 대한 설명으로 옳은 것만을 〈보기〉에서 있는 대로 고른 것은?

| 보기 |

ㄱ. A에서 구름이 생기기 시작한다.
ㄴ. A에서의 공기 온도는 B에서보다 낮다.
ㄷ. B에서의 공기 온도는 0 °C이다.
ㄹ. 공기 덩어리가 B에서 A로 올라갈수록 기온은 높아진다.

① ㄴ   ② ㄱ, ㄹ   ③ ㄷ, ㄹ
④ ㄱ, ㄴ, ㄷ   ⑤ ㄴ, ㄷ, ㄹ

02 기온이 25 °C인 5 kg의 A 공기에 53 g의 수증기가 포함되어 있다. 오른쪽 그림과 같이 지표면에 있던 A 공기가 지표면에서 위로 상승할 때, 구름이 생성되기 시작하는 응결 고도는 약 몇 km인가? (단, 위로 100 m 올라갈수록 기온은 1 °C씩 감소하며, 15 °C에서의 포화 수증기량은 10.6 g/kg이고, 25 °C에서의 포화 수증기량은 20.0 g/kg이다.)

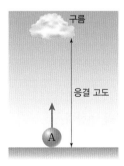

① 1000 m   ② 1100 m   ③ 1250 m
④ 1300 m   ⑤ 1500 m

예제

01 그림과 같이 간이 가압 장치를 눌러 공기를 압축시켰을 때, 페트병 내부의 변화를 그 이유와 함께 서술하시오.

Tip 단열 압축하면 기온이 올라간다.
Key Word 부피 감소, 온도 상승, 포화 수증기량, 상대 습도

[설명] 간이 가압 장치로 공기를 압축하면 온도가 올라가고 물은 증발한다.
[모범 답안] 부피가 감소하여 온도가 상승하므로 포화 수증기량이 증가하여 상대 습도는 낮아지면서 물이 증발한다.

실전 연습

01 오른쪽 그림과 같이 간이 가압 장치를 눌러 공기를 압축시킨 후 뚜껑을 열었을 때 페트병 내부에서 일어나는 변화를 관찰하였다.

(1) 향 연기를 넣었을 때와 넣지 않았을 때 페트병 내부에서 일어나는 변화의 차이를 비교하여 서술하시오.

_____

_____

(2) 향 연기는 어떤 역할을 하는지 서술하시오.

Tip 향 연기는 수증기가 쉽게 응결될 수 있도록 도와준다.
Key Word 응결핵, 수증기 응결

_____

_____

4 기압과 바람

❶ 기압

1. 기압[+]: 공기가 충돌하면서 단위 넓이에 작용하는 힘
(1) 기압의 작용 방향: 모든 방향으로 작용한다.
(2) 공기를 이루는 기체는 모든 방향으로 끊임없이 움직이면서 충돌한다.

▲ 기압의 작용 방향

2. 기압의 측정

(1) **토리첼리의 실험:** 토리첼리는 최초로 기압의 크기를 측정하였다.

실험 과정	한쪽 끝이 막혀 있는 1 m 길이의 유리관에 수은을 가득 채우고, 수은이 담긴 수조에 거꾸로 세운다.
실험 결과	유리관 속 수은이 약 76 cm 높이까지 내려와서 멈춘다. ➡ 유리관 속 76 cm의 수은 기둥이 누르는 압력(A)과 수조의 수은면을 누르는 기압(B)이 같기 때문이다. (수은 기둥 압력(A)=기압(B))

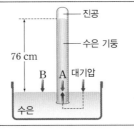

(2) **수은 기둥의 높이 변화**

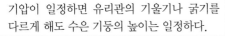

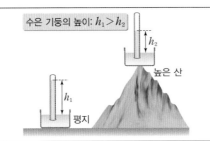

수은 기둥의 높이: $h_1 > h_2$

기압이 일정하면 유리관의 기울기나 굵기를 다르게 해도 수은 기둥의 높이는 일정하다.	수은 기둥의 높이는 기압이 높아지면 높아지고, 기압이 낮아지면 낮아진다.

3. 기압의 크기

(1) **기압의 단위:** 기압, cmHg, mmHg, hPa[+](헥토파스칼)

> 1기압[+]=76 cmHg=760 mmHg≒1013 hPa≒물기둥 약 10 m의 압력

(2) **기압의 크기 변화**
① 공기는 계속 움직이므로 기압은 측정하는 장소와 시간에 따라 변한다.
② 높이 올라갈수록 공기의 양이 줄어들기 때문에 기압도 낮아진다.

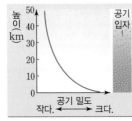

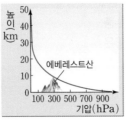

▲ 높이에 따른 공기의 밀도와 기압의 변화

✚ 기압의 예
• 빨대를 이용하여 음료수를 마실 때 입으로 빨대 속의 공기를 빨아들이면 빨대 속의 압력은 주변 대기압보다 낮아 음료수가 빨려 올라가게 된다.

• 비행기가 이륙하기 전 비행기 안의 과자 봉지는 비행기가 하늘 위로 올라가면 부푼다. 이것은 높은 곳으로 올라갈수록 기압이 낮아지기 때문이다.
• 물이 담긴 컵을 종이로 덮고 뒤집으면 물이 쏟아지지 않는다. 이것은 기압이 모든 방향으로 작용하기 때문이다.

✚ hPa(헥토파스칼)
1 hPa은 1 m²에 100 N(뉴턴)의 힘이 작용할 때의 압력이다.

✚ 1기압
1기압은 해수면에 작용하는 평균 기압으로, 수은 기둥 76 cm가 누르는 압력의 크기와 같다. 수은 대신 물을 사용하면 물 10 m가 누르는 압력의 크기와 같다. 이러한 기압이 작용하고 있지만, 우리가 평소에 기압을 느끼지 못하는 것은 몸속에서 기압과 같은 크기의 압력이 외부로 작용하고 있기 때문이다.

기초 섭렵 문제

① 기압

▶ 공기가 충돌하면서 단위 넓이에 작용하는 힘을 ☐☐이라고 하며, 이 힘은 ☐☐ 방향으로 작용한다.

▶ ☐☐☐☐는 ☐☐을 이용하여 최초로 기압을 측정하였다.

▶ 수은을 이용하여 기압을 측정하는 실험에서 수은 기둥이 누르는 압력은 수조의 수은면을 누르는 ☐☐과 같다.

▶ 해수면에 작용하는 평균 기압은 ☐ 기압이며, 수은 기둥 ☐☐ cm가 누르는 압력과 같다.

▶ 기압은 측정하는 ☐☐와 ☐☐에 따라 변하며, 높이 올라갈수록 기압은 ☐☐진다.

01 기압에 대한 설명으로 옳은 것은 ○표, 옳지 **않은** 것은 ×표를 하시오.

(1) 기압은 위쪽 방향으로만 작용한다. ( )

(2) 공기가 많은 곳의 기압은 높고, 공기가 적은 곳의 기압은 낮다. ( )

(3) 공기는 계속 움직이지만 기압은 측정 장소나 시간이 달라져도 변하지 않는다.
( )

(4) 높은 곳으로 올라갈수록 기압도 높아진다. ( )

[02~03] 오른쪽 그림은 토리첼리의 기압 측정 실험을 나타낸 것이다.

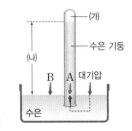

02 이 실험에 대한 설명으로 옳은 것은 ○표, 옳지 **않은** 것은 ×표를 하시오.

(1) 기압이 높아지면 수은 기둥의 높이는 낮아진다.
( )

(2) 수은면을 누르는 기압(B)은 수은 기둥이 누르는 압력 (A)과 같다. ( )

(3) 수은이 들어 있는 유리관을 기울이면 수은 기둥의 높이가 낮아진다.
( )

03 다음은 위 실험에 대한 설명이다. ( ) 안에 알맞은 말을 쓰시오.

> (가)는 ㉠ ( ) 상태이며, 1기압에서 실험했을 때 수은 기둥의 높이 (나)는 ㉡ ( ) cm이다.

04 1기압과 같은 크기의 값에 해당되는 것만을 〈보기〉에서 있는 대로 고르시오.

┤ 보기 ├
ㄱ. 750 mmHg   ㄴ. 1013 hPa
ㄷ. 물기둥 12 m가 누르는 압력   ㄹ. 76 cmHg

❷ 바람

1. 바람: 기압이 높은 곳에서 낮은 곳으로 공기가 수평 방향으로 이동하는 흐름
(1) 풍향⁺: 바람이 불어오는 방향 **예** 동풍은 동쪽에서 불어오는 바람이다.
(2) 풍속: 바람의 세기

2. 바람의 생성 원인: 두 지점 사이에서 생기는 기압 차이 때문이다.
(1) 지표면에 기온 차이가 생기면 기압 차이가 생긴다.
　① 지표면이 가열된 지역: 공기가 주변 공기보다 밀도가 작아져 가벼워지므로 상승한다.
　　➡ 지표면의 기압은 낮아진다.
　② 지표면이 냉각된 지역: 공기가 주변 공기보다 밀도가 커져 무거워지므로 하강한다.
　　➡ 지표면의 기압은 높아진다.
(2) 바람이 부는 원리⁺
　① 기압 차이가 발생하면 기압이 높은 곳에서 낮은 곳으로 공기가 이동하여 바람이 분다.
　② 기압 차이가 클수록 풍속은 빨라진다.

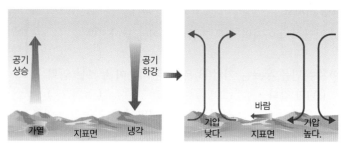
▲ 바람이 부는 원리

3. 해륙풍과 계절풍: 지표면의 가열과 냉각에 의한 기압 차이로 부는 바람
(1) 발생 원인: 육지가 바다보다 빨리 가열되고 빨리 냉각되어 나타나는 기압 차이 때문이다.
(2) 해륙풍과 계절풍 비교

구분	해륙풍		계절풍	
	해풍	육풍	남동 계절풍	북서 계절풍
시간	낮	밤	여름철	겨울철
기온	바다<육지	바다>육지	해양<대륙	해양>대륙
기압	바다>육지	바다<육지	해양>대륙	해양<대륙
풍향	바다에서 육지로	육지에서 바다로	해양에서 대륙으로	대륙에서 해양으로

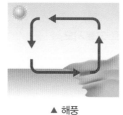
▲ 해풍

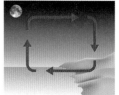
▲ 육풍

▲ 남동 계절풍

▲ 북서 계절풍

+ 풍향
일반적으로 풍향은 16 방위로 나타내는데, 16 방위는 360°의 원판을 16 등분한 것이다. 16 방위를 읽을 때는 기준을 남북으로 하기 때문에 서남풍, 동북풍이라 하지 않고 남서풍, 북동풍이라고 한다.

+ 바람이 부는 원리
따뜻한 물 위의 공기는 가열되어 가벼워져서 상승하므로 기압이 낮아지고, 얼음물 위의 공기는 냉각되어 무거워져 하강하므로 기압이 높아진다. 이러한 기압 차이로 인해서 향 연기는 기압이 높은 얼음물이 있는 쪽에서 기압이 낮은 따뜻한 물이 있는 쪽으로 이동한다.

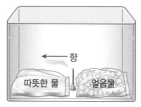

+ 바다와 육지의 온도
같은 태양 복사 에너지를 받더라도 바다와 육지의 열용량 차이로 육지는 바다보다 빨리 가열되고 빨리 냉각된다. 열용량은 어떤 물질의 온도를 1 °C 높이는데 필요한 열에너지의 양이다.

기초 섭렵 문제

❷ 바람

▶ 공기가 수평 방향으로 이동하는 흐름을 □□이라고 하며, 이것은 기압이 □□ 곳에서 □□ 곳으로 분다.

▶ 지표면이 가열된 지역은 주변 공기보다 공기의 밀도가 □□져 상승하므로 기압이 □□진다.

▶ 바람은 두 지점 사이의 □□ 차이 때문에 생성되며, 그 차이가 □수록 □□은 빨라진다.

▶ □□□은 해안 지역에서 하루를 주기로 부는 바람이며, 낮에는 □풍이 불고, 밤에는 □풍이 분다.

▶ 대륙과 해양을 경계로 1년을 주기로 부는 바람을 □□□이라고 하며, 여름에는 □□ □□□이 불고, 겨울에는 □□ □□□이 분다.

05 바람에 대한 설명으로 옳은 것은 ○표, 옳지 <u>않은</u> 것은 ×표를 하시오.

(1) 기압이 낮은 곳에서 기압이 높은 곳으로 바람이 분다. ( )
(2) 두 지점 사이의 기압 차이가 클수록 풍속은 빨라진다. ( )
(3) 지표면에 기온 차이가 생기면 기압 차이가 생기면서 바람이 분다. ( )

06 다음은 바람이 부는 원리에 대한 설명이다. ( ) 안에 알맞은 말을 쓰시오.

지표면이 가열되고 있는 A 지역은 공기가 상승하면서 지표면 부근의 기압이 ㉠ ( ) 지고, 지표면이 냉각되고 있는 B 지역은 공기가 하강하면서 지표면 부근의 기압이 (㉡)지게 되어, 바람은 (㉢) 지역에서 (㉣) 지역으로 분다.

07 해륙풍에 대한 설명으로 옳은 것은 ○표, 옳지 <u>않은</u> 것은 ×표를 하시오.

(1) 지표면의 가열과 냉각에 의한 기압 차이로 부는 바람이다. ( )
(2) 낮에는 육지에서 바다로 육풍이 분다. ( )
(3) 밤에는 바다가 육지보다 빨리 냉각되어 육지의 기압이 바다보다 높다. ( )
(4) 육지에서 바다로 부는 바람은 밤에 분다. ( )

08 다음은 계절풍에 대한 설명이다. ( ) 안에 알맞은 말을 쓰시오.

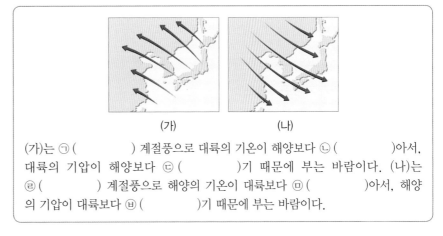

(가) (나)

(가)는 ㉠ ( ) 계절풍으로 대륙의 기온이 해양보다 ㉡ ( )아서, 대륙의 기압이 해양보다 ㉢ ( )기 때문에 부는 바람이다. (나)는 ㉣ ( ) 계절풍으로 해양의 기온이 대륙보다 ㉤ ( )아서, 해양의 기압이 대륙보다 ㉥ ( )기 때문에 부는 바람이다.

내신 기출 문제

1 기압

01 기압이 작용하기 때문에 나타나는 현상으로 옳은 것만을 〈보기〉에서 있는 대로 고른 것은?

┤ 보기 ├
ㄱ. 빈 음료수 팩 속의 공기를 빨대로 빨면 팩이 찌그러진다.
ㄴ. 개봉하지 않은 과자 봉지를 산꼭대기로 가져가면 부풀어 오른다.
ㄷ. 뜨거운 음식을 담고 바로 뚜껑을 덮으면 음식이 식은 후에 뚜껑이 잘 열리지 않는다.

① ㄱ　　　　② ㄷ　　　　③ ㄱ, ㄴ
④ ㄴ, ㄷ　　　⑤ ㄱ, ㄴ, ㄷ

02 (중요) 그림은 수은을 이용하여 같은 장소에서 동시에 실시한 토리첼리의 기압 측정 실험을 나타낸 것이다.

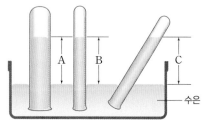

수은 기둥 A, B, C의 높이를 옳게 비교한 것은?

① A>B>C　　　② A=B=C
③ A=B>C　　　④ B>A>C
⑤ C>A>B

03 기압의 크기가 가장 큰 장소는?

① 1기압이 작용하는 해수면
② 1012 hPa의 기압이 작용하는 곳
③ 물기둥이 9 m 높이에서 멈추는 곳
④ 수은 기둥이 75 cm에서 멈추는 곳
⑤ 토리첼리 실험에서 수은 기둥의 높이가 770 mm가 되는 곳

04 (중요) 높이에 따른 기압의 변화를 나타낸 그래프로 옳은 것은?

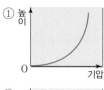
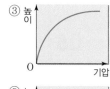 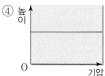
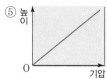

2 바람

05 바람에 대한 설명으로 옳은 것만을 〈보기〉에서 있는 대로 고른 것은?

┤ 보기 ├
ㄱ. 기압 차이가 작을수록 풍속이 빠르다.
ㄴ. 기압이 높은 곳에서 낮은 곳으로 분다.
ㄷ. 지표면에 기온 차이가 생기면 기압 차이가 생기면서 바람이 분다.

① ㄱ　　　　② ㄷ　　　　③ ㄱ, ㄴ
④ ㄴ, ㄷ　　　⑤ ㄱ, ㄴ, ㄷ

06 (중요) 그림 (가)는 해륙풍을, (나)는 계절풍을 나타낸 것이다.

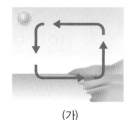 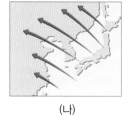

(가)　　　　　　　(나)

이에 대한 설명으로 옳은 것만을 〈보기〉에서 있는 대로 고르시오.

┤ 보기 ├
ㄱ. (가)와 (나)의 발생 원인은 같다.
ㄴ. (가)는 1년을 주기로 풍향이 바뀐다.
ㄷ. (나)는 여름에는 남동 계절풍이, 겨울에는 북서 계절풍이 분다.

정답과 해설 | 19쪽

01 그림 (가)는 높이에 따른 공기 밀도를, (나)는 토리첼리의 실험을 나타낸 것이다.

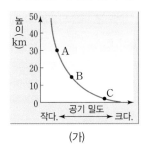
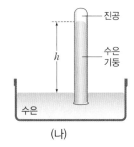

(가)　　　　　　(나)

이에 대한 설명으로 옳은 것만을 〈보기〉에서 있는 대로 고른 것은?

| 보기 |

ㄱ. 기압의 크기를 비교하면 A<B<C이다.
ㄴ. B에서 토리첼리 실험을 할 때, 수은 기둥의 기울기나 굵기를 다르게 하면 수은 기둥의 높이가 변한다.
ㄷ. A, B, C 세 장소에서 토리첼리 실험을 하면 수은 기둥 h의 높이는 A에서 B, C로 갈수록 낮아진다.

① ㄱ　　　② ㄴ　　　③ ㄱ, ㄷ
④ ㄴ, ㄷ　　　⑤ ㄱ, ㄴ, ㄷ

02 그림은 어느 해안 지방에서 하루 동안 시각에 따른 풍속을 측정하여 나타낸 것이다.

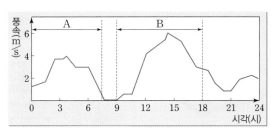

이에 대한 설명으로 옳은 것만을 〈보기〉에서 있는 대로 고른 것은?

| 보기 |

ㄱ. A 때는 육풍이 분다.
ㄴ. A 때는 육지의 기온이 바다보다 높다.
ㄷ. B 때는 바다에서 육지로 바람이 분다.
ㄹ. B 때는 바다의 기압이 육지보다 높다.

① ㄱ, ㄴ　　　② ㄱ, ㄷ　　　③ ㄴ, ㄹ
④ ㄱ, ㄷ, ㄹ　　　⑤ ㄴ, ㄷ, ㄹ

정답과 해설 | 19쪽

[예제]

01 그림은 물이 담긴 유리컵의 입구를 종이로 덮은 후, 거꾸로 뒤집는 실험을 나타낸 것이다.

물이 쏟아지지 않는 까닭을 서술하시오.

- -
Tip 컵 주위에는 기압이 작용하고 있다.
Key Word 기압, 방향

[설명] 공기가 자유롭게 움직이므로 기압은 사방에서 작용한다.
[모범 답안] 기압은 모든 방향에서 작용하기 때문에 종이면의 아래쪽에서 위쪽으로도 기압이 작용하므로 유리컵을 거꾸로 뒤집어도 물이 쏟아지지 않는다.

[실전 연습]

01 그림은 대기압이 1기압인 장소에서 토리첼리의 기압 측정 실험을 나타낸 것이다.

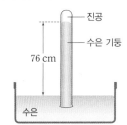

(1) 수은 기둥이 76 cm에서 멈춘 이유를 서술하시오.

- -
Tip 1기압은 수은 기둥 76 cm가 누르는 압력과 같다.
Key Word 수은 기둥의 압력, 기압

(2) 기압이 1기압보다 낮은 곳에서 실험하면 수은 기둥의 높이는 어떻게 변하는지 쓰고, 그 이유를 서술하시오.

- -
Tip 수은 기둥의 높이는 기압에 따라 달라진다.
Key Word 수은면, 대기의 압력

5 날씨의 변화

① 기단

1. 기단: 넓은 범위에 걸쳐 기온과 습도 등의 성질이 비슷한 거대한 공기 덩어리

(1) 기단의 성질: 만들어진 장소의 성질에 영향을 받는다.✛

생성 장소	기단의 성질	생성 장소	기단의 성질
대륙	건조하다.	고위도 지역	기온이 낮다.
해양	습하다.	저위도 지역	기온이 높다.

(2) 기단은 세력이 강해지거나 약해지면서 주변 지역의 날씨에 영향을 준다.

2. 우리나라 날씨에 영향을 주는 기단

구분	계절	날씨
양쯔강 기단	봄, 가을	따뜻하고 건조하다.
오호츠크해 기단	초여름	동해안 지역에 저온 현상
북태평양 기단	여름	무덥고 습하다. 폭염, 열대야
시베리아 기단	겨울	춥고 건조하다. 한파

시베리아 기단 (한랭 건조)
오호츠크해 기단 (한랭 다습)
양쯔강 기단 (온난 건조)
북태평양 기단 (고온 다습)

• 장마철: 동해안에서 북태평양 기단과 오호츠크해 기단이 만나 장마 전선이 형성된다.

② 전선

1. 전선면과 전선✛: 전선면은 성질이 다른 두 기단이 만나서 생기는 경계면이고, 전선은 전선면과 지표면이 만나서 이루는 경계선이다.

2. 한랭 전선과 온난 전선✛

구분	한랭 전선	온난 전선
모습	전선면 / 찬 공기 / 따뜻한 공기 / 한랭 전선	따뜻한 공기 / 온난 전선 / 전선면 / 찬 공기
형성 과정	찬 공기가 따뜻한 공기 쪽으로 이동하여 아래로 파고들 때	따뜻한 공기가 찬 공기 쪽으로 이동하여 찬 공기 위로 올라갈 때
전선면	기울기가 급하다.	기울기가 완만하다.
구름	적운형 구름	층운형 구름
강수	좁은 지역에 소나기성 비	넓은 지역에 지속적인 약한 비
이동 속도	빠르다.	느리다.
전선 통과 후 기온	낮아진다.	높아진다.

3. 폐색 전선과 정체 전선✛

(1) 폐색 전선: 이동 속도가 빠른 한랭 전선이 온난 전선과 만나 겹쳐져서 생긴 전선

(2) 정체 전선: 세력이 비슷한 두 기단이 한곳에 오랫동안 머무르면서 생기는 전선

✛ 기단의 변질

기단은 머물러 있는 지표면의 영향을 받는다. 따라서 차고 건조한 성질을 가진 기단이 따뜻한 바다 위를 통과하면 기온이 높고 습한 기단으로 바뀌면서 구름이 생성되고 비나 눈이 내린다.

차고 건조한 기단 / 비, 눈 / 따뜻한 바다 / 차가운 육지 / 따뜻한 육지

✛ 전선면과 전선

전선면에서는 공기의 상승 운동이 활발하고 전선을 경계로 기온, 습도 등이 크게 달라진다.

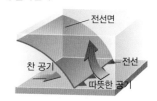

전선면 / 찬 공기 / 전선 / 따뜻한 공기

✛ 전선 기호

전선	기호	진행 방향
온난 전선	●●●	↑
한랭 전선	▼▼▼	↓
정체 전선	▼●▼●	정지
폐색 전선	▲▲▲	↑

✛ 정체 전선과 폐색 전선

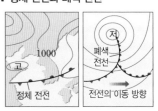

고 / 1000 / 정체 전선 / 저 / 폐색 전선 / 전선의 이동 방향

기초 섭렵 문제

❶ 기단

▶ 넓은 범위에 걸쳐 기온과 습도 등의 성질이 비슷한 거대한 공기 덩어리를 □□이라고 한다.

▶ □□□□ 기단은 춥고 건조한 우리나라 겨울철 날씨에 영향을 준다.

▶ 우리나라 여름철은 □□□□ 기단의 영향을 받아 무덥고 습한 날씨가 된다.

▶ 우리나라 봄철과 가을철 날씨는 □□□ 기단의 영향을 받아 따뜻하고 건조하다.

01 기단에 대한 설명으로 옳은 것은 ○표, 옳지 <u>않은</u> 것은 ×표를 하시오.

(1) 기단의 성질은 만들어진 장소의 성질에 따라 달라진다. ( )

(2) 해양에서 만들어진 기단의 성질은 따뜻하다. ( )

(3) 고위도 지역에서 만들어진 기단은 기온이 낮다. ( )

(4) 기단은 세력이 강해지거나 약해지면서 주변 지역의 날씨에 영향을 준다. ( )

02 오른쪽 그림은 우리나라 날씨에 영향을 주는 기단을 나타낸 것이다. 이에 대한 설명으로 옳은 것은 ○표, 옳지 <u>않은</u> 것은 ×표를 하시오.

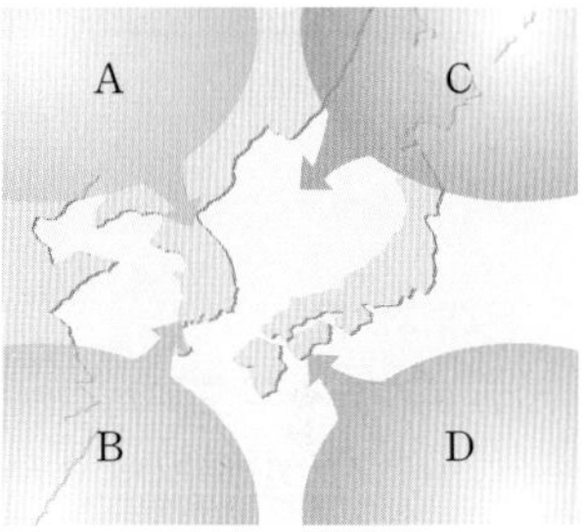

(1) A는 우리나라 여름철 날씨에 영향을 준다. ( )

(2) B는 우리나라 겨울철 날씨에 영향을 준다. ( )

(3) C는 오호츠크해 기단이다. ( )

(4) D의 영향으로 우리나라의 날씨는 춥고 건조하다. ( )

❷ 전선

▶ 성질이 다른 두 기단이 만나서 생기는 경계면을 □□□이라고 하고, 이 경계면이 지표면과 만나서 이루는 경계선을 □□이라고 한다.

▶ □□ □□은 찬 공기가 따뜻한 공기 쪽으로 이동하여 아래로 파고들 때 생기는 전선이다.

▶ 따뜻한 공기가 찬 공기 쪽으로 이동하여 찬 공기 위로 올라갈 때 생기는 전선은 □□ □□이다.

03 한랭 전선에 대한 설명이면 '한', 온난 전선에 대한 설명이면 '온'이라고 쓰시오.

(1) 전선면의 기울기가 급하다. ( )

(2) 층운형의 구름이 생기고 넓은 지역에 약한 비가 내린다. ( )

(3) 적운형의 구름이 생기고 좁은 지역에 소나기성 비가 내린다. ( )

(4) 따뜻한 공기가 찬 공기 쪽으로 이동할 때 생기며, 전선면의 기울기가 완만하다. ( )

04 전선의 종류와 전선 기호를 옳게 연결하시오.

(1) 한랭 전선 •   • ㉠ ▲▲▲

(2) 온난 전선 •   • ㉡ ◖◖◖

(3) 폐색 전선 •   • ㉢ ▲◖▲◖

(4) 정체 전선 •   • ㉣ ▽▽▽

05 다음에서 설명하는 전선의 이름을 쓰시오.

> 세력이 비슷한 두 기단이 한곳에 오랫동안 머무르면서 생기는 전선으로 우리나라의 장마 전선이 그 예이다.

❸ 기압과 날씨

1. 고기압과 저기압

구분	고기압	저기압
정의	주변보다 기압이 높은 곳	주변보다 기압이 낮은 곳
바람(북반구)	시계 방향으로 불어 나간다.	시계 반대 방향으로 불어 들어간다.
중심부	하강 기류가 발달	상승 기류가 발달
날씨	구름이 없고 날씨가 맑음	구름이 형성되고 흐리거나 비 또는 눈

▲ 고기압과 저기압에서 공기의 이동(북반구)

2. 온대 저기압

(1) **특징**: 중위도 지방에서 자주 발생하는 저기압으로, 온대 저기압의 중심에서 남서쪽으로는 한랭 전선, 남동쪽으로는 온난 전선이 형성된다.

(2) **온대 저기압에서의 날씨**: 온대 저기압이 지나는 지역에서는 온난 전선과 한랭 전선이 차례로 통과한다.✚ (A−B−C의 순서로 통과)

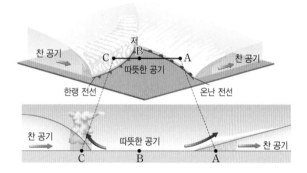

구분	기온	날씨
A 지역 (온난 전선 앞쪽)	낮다.	지속적인 비
B 지역 (온난 전선과 한랭 전선 사이)	높다.	맑음
C 지역 (한랭 전선 뒤쪽)	낮다.	소나기성 비

❹ 날씨 변화

1. 일기도: 여러 지역의 동일 시각 대기 상태를 수집하여 한눈에 알아보기 쉽게 작성한 지도

2. 우리나라 계절별 기압 배치 특징: 일기도의 등압선✚을 살펴보면 기압 분포를 알 수 있다.✚

구분	봄철	여름철	가을철	겨울철
특징	이동성 고기압과 저기압이 자주 지나간다.	남고북저형 기압 배치	이동성 고기압과 저기압이 자주 지나간다.	서고동저형 기압 배치
일기도				

✚ **온대 저기압의 이동**
북반구 중위도 지방에서 발생한 온대 저기압은 편서풍의 영향을 받아 서쪽에서 동쪽으로 이동해 간다.

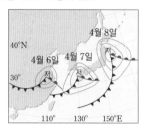

✚ **열대 저기압**
열대 지방의 바다에서 발생한 저기압으로 전선은 동반하지 않는다. 특히 중심 부근의 최대 풍속이 17 m/s 이상으로 강해진 열대 저기압은 태풍이라고 부른다.

✚ **등압선**
여러 지점에서 측정한 기압값을 일기도에 표시한 후, 기압이 같은 지점을 연결한 선이다.

✚ **우리나라 계절별 날씨 특징**

구분	특징
봄	• 날씨가 자주 바뀐다. • 황사, 꽃샘 추위
여름	• 초여름에 장마, 무더위, 열대야가 나타난다. • 태풍이 지나기도 한다.
가을	• 맑은 하늘이 나타나고, 낮밤의 기온 차가 크다. • 첫서리가 내린다.
겨울	낮은 기온과 한파, 폭설 현상이 나타난다.

기초 섭렵 문제

06 고기압과 저기압에 대한 설명으로 옳은 것은 ○표, 옳지 않은 것은 ×표를 하시오.

(1) 고기압은 주변보다 기압이 낮고, 저기압은 주변보다 기압이 높다.   (   )

(2) 북반구의 저기압 중심에서는 바람이 시계 반대 방향으로 불어 들어간다.

(   )

(3) 고기압에서는 바람이 불어 나가고, 저기압에서는 바람이 불어 들어간다.

(   )

07 다음은 고기압과 저기압에 대한 설명이다. (   ) 안에 알맞은 말을 쓰시오.

> 고기압의 중심에서는 ㉠(   ) 기류가 발달하므로, 구름이 없어 날씨가 ㉡(   )다. 저기압의 중심에서는 ㉢(   ) 기류가 발달하므로, 구름이 생기고 흐리거나 ㉣(   ) 또는 눈이 내린다.

08 그림은 온대 저기압의 단면을 나타낸 것이다.

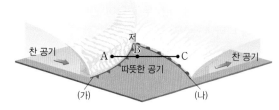

이에 대한 설명으로 옳은 것은 ○표, 옳지 않은 것은 ×표를 하시오.

(1) (가)는 한랭 전선, (나)는 온난 전선이다.   (   )
(2) A 지역은 기온은 낮고 소나기성 비가 내린다.   (   )
(3) B 지역은 기온이 높고 날씨가 맑다.   (   )
(4) C 지역은 기온이 낮고 지속적인 비가 내린다.   (   )

09 그림 (가)와 (나)는 우리나라 여름철 일기도와 겨울철 일기도를 순서 없이 나타낸 것이다.

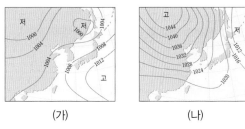

(가)   (나)

각각 어느 계절의 일기도인지 쓰시오.

내신 기출 문제

1 기단

중요
01 오른쪽 그림은 우리 나라 주변의 기단을 나타낸 것이다. 기단 A~D에 대한 설명 으로 옳은 것만을 〈보기〉에서 있는 대로 고른 것은?

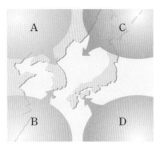

┤ 보기 ├
ㄱ. A와 B는 건조한 기단이다.
ㄴ. B와 C는 온도가 낮은 기단이다.
ㄷ. C와 D는 우리나라에서 장마 전선을 형성한다.

① ㄱ   ② ㄴ   ③ ㄱ, ㄷ
④ ㄴ, ㄷ   ⑤ ㄱ, ㄴ, ㄷ

2 전선

중요
02 그림 (가)와 (나)는 성질이 다른 두 기단이 만나 형성된 전선의 단면을 나타낸 것이다.

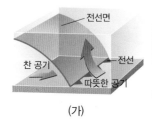

(가)   (나)

이에 대한 설명으로 옳지 <u>않은</u> 것은?

① (가)는 한랭 전선, (나)는 온난 전선이다.
② (가) 전선의 뒤쪽에서는 적운형의 구름이 생성된다.
③ (나) 전선의 앞쪽에서는 층운형의 구름이 생성된다.
④ (가) 전선이 통과한 후에는 소나기가 내린다.
⑤ (나) 전선이 통과한 후에는 기온이 낮아지고 약한 비가 내린다.

03 전선 기호와 그 전선의 이름을 옳게 짝 지은 것은?

① ━●●●● ─ 온난 전선
② ━▼▼▼▼ ─ 폐색 전선
③ ━▼▼▼● ─ 한랭 전선
④ ━▼▼●● ─ 폐색 전선
⑤ ━▲▲▲▲ ─ 정체 전선

3 기압과 날씨

04 고기압과 저기압에 대한 설명으로 옳은 것은?

① 저기압에서 고기압으로 바람이 불어 나간다.
② 고기압의 중심부에서는 상승 기류가 생성된다.
③ 주변보다 기압이 낮은 곳을 고기압이라고 한다.
④ 저기압의 중심에서는 구름이 형성되어 비나 눈이 온다.
⑤ 북반구의 저기압에서는 시계 방향으로 바람이 불어 들어온다.

중요
05 그림은 온대 저기압의 단면을 나타낸 것이다.

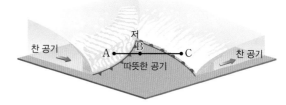

이에 대한 설명으로 옳은 것만을 〈보기〉에서 있는 대로 고른 것은?

┤ 보기 ├
ㄱ. A 지역은 기온이 낮고 지속적인 약한 비가 내린다.
ㄴ. B 지역은 날씨가 맑고 기온이 높다.
ㄷ. C 지역은 기온이 높고 소나기가 내린다.

① ㄱ   ② ㄴ   ③ ㄱ, ㄷ
④ ㄴ, ㄷ   ⑤ ㄱ, ㄴ, ㄷ

4 날씨 변화

중요
06 오른쪽 그림은 우리나라 어느 계절의 일기도를 나타낸 것이다. 이에 대한 설명으로 옳은 것만을 〈보기〉에서 있는 대로 고르시오.

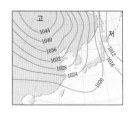

┤ 보기 ├
ㄱ. 여름철 일기도이다.
ㄴ. 낮은 기온과 한파가 나타난다.
ㄷ. 서고동저형의 기압 배치가 나타난다.

정답과 해설 | 21쪽

정답과 해설 | 21쪽

01 그림 (가)와 (나)는 북반구에서 부는 바람의 방향과 공기의 연직 운동을 나타낸 것이다.

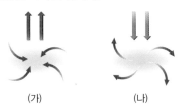

(가)   (나)

이에 대한 설명으로 옳은 것만을 〈보기〉에서 있는 대로 고른 것은?

┤ 보기 ├

ㄱ. (가)에서 (나)로 바람이 분다.
ㄴ. (가)의 중심부에는 구름이 생성되고 날씨가 흐리고 비나 눈이 내린다.
ㄷ. (나)에서는 구름이 소멸되고 날씨가 맑다.

① ㄱ   ② ㄴ   ③ ㄱ, ㄷ
④ ㄴ, ㄷ   ⑤ ㄱ, ㄴ, ㄷ

02 표는 어느 날 신문에 실린 생활 기상 지수를 나타낸 것이다.

나들이 지수 30	우산이 필요해요.
빨래 지수 20	다음에 하세요.
세차 지수 20	세차하면 후회해요.

위와 같은 날의 일기도로 예상되는 것은?

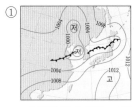
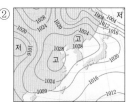
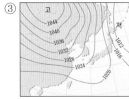
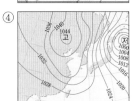
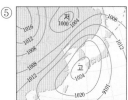

예제

01 오른쪽 그림은 우리나라 날씨에 영향을 주는 기단을 나타낸 것이다. A~D 중 우리나라 여름철 날씨에 영향을 주는 기단의 기호와 이름을 쓰고, 여름철 날씨의 특징을 이 기단의 성질과 관련지어 서술하시오.

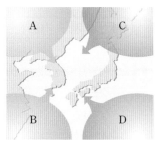

Tip 여름철에는 무덥고 습한 날씨가 이어진다.
Key Word 북태평양 기단, 고온, 다습

[설명] 우리나라 여름철의 무덥고 습한 날씨는 고온의 해양에서 생성된 기단과 관련이 있다.
[모범 답안] D, 북태평양 기단. 우리나라의 여름철 날씨는 저위도의 해양에서 생성된 고온 다습한 성질을 가진 북태평양 기단의 영향을 받아 무덥고 습한 날씨가 나타난다.

실전 연습

01 그림은 온대 저기압의 모습을 나타낸 것이다.

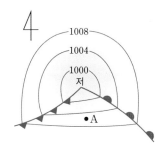

(1) A 지역의 기온과 날씨는 어떠한지 서술하시오.

Tip 한랭 전선의 앞쪽이나 온난 전선 뒤쪽은 따뜻하고 맑다.
Key Word 맑다

(2) A 지역의 날씨는 시간이 지나면 어떻게 변하는지 쓰고, 그 이유를 서술하시오.

TIP 온대 저기압은 서쪽에서 동쪽으로 이동한다.
key word 한랭 전선, 온대 저기압, 이동

대단원 마무리

1 기권과 지구 기온

01 기권을 구성하는 기체 중 가장 많은 부피비를 차지하는 것은?

① 산소 　　② 아르곤 　　③ 이산화 황
④ 질소 　　⑤ 이산화 탄소

[02~04] 그림은 기권의 층상 구조를 나타낸 것이다.

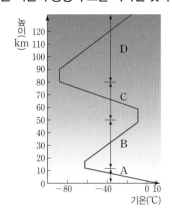

02 A~D층의 이름을 옳게 짝 지은 것은?

① A- 열권 　② A- 중간권 　③ B- 성층권
④ C- 대류권 　⑤ D- 중간권

03 A~D층에 대한 설명으로 옳은 것만을 〈보기〉에서 있는 대로 고른 것은?

┤보기├
ㄱ. A층과 C층에서는 대류 현상이 일어난다.
ㄴ. B층에서는 오로라가 나타나기도 한다.
ㄷ. D층에서는 유성이 관측되기도 한다.

① ㄱ 　　　② ㄷ 　　　③ ㄱ, ㄴ
④ ㄴ, ㄷ 　　⑤ ㄱ, ㄴ, ㄷ

04 다음 설명에 해당하는 층의 기호와 이름을 쓰시오.

• 공기의 대부분이 모여 있는 층이다.
• 공기의 대류가 활발하게 일어난다.
• 수증기가 있어 눈이나 비 등 기상 현상이 나타난다.

05 그림은 알루미늄 컵에 적외선등을 비추어, 시간에 따른 알루미늄 컵의 온도 변화를 측정하는 실험을 나타낸 것이다.

이 실험에 대한 설명으로 옳지 <u>않은</u> 것은?

① 물체가 복사 평형에 도달하는 과정을 알 수 있다.
② 적외선등은 태양, 알루미늄 컵은 지구에 비유할 수 있다.
③ 알루미늄 컵이 복사 평형을 이루면 컵의 온도가 일정하게 유지된다.
④ 실험 결과를 통해 지구의 연평균 기온이 일정하게 유지되는 것을 이해할 수 있다.
⑤ 알루미늄 컵의 온도는 처음에는 계속해서 내려가다가 어느 정도 시간이 지나면 온도는 일정하게 유지된다.

06 지구의 복사 평형에 대한 설명으로 옳은 것만을 〈보기〉에서 있는 대로 고르시오.

┤보기├
ㄱ. 지구가 흡수한 태양 복사 에너지양과 지구에서 방출한 지구 복사 에너지양은 같다.
ㄴ. 지구가 복사 평형을 이루므로 연평균 기온이 일정하게 유지된다.
ㄷ. 지구는 대기가 없는 달보다 더 낮은 온도에서 복사 평형이 이루어진다.

07 지구 온난화에 대한 설명으로 옳은 것만을 〈보기〉에서 있는 대로 고른 것은?

┤보기├
ㄱ. 지구 평균 기온이 점점 상승하는 현상이다.
ㄴ. 온실 기체 배출량이 많아지면서 온실 효과가 강화되어 나타난다.
ㄷ. 지구 온난화의 영향으로 해수면이 높아지고, 육지가 감소하며, 기상 이변이 나타날 수 있다.

① ㄱ 　　　② ㄴ 　　　③ ㄱ, ㄷ
④ ㄴ, ㄷ 　　⑤ ㄱ, ㄴ, ㄷ

② 대기 중의 수증기

[08~10] 그림은 기온에 따른 포화 수증기량을 나타낸 것이다.

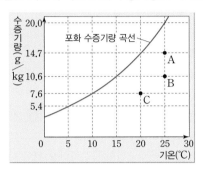

08 A, B, C 공기에 대한 설명으로 옳은 것은?

① A 공기는 포화 상태이다.
② A 공기의 이슬점은 15 ℃이다.
③ B 공기의 이슬점이 가장 낮다.
④ B 공기 1 kg을 10 ℃로 냉각시키면, 30 g의 수증기가 응결되어 물이 된다.
⑤ C 공기 1 kg에 7.1 g의 수증기를 더 넣으면 포화 상태가 된다.

09 A, B, C 공기 1 kg을 각각 5 ℃까지 냉각시켰을 때, 응결되는 물의 양을 옳게 비교한 것은?

① A>B>C   ② A>C>B
③ B>A>C   ④ C>A>B
⑤ C>B>A

10 위 그림에 대한 설명으로 옳은 것만을 〈보기〉에서 있는 대로 고른 것은?

┤ 보기 ├
ㄱ. A 공기의 상대 습도가 B 공기보다 더 높다.
ㄴ. B 공기의 상대 습도는 $\frac{10.6\,g/kg}{20.0\,g/kg} \times 100$이다.
ㄷ. C 공기 1 kg에 3.0 g의 수증기를 더 넣어 주면 상대 습도는 100 %가 된다.

① ㄱ   ② ㄷ   ③ ㄱ, ㄴ
④ ㄴ, ㄷ   ⑤ ㄱ, ㄴ, ㄷ

11 표는 기온에 따른 포화 수증기량을 나타낸 것이다.

기온(℃)	5	10	15	20	25
포화 수증기량(g/kg)	5.4	7.6	10.6	14.7	20.0

현재 기온이 25 ℃이고 습도가 60 %일 때, 현재 공기 5 kg에 포함되어 있는 수증기의 양은 몇 g인지 구하시오.

③ 구름과 강수

12 그림 (가)는 페트병에 향 연기를 넣은 후 간이 가압 장치의 펌프를 눌러 공기를 압축하는 과정을, (나)는 페트병 뚜껑을 열어 공기를 팽창시키는 과정을 나타낸 것이다.

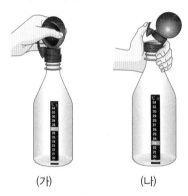

(가)   (나)

(가)와 (나)의 페트병 내부의 변화를 옳게 나타낸 것은?

	(가)		(나)	
	기온	내부 변화	기온	내부 변화
①	하강	변화 없다.	상승	변화 없다.
②	상승	맑아진다.	하강	변화 없다.
③	상승	맑아진다.	하강	뿌옇게 흐려진다.
④	하강	뿌옇게 흐려진다.	상승	뿌옇게 흐려진다.
⑤	상승	뿌옇게 흐려진다.	하강	변화 없다.

13 적운형 구름에 대한 설명으로 옳은 것만을 〈보기〉에서 있는 대로 고른 것은?

┤ 보기 ├
ㄱ. 위로 솟아 오른 모양이다.
ㄴ. 공기의 상승 운동이 강할 때 만들어진다.
ㄷ. 공기가 서서히 상승하면서 옆으로 퍼질 때 생긴다.

① ㄱ   ② ㄷ   ③ ㄱ, ㄴ
④ ㄴ, ㄷ   ⑤ ㄱ, ㄴ, ㄷ

대단원 마무리

14 그림 (가)와 (나)는 강수 이론을 나타낸 것이다.

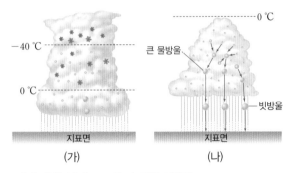

(가)

(나)

이에 대한 설명으로 옳지 <u>않은</u> 것은?

① 우리나라에서는 (가)의 과정으로 비가 내린다.
② 열대 지역에서는 (가)와 같은 구름이 생성된다.
③ (가) 구름 속에서는 얼음 알갱이가 커진다.
④ (나) 구름에는 얼음 알갱이가 존재하지 않는다.
⑤ 구름이 생성되는 온도가 0 °C 이상으로 높을 때, (나)와 같은 구름이 생성된다.

④ 기압과 바람

15 오른쪽 그림은 토리첼리의 기압 측정 실험을 나타낸 것이다. 이에 대한 설명으로 옳지 <u>않은</u> 것은?

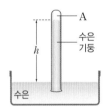

① A는 진공 상태이다.
② 1기압일 때 수은 기둥의 높이(h)는 76 cm이다.
③ 기압이 낮아지면 수은 기둥의 높이(h)도 낮아진다.
④ 해수면에서 실험했을 때보다 높은 산에서 실험했을 때의 수은 기둥의 높이(h)가 더 높아진다.
⑤ 같은 장소에서 실험하면 유리관을 기울이거나 굵은 유리관을 사용하여도 수은 기둥의 높이(h)는 일정하다.

16 오른쪽 그림은 어느 해안 지역에서 부는 바람을 나타낸 것이다. 이에 대한 설명으로 옳은 것은?

① 육풍이다.
② 1년을 주기로 부는 바람이다.
③ 육지의 기압이 바다의 기압보다 높다.
④ 바다의 온도가 육지의 온도보다 높다.
⑤ 육지가 바다보다 빨리 가열되어 부는 바람이다.

⑤ 날씨의 변화

17 오른쪽 그림은 우리나라 날씨에 영향을 주는 기단을 나타낸 것이다. 이에 대한 설명으로 옳은 것은?

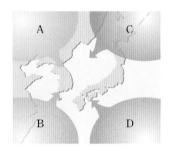

① A와 B는 해양에서 생성된 습한 기단이다.
② 여름에 영향을 미치는 기단은 B와 D이다.
③ B는 시베리아 기단으로, 한랭 건조하다.
④ C는 양쯔강 기단으로, 초여름에 영향을 준다.
⑤ D는 북태평양 기단으로, 고온 다습하다.

18 온난 전선과 한랭 전선의 특징을 비교한 것으로 옳지 <u>않은</u> 것은?

	구분	온난 전선	한랭 전선
①	기호	●▬●▬●▬	▼▬▼▬▼
②	전선면 기울기	완만하다.	급하다.
③	구름 종류	적운형 구름	층운형 구름
④	구름 위치	전선 앞	전선 뒤
⑤	비의 종류	지속적인 약한 비	소나기성 비

19 그림은 온대 저기압의 모습을 나타낸 것이다.

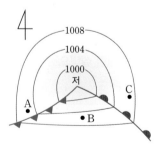

A~C 중 〈보기〉의 설명에 해당하는 곳을 고르시오.

┤ 보기 ├
• 현재 지속적인 약한 비가 내리고 있다.
• 현재 기온은 낮지만, 시간이 지나면서 기온이 올라갈 것이다.

대단원 서논술형 문제

01 오른쪽 그림은 기권의 높이에 따른 기온 분포를 나타낸 것이다. 대류권과는 다르게 성층권은 높이 올라갈수록 기온이 높아지는 이유를 서술하시오.

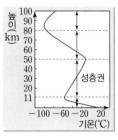

Tip 성층권 안에는 자외선을 흡수하는 오존의 농도가 높은 오존층이 존재한다.
Key Word 오존층, 자외선, 흡수

_____

_____

02 그림 (가)와 같이 장치한 후 알루미늄 컵의 온도 변화를 측정하였더니 (나)와 같은 결과가 나왔다.

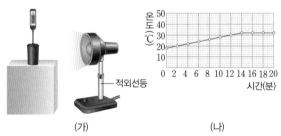

(가)   (나)

실험을 시작하여 14분 후부터는 알루미늄 컵의 온도가 일정하게 유지되고 있다. 그 이유를 서술하시오.

Tip 온도가 일정해지려면 흡수한 복사 에너지양과 방출한 복사 에너지양이 같아야 한다.
Key Word 흡수, 방출, 복사 에너지, 복사 평형

_____

_____

03 그림 (가)는 1850년 이후 대기 중 이산화 탄소의 농도 변화를, (나)는 지구의 평균 기온 변화를 나타낸 것이다.

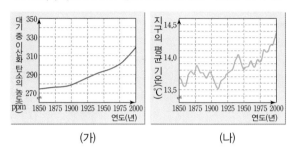

(가)   (나)

대기 중 이산화 탄소의 농도가 현재보다 더 증가한다면 지구의 평균 기온은 어떻게 달라질지 위 그래프를 이용하여 서술하시오.

Tip 대기 중 이산화 탄소의 농도가 증가하면 지구의 평균 기온은 높아진다.
Key Word 이산화 탄소, 평균 기온, 농도

_____

_____

04 그림은 포화 수증기량 곡선을 나타낸 것이다.

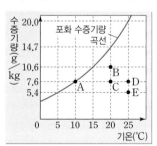

A~E 중 이슬점이 같은 공기를 모두 고르고, 그렇게 고른 이유를 서술하시오.

Tip 현재 공기의 수증기량이 포화 수증기량이 되는 온도가 이슬점이다.
Key Word 현재 수증기량

_____

_____

III 운동과 에너지

1 등속 운동과 자유 낙하 운동

❶ 운동⁺의 기록

1. 물체의 속력

(1) 물체의 빠르기 비교

① 같은 시간이 걸렸을 때 이동한 거리가 길수록 속력이 빠르다.

② 같은 거리를 이동했을 때 걸린 시간이 짧을수록 속력이 빠르다.

(2) 속력: 단위시간(1초, 1분, 1시간) 동안 물체가 이동한 거리

$$속력 = \frac{이동\ 거리^+}{걸린\ 시간}$$

① 속력의 단위: m/s(미터 매 초), km/h(킬로미터 매 시)

② 평균 속력: 물체가 어느 시간 동안 평균적으로 어느 정도의 빠르기로 운동하였는 지를 나타내는 것이다.

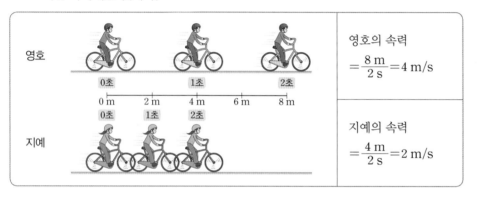

영호의 속력 $= \dfrac{8\ \mathrm{m}}{2\ \mathrm{s}} = 4\ \mathrm{m/s}$

지예의 속력 $= \dfrac{4\ \mathrm{m}}{2\ \mathrm{s}} = 2\ \mathrm{m/s}$

2. 운동의 기록

(1) 다중 섬광 사진⁺의 분석: 일정한 시간 간격으로 찍은 물체 사이의 간격을 분석하면 속력 변화를 알 수 있다.

① 이웃한 물체 사이의 간격이 넓을수록 물체의 속력이 빠르고, 간격이 좁을수록 물체의 속력이 느리다.

② AB 구간의 속력이 가장 빠르고, CD 구간의 속력이 가장 느리다.

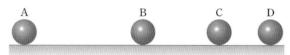

(2) 그래프를 이용한 운동의 기록: 시간 – 이동 거리 그래프의 기울기는 속력을 의미한다.

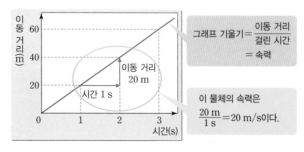

그래프 기울기 $= \dfrac{이동\ 거리}{걸린\ 시간}$ = 속력

이 물체의 속력은 $\dfrac{20\ \mathrm{m}}{1\ \mathrm{s}} = 20\ \mathrm{m/s}$이다.

+ 운동
물체의 위치가 시간에 따라 변하는 현상이다.

+ 이동 거리
물체가 실제로 움직인 거리이다.
이동 거리=속력×걸린 시간

+ 위치
물체의 위치는 기준점을 정한 다음 그 기준점으로부터 물체가 있는 지점까지의 방향과 거리로 나타낸다.

+ 다중 섬광 사진
어떤 물체의 위치를 일정한 시간 간격으로 나타낸 사진이다. 사진에 나타난 물체 사이의 시간 간격이 일정하므로 물체 사이의 거리를 측정하면 물체의 빠르기 변화를 알 수 있다.

기초 섭렵 문제

01 운동에 대한 설명으로 옳은 것은 ○표, 옳지 <u>않은</u> 것은 ×표를 하시오.

(1) 속력은 물체의 이동 거리를 이동하는 데 걸린 시간으로 나눈 값이다. ( )

(2) 같은 시간 동안 이동한 거리가 짧을수록 속력이 느리다. ( )

(3) 같은 거리를 이동하는 데 걸린 시간이 길수록 속력이 빠르다. ( )

(4) 5초 동안 10 m를 이동하는 물체의 속력은 50 m/s이다. ( )

(5) 일정한 시간 간격으로 찍은 연속 사진에서 물체 사이의 간격이 좁을수록 속력이 빠르다. ( )

02 표는 일정한 빠르기로 움직이는 자동차가 이동한 거리를 시간에 따라 나타낸 것이다.

시간(s)	0	2	4
이동 거리(m)	0	30	60

(1) 자동차가 1초 동안 이동한 거리를 쓰시오. ( )

(2) 자동차가 6초 동안 이동한 거리를 쓰시오. ( )

(3) 이 자동차의 속력을 쓰시오. ( )

03 그림은 어떤 사람이 100 m 달리기를 할 때 속력을 시간에 따라 나타낸 것이다. 이에 대한 설명으로 옳은 것은 ○표, 옳지 <u>않은</u> 것은 ×표를 하시오.

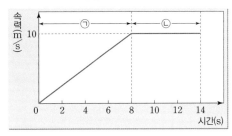

(1) ㉠ 구간은 속력이 증가하고 있다. ( )

(2) ㉡ 구간은 속력이 변하지 않고 일정하다. ( )

(3) ㉡ 구간의 속력으로 10초 동안 달리면 100 m를 이동할 수 있다. ( )

2 등속 운동

1. 등속 운동: 운동하는 물체의 속력이 변하지 않고 일정한 운동 **예** 에스컬레이터, 무빙워크, 컨베이어 벨트, 스키장 리프트 등

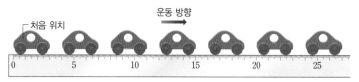

▲ 등속 운동을 하는 물체: 일정한 시간 동안 일정한 거리를 이동한다.

(1) 등속 운동을 하는 물체는 이동 거리가 시간에 따라 일정하게 증가한다.
➡ 시간−이동 거리 그래프는 시간에 따라 이동 거리가 일정하게 증가하는 직선 형태
➡ 시간−이동 거리 그래프에서 기울기는 일정한 시간 동안 이동한 거리, 즉 속력과 같다.
(2) 등속 운동을 하는 물체의 속력은 시간에 관계없이 항상 일정하다.
➡ 시간−속력 그래프는 시간축에 나란한 직선 형태
➡ 시간−속력 그래프에서 그래프 아래의 넓이는 이동한 거리와 같다.

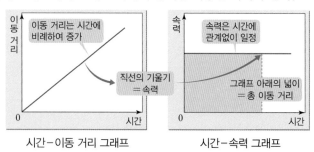

시간−이동 거리 그래프   시간−속력 그래프

3 자유 낙하 운동

1. 자유 낙하 운동: 정지해 있던 물체가 중력만을 받아 아래로 떨어지는 운동
(1) 자유 낙하 운동을 하는 물체의 속력은 매초 9.8 m/s씩 일정하게 증가한다.
➡ 시간−속력 그래프는 속력이 1초마다 9.8 m/s씩 일정하게 증가하는 직선 형태
➡ 물체의 종류나 크기, 질량에 관계없이 물체의 속력 변화가 같으므로 같은 높이에서 동시에 자유 낙하 운동을 하는 물체들은 지면에 동시에 도달한다.[+]
(2) 자유 낙하 운동을 하는 물체의 이동 거리는 일정한 시간 동안 점점 늘어난다.[+]

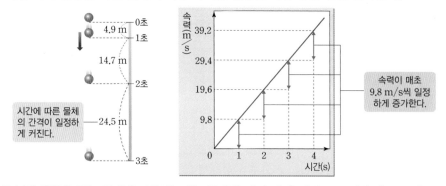

2. 자유 낙하 운동을 하는 물체에 작용하는 힘: 물체에 연직 아래 방향으로 작용하는 중력
➡ 중력의 크기$=9.8^{+}\times$질량

+ 서로 다른 종류의 공의 자유 낙하

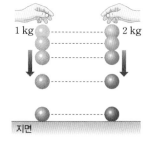

두 공이 동시에 지면에 떨어진다.

+ 진공에서 볼링공과 깃털의 자유 낙하

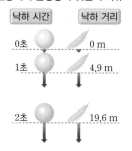

공기 저항이 없으므로 동시에 낙하한다.

+ 중력 가속도 상수
자유 낙하 운동을 하는 물체의 1초당 속력 변화값으로, 지구에서의 중력 가속도 상수는 9.8이다.

❷ 등속 운동
▶ 물체의 속력이 일정한 운동을 □□ 운동이라고 한다.

▶ 등속 운동을 하는 물체의 이동 거리는 시간에 □□한다.

04 등속 운동에 대한 설명으로 옳은 것은 ○표, 옳지 않은 것은 ×표를 하시오.

(1) 속력이 일정한 운동이다. ( )
(2) 물체의 이동 거리는 속력×시간이다. ( )
(3) 등속 운동을 하는 물체에는 컨베이어 벨트, 에스컬레이터 등이 있다.
( )

05 등속 운동을 나타내는 그래프를 모두 고르면? (정답 2개)

 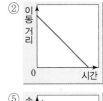 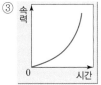

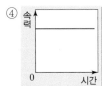

❸ 자유 낙하 운동
▶ 정지해 있던 물체가 중력만을 받아 아래로 떨어지는 운동을 □□ □□ □□이라고 한다.

▶ 자유 낙하 운동을 하는 물체는 매초 □□□ m/s씩 속력이 일정하게 증가한다.

▶ 물체에 작용하는 중력의 크기=9.8×□□

06 자유 낙하 운동에 대한 설명으로 옳은 것은 ○표, 옳지 않은 것은 ×표를 하시오.

(1) 속력이 일정한 운동이다. ( )
(2) 물체가 무거울수록 더 빨리 낙하한다. ( )
(3) 물체가 중력만을 받아 떨어지는 운동이다. ( )
(4) 물체의 질량이 클수록 1초마다 증가하는 속력이 크다. ( )
(5) 자유 낙하 운동을 하는 물체는 1초에 9.8 m/s씩 속력이 일정하게 증가한다.
( )

07 자유 낙하 운동을 하는 물체의 시간에 따른 속력의 그래프로 옳은 것은?

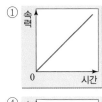  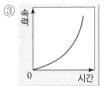

 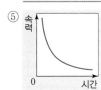

필수 탐구 — 등속 운동 분석하기

목표

등속 운동을 하는 물체의 시간과 이동 거리의 관계, 시간과 속력의 관계를 표와 그래프로 나타낼 수 있다.

과정

1 그림은 등속으로 운동하는 장난감 자동차의 운동을 0.5초 간격으로 나타낸 것이다.

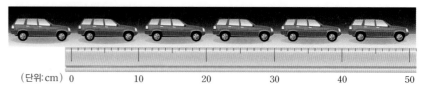

(단위:cm)

2 장난감 자동차의 처음 위치를 기준으로 0.5초마다 장난감 자동차의 이동 거리를 써 본다.

3 0.5초 간격의 시간마다 장난감 자동차의 이동 거리를 구하고, 그 시간 구간에서의 속력을 계산한다.

4 장난감 자동차의 시간—이동 거리 그래프와 시간—속력 그래프를 그려본다.

결과

1 실험 결과를 분석하여 다음 표를 완성한다.

시간(s)	0	0.5	1.0	1.5	2.0	2.5
이동 거리(cm)	0	10	20	30	40	50

시간 구간	0초~0.5초	0.5초~1초	1초~1.5초	1.5초~2.0초	2.0초~2.5초
구간 이동 거리(cm)	10	10	10	10	10
속력(m/s)	0.2	0.2	0.2	0.2	0.2

2 장난감 자동차의 시간—이동 거리 그래프와 시간—속력 그래프

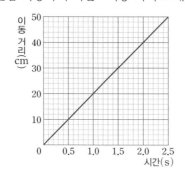
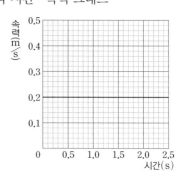

정리

1 시간—이동 거리 그래프: 등속 운동을 하는 물체의 이동 거리는 시간에 비례하여 일정하게 증가한다.

2 시간—속력 그래프: 등속 운동을 하는 물체의 속력은 시간에 따라 변하지 않고 일정하다.

수행평가 섭렵 문제

등속 운동 분석하기

▶ 단위시간 동안 물체가 이동한 거리를 □□이라고 한다.

▶ 속력이 변하지 않고 일정한 운동을 □□ 운동이라고 한다.

▶ 시간-이동 거리 그래프에서 기울기는 물체의 □□을 의미한다.

▶ 시간-속력 그래프에서 그래프 아래의 넓이는 물체가 이동한 □□를 의미한다.

1 그림은 어떤 물체의 이동 거리를 시간에 따라 나타낸 것이다.

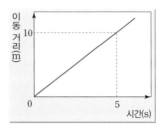

이 물체의 속력은?

① 1 m/s   ② 2 m/s   ③ 3 m/s
④ 5 m/s   ⑤ 10 m/s

2 그림은 마찰이 없는 수평면 위에서 운동하는 물체의 모습을 1초 간격으로 찍은 사진이다.

이에 대한 설명으로 옳은 것만을 〈보기〉에서 있는 대로 고른 것은?

┤보기├
ㄱ. 물체의 속력은 0.5 m/s이다.
ㄴ. 물체의 속력은 변하지 않고 일정하다.
ㄷ. 물체의 이동 거리는 시간에 따라 일정하게 증가한다.

① ㄱ   ② ㄴ   ③ ㄱ, ㄷ
④ ㄴ, ㄷ   ⑤ ㄱ, ㄴ, ㄷ

3 속력이 일정한 물체의 운동을 표현하는 그래프로 옳은 것을 모두 고르면? (정답 2개)

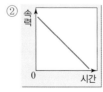
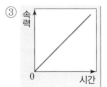
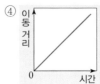

질량이 다른 물체의 자유 낙하 운동

목표

질량이 다른 두 물체가 자유 낙하 운동을 할 때 시간에 따른 속력 변화를 설명할 수 있다.

과정

1 전자저울을 이용하여 테니스공과 야구공의 질량을 측정한다.

2 그림과 같이 스탠드에 모눈종이와 자를 설치하고 촬영 준비를 한다.

3 테니스공과 야구공을 같은 높이에서 동시에 자유 낙하시키고, 낙하하는 모습을 촬영한다.

4 촬영한 영상을 컴퓨터로 분석하여 0.1초 간격으로 테니스공과 야구공의 위치를 찾은 후 이동 거리와 속력을 구한다.

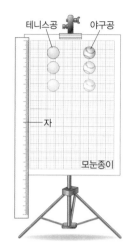

결과

1 테니스공의 질량은 66.52 g이고, 야구공의 질량은 134.05 g이다.

2 실험 결과를 이용하여 다음 표를 완성한다.

물체	시간(s)	0	0.1	0.2	0.3	0.4
테니스공	위치(cm)	0	4.8	19.3	44.2	78.2
	구간 이동 거리(cm)		4.8	14.5	24.9	34.0	
	속력(m/s)		0.48	1.45	2.49	3.40	
야구공	위치(cm)	0	4.9	19.4	44.1	78.4
	구간 이동 거리(cm)		4.9	14.5	24.7	34.3	
	속력(m/s)		0.49	1.45	2.47	3.43	

3 테니스공과 야구공의 시간에 따른 속력을 그래프로 나타낸다.

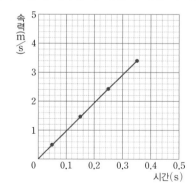

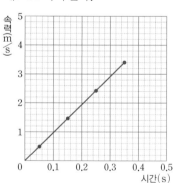

정리

1 테니스공과 야구공이 낙하할 때 일정한 시간 동안 속력 변화는 같다.

2 자유 낙하 운동을 하는 물체의 시간에 따른 속력 변화는 물체의 질량과 관계가 없다.

수행평가 섭렵 문제

질량이 다른 물체의 자유 낙하 운동

▶ 정지해 있던 물체가 중력만을 받아 아래로 떨어지는 운동을 ☐☐ ☐☐ 운동이라고 한다.

▶ 자유 낙하 운동을 하는 물체는 속력이 매초 일정하게 ☐☐한다.

▶ 물체에 작용하는 중력의 크기는 물체의 질량에 ☐☐ ☐☐☐ ☐☐를 곱한 값이다.

4 다음은 자유 낙하 운동과 관련된 실험 과정을 나타낸 것이다.

〈과정〉
1. 자유 낙하 운동을 하는 공의 모습을 일정한 시간 간격으로 찍은 사진 옆에 색 띠를 나란하게 놓는다.
2. 색 띠에 공의 위치를 표시한다.
3. 표시한 띠의 구간마다 위에서부터 순서대로 ①~⑤의 번호를 쓰고, 구간별로 잘라 그래프에 순서대로 세워서 붙인다.

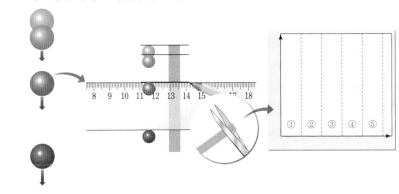

과정 3에서 자른 색 띠를 시간 순서대로 붙인 모습으로 옳은 것은?

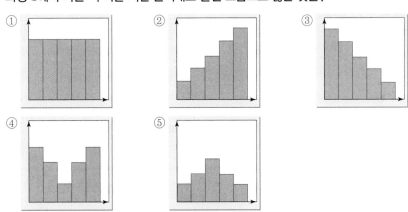

5 진공에서 질량이 다른 두 공이 같은 높이에서 동시에 자유 낙하 운동을 할 때, 이에 대한 설명으로 옳은 것만을 〈보기〉에서 있는 대로 고른 것은?

┤ 보기 ├
ㄱ. 매초 두 물체의 이동 거리는 점점 증가한다.
ㄴ. 두 물체는 바닥에 동시에 떨어진다.
ㄷ. 매초 9.8 m/s씩 속력이 일정하게 증가한다.

① ㄱ
② ㄴ
③ ㄱ, ㄷ
④ ㄴ, ㄷ
⑤ ㄱ, ㄴ, ㄷ

내신 기출 문제

❶ 운동의 기록

01 그림은 자동차가 직선상에서 운동하는 모습을 나타낸 것이다.

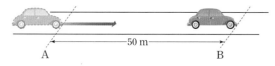

A에서 B까지 운동하는 데 5초가 걸렸을 때, 자동차의 속력은 몇 m/s인지 쓰시오.

02 그림은 일정한 속력으로 운동하는 물체를 0.1초 간격으로 찍은 모습을 나타낸 것이다.

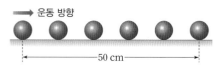

이 물체의 속력은?

① 0.1 m/s ② 0.5 m/s ③ 1 m/s
④ 2 m/s ⑤ 4 m/s

03 그림은 어떤 물체의 이동 거리를 시간에 따라 나타낸 것이다.

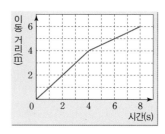

이 물체의 속력을 시간에 따라 옳게 나타낸 그래프는?

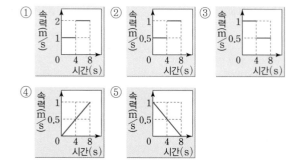

[04~05] 그림은 두 자동차 A, B의 이동 거리를 시간에 따라 나타낸 것이다.

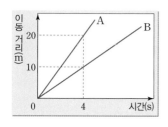

04 A가 4초 동안 이동한 거리는?

① 5 m ② 10 m ③ 20 m
④ 40 m ⑤ 80 m

05 B의 속력은?

① 2.5 m/s ② 5 m/s ③ 10 m/s
④ 20 m/s ⑤ 40 m/s

06 그림은 장난감 자동차의 운동을 일정한 시간 간격으로 촬영한 모습을 나타낸 것이다.

단위(cm)

이 장난감 자동차의 운동을 시간-이동 거리 그래프로 옳게 나타낸 것은?

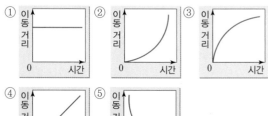

07 그림은 일정한 시간 간격으로 타점을 찍는 시간기록계로 수레 A와 B의 운동을 기록한 종이테이프를 나타낸 것이다.

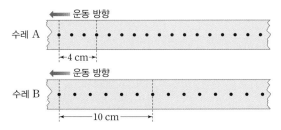

B의 속력은 A의 몇 배인지 쓰시오.

② 등속 운동　　**③** 자유 낙하 운동

08 그림은 직선상에서 운동하는 두 물체 A, B의 이동 거리를 시간에 따라 나타낸 것이다.

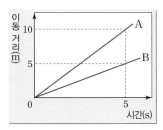

이에 대한 설명으로 옳은 것만을 〈보기〉에서 있는 대로 고른 것은?

┤ 보기 ├
ㄱ. A, B 모두 등속 운동을 하고 있다.
ㄴ. A와 B 사이의 거리는 변함없이 일정하다.
ㄷ. A의 속력은 B의 2배이다.

① ㄱ　　　　② ㄴ　　　　③ ㄱ, ㄷ
④ ㄴ, ㄷ　　　⑤ ㄱ, ㄴ, ㄷ

09 물체의 자유 낙하 운동에 대한 설명으로 옳지 않은 것은?

① 속력이 일정하게 증가하는 운동이다.
② 떨어지는 동안 아무런 힘도 작용하지 않는다.
③ 진공에서 깃털과 쇠구슬은 동시에 떨어진다.
④ 공기 중에서 깃털보다 쇠구슬이 먼저 떨어지는 까닭은 공기 저항 때문이다.
⑤ 물체의 속력은 매초 9.8 m/s씩 일정하게 증가한다.

10 그림은 어떤 물체의 속력을 시간에 따라 나타낸 것이다.

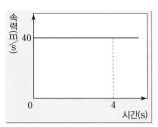

이 물체의 운동에 대한 설명으로 옳지 않은 것은?

① 속력이 40 m/s이다.
② 속력이 일정한 등속 운동이다.
③ 4초 동안 160 m를 이동한다.
④ 시간이 지남에 따라 이동 거리가 일정하게 증가한다.
⑤ 시간−이동 거리 그래프를 그리면 시간축에 나란한 직선이 된다.

11 그림은 마찰이 없는 수평면 위에서 운동하는 두 물체 A, B의 다중 섬광 사진을 나타낸 것이다.

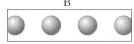

이에 대한 설명으로 옳은 것만을 〈보기〉에서 있는 대로 고른 것은?

┤ 보기 ├
ㄱ. A의 속력이 B의 속력보다 느리다.
ㄴ. B는 자유 낙하 운동을 하고 있다.
ㄷ. A는 등속 운동, B는 속력이 일정하게 증가하는 운동이다.

① ㄱ　　　　② ㄴ　　　　③ ㄱ, ㄷ
④ ㄴ, ㄷ　　　⑤ ㄱ, ㄴ, ㄷ

12 그림은 일정한 시간 간격으로 운동하는 물체를 찍은 사진이다.

이 운동을 나타내는 그래프로 옳은 것만을 〈보기〉에서 모두 고른 것은?

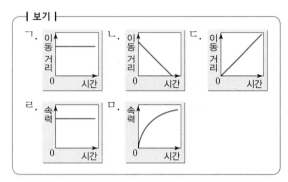

① ㄱ, ㄹ
② ㄱ, ㅁ
③ ㄴ, ㄹ
④ ㄴ, ㅁ
⑤ ㄷ, ㄹ

13 그림은 직선 도로의 한 지점을 동시에 통과한 두 자동차 A, B의 운동을 시간에 따라 나타낸 것이다.

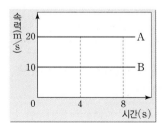

이에 대한 설명으로 옳은 것은?

① A는 등속 운동을 하고 있다.
② A의 속력이 B보다 느리다.
③ 4초 동안 A의 이동 거리는 20 m이다.
④ 8초 동안 B의 이동 거리는 40 m이다.
⑤ 8초 후 A와 B의 거리 차는 10 m이다.

14 그림과 같이 질량이 다른 두 공 (가)와 (나)가 같은 높이에서 자유 낙하 운동을 한다.

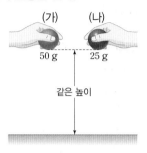

두 공의 속력을 시간에 따라 옳게 나타낸 그래프는? (단, 공기 저항은 무시한다.)

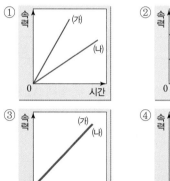
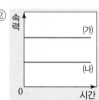
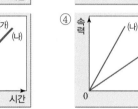
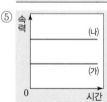

15 그림은 자유 낙하 운동을 하는 물체의 속력을 시간에 따라 나타낸 것이다.

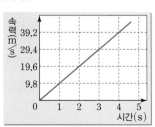

5초일 때 물체의 속력은?

① 44.1 m/s
② 49.0 m/s
③ 58.8 m/s
④ 88.2 m/s
⑤ 98.0 m/s

01 그림과 같이 길이가 50 m인 기차가 길이가 450 m인 다리를 10 m/s의 속력으로 지나가려고 한다.

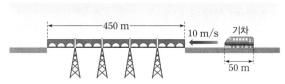

기차가 다리를 완전히 통과하는 데 걸린 시간은?

① 5초   ② 10초   ③ 20초
④ 25초   ⑤ 50초

02 그림은 직선상에서 운동하는 두 물체 A, B의 속력을 시간에 따라 나타낸 것이다.

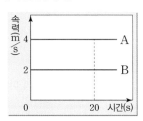

20초 후 A와 B 사이의 거리는? (단, 0초일 때 A, B는 한 지점을 동시에 지나간다.)

① 10 m   ② 15 m   ③ 20 m
④ 25 m   ⑤ 40 m

03 그림은 직선 도로에서 달리는 자동차 A, B의 위치를 시간에 따라 나타낸 것이다.

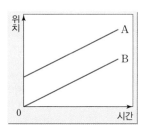

A, B의 운동에 대한 설명으로 옳은 것만을 〈보기〉에서 있는 대로 고른 것은? (단, 두 그래프의 기울기는 같다.)

┤ 보기 ├
ㄱ. A, B 모두 등속 운동을 하고 있다.
ㄴ. A와 B의 출발 지점은 같다.
ㄷ. A, B의 속력은 같다.

① ㄱ   ② ㄴ   ③ ㄱ, ㄴ
④ ㄱ, ㄷ   ⑤ ㄴ, ㄷ

예제

01 그림은 야구공이 일정한 속력으로 운동하는 모습을 0.1초 간격으로 나타낸 것이다.

(1) 공의 속력을 구하고, 그 과정을 서술하시오.

(2) 이 공이 10초 동안 이동한 거리를 구하고, 그 과정을 서술하시오.

Tip 물체의 속력은 걸린 시간과 이동 거리를 이용하여 구한다. 등속 운동에서 이동 거리는 시간에 비례한다.
Key Word 속력

[설명] 물체의 속력은 걸린 시간과 이동 거리 사이의 관계를 이용하면 구할 수 있다.
[모범 답안] (1) 공의 속력은 이동 거리인 20 cm를 걸린 시간 0.1초로 나눈 값이 2 m/s이다.
(2) 1초에 2 m씩 이동하므로 10초 동안 이동한 거리는 2 m×10 s =20 m이다.

실전 연습

01 그림은 장난감 자동차가 운동하는 모습을 0.5초 간격으로 나타낸 것이다.

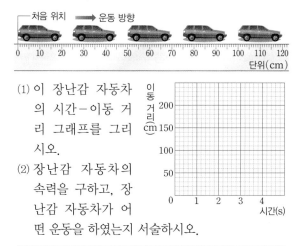

(1) 이 장난감 자동차의 시간-이동 거리 그래프를 그리시오.
(2) 장난감 자동차의 속력을 구하고, 장난감 자동차가 어떤 운동을 하였는지 서술하시오.

Tip 물체의 속력은 이동 거리를 걸린 시간으로 나누어 구한다.
Key Word 속력, 등속 운동

2 일과 에너지

❶ 일

1. 과학에서의 일: 물체에 힘을 작용하여 그 힘의 방향으로 물체가 이동할 때 물체에 일을 한 것이다.
⑩ 물체를 위로 들어 올릴 때, 책상에 힘을 작용하여 밀 때

2. 일의 양⁺: 물체에 작용한 힘의 크기와 물체가 힘의 방향으로 이동한 거리를 곱하여 구한다.

> 일의 양=힘의 크기×힘의 방향으로 이동한 거리, $W=F \times s$

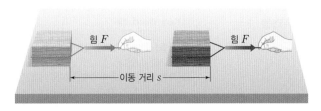

① 같은 크기의 힘을 작용했을 때 이동 거리가 길수록 한 일의 양이 많다.
② 같은 거리를 이동했을 때 더 큰 힘을 작용할수록 한 일의 양이 많다.
③ 일의 단위: J(줄) ($1\,J = 1\,N \times 1\,m = 1\,N \cdot m$)

❷ 에너지

1. 에너지⁺: 일을 할 수 있는 능력, 단위는 J(줄)을 사용한다.

2. 일과 에너지의 관계: 일과 에너지는 서로 전환될 수 있다.
① 에너지를 가진 물체가 일을 하면 한 일의 양만큼 에너지가 감소한다.
⑩ 움직이는 볼링공은 볼링 핀을 쓰러뜨리는 일을 하고 에너지가 감소한다.
높은 곳에서 떨어지는 물은 물레방아를 돌리는 일을 하고 에너지가 감소한다.

② 물체가 일을 받으면 받은 일의 양만큼 에너지가 증가한다.
⑩ 활시위를 당기는 일을 하면 활시위의 에너지가 증가한다.
자전거에 힘을 작용하여 미는 일을 하면 자전거의 에너지가 증가한다.

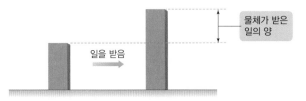

✚ 일의 양이 0인 경우
① 힘을 작용하였으나 이동 거리가 0인 경우
⑩ 벽을 밀어도 움직이지 않을 때, 물건을 들고 제자리에 가만히 서 있을 때 등
② 물체가 이동하였으나 작용한 힘이 0인 경우
⑩ 무중력 상태에서 우주선이 등속 직선 운동을 할 때 등
③ 물체에 작용한 힘과 물체의 이동 방향이 수직인 경우
⑩ 책이나 가방을 들고 수평으로 이동할 때

✚ 힘과 이동 거리의 관계 그래프와 한 일의 양
일정한 크기의 힘으로 물체를 이동시킨 경우 한 일의 양은 힘과 이동 거리의 곱과 같으므로, 힘-이동 거리 그래프 아래의 넓이는 한 일의 양을 나타낸다.

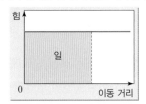

✚ 에너지의 종류
운동 에너지, 중력에 의한 위치 에너지, 열에너지, 전기 에너지, 화학 에너지 등

기초 섭렵 **문제**

❶ 일

▶ 어떤 물체에 힘을 작용하여 힘의 방향으로 움직인 경우 과학에서의 □을 하였다고 한다.

▶ 일의 단위로 □(□)을 사용한다.

▶ 일=□×□의 방향으로 이동한 거리

01 일과 에너지에 대한 설명으로 옳은 것은 ○표, 옳지 않은 것은 ×표를 하시오.

(1) 물체의 이동 거리가 같을 경우 물체에 작용한 힘이 클수록 한 일의 양이 많다.
( )

(2) 물체에 작용한 힘의 크기가 같을 경우 물체가 이동한 거리가 길수록 한 일의 양이 많다. ( )

(3) 물체가 외부에 일을 하면 물체의 에너지는 증가한다. ( )

(4) 물체가 일을 받으면 물체의 에너지는 증가한다. ( )

02 과학에서 말하는 일을 한 경우는?

① 의자를 든 채로 서 있었다.
② 1시간 동안 컴퓨터 게임을 했다.
③ 가방을 들고 앞으로 걸어갔다.
④ 가방을 들고 4층까지 계단으로 걸어 올라갔다.
⑤ 주차된 차를 힘껏 밀었으나 움직이지 않았다.

❷ 에너지

▶ 일을 할 수 있는 능력을 □□□라고 한다.

▶ 에너지의 단위로 □(□)을 사용한다.

03 그림과 같이 수평면 위에 놓여 있는 질량이 30 kg인 물체에 200 N의 힘을 작용하며 10 m만큼 이동시켰을 때 한 일의 양을 쓰시오.

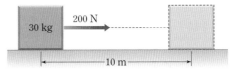

04 그림과 같이 100 J의 에너지를 가진 물체에 25 N의 일정한 힘을 작용하여 물체가 2 m만큼 이동했을 때 물체의 에너지는 얼마가 되는지 쓰시오.

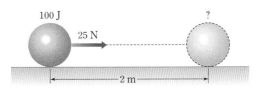

❸ 위치 에너지

1. (중력에 의한) 위치 에너지⁺: 중력이 있는 곳에서 기준면보다 높은 곳에 놓여 있는 물체가 가지는 에너지

2. 위치 에너지와 질량, 높이의 관계: 위치 에너지는 물체의 질량, 높이에 각각 비례한다.

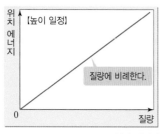
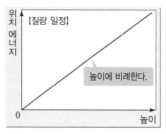

▲ 위치 에너지와 질량, 높이의 관계

3. 위치 에너지의 크기: 질량이 $m(\text{kg})$인 물체가 기준면으로부터 높이 $h(\text{m})$에 있을 때 물체가 가지는 (중력에 의한) 위치 에너지(E_p)는 다음과 같다.

$$위치\ 에너지 = 9.8 \times 질량 \times 높이,\ E_\text{p} = 9.8mh$$

4. 중력에 대한 일과 위치 에너지의 관계⁺: 물체를 들어 올릴 때 중력에 대해 한 일의 양만큼 위치 에너지가 증가한다.

❹ 운동 에너지

1. 운동 에너지: 운동하는 물체가 가지는 에너지

2. 운동 에너지와 질량, 속력의 관계: 운동 에너지는 물체의 질량과 속력의 제곱에 각각 비례한다.

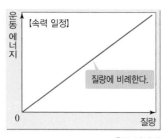
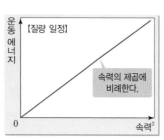

▲ 운동 에너지와 질량, 속력²의 관계

3. 운동 에너지의 크기: 질량이 $m(\text{kg})$인 물체가 속력 $v(\text{m/s})$로 운동하고 있을 때 물체의 운동 에너지(E_k)는 다음과 같다.

$$운동\ 에너지 = \frac{1}{2} \times 질량 \times (속력)^2,\ E_\text{k} = \frac{1}{2}mv^2$$

4. 중력이 한 일과 운동 에너지의 관계⁺: 물체가 자유 낙하 운동을 할 때 중력이 한 일의 양만큼 운동 에너지가 증가한다.

✚ 위치 에너지의 기준면
① 기준면이 달라지면 물체의 높이가 변하기 때문에 (중력에 의한) 위치 에너지의 크기가 달라진다.
② 기준면에 있는 물체의 위치 에너지는 0이다.

✚ 물체를 일정한 속력으로 들어 올릴 때

위치 에너지

전환

중력에 대해 한 일의 양
=힘×이동 거리
=9.8×질량×들어 올린 높이

✚ 물체가 자유 낙하 운동을 할 때

중력이 한 일의 양
=힘×이동 거리
=9.8×질량×낙하한 거리

전환

운동 에너지

❸ 위치 에너지
▶ 중력이 있는 곳에서 기준면보다 높은 곳에 놓여 있는 물체가 가지는 에너지를 ☐☐ 에너지라고 한다.

▶ 위치 에너지는 물체의 ☐☐과 기준면으로부터의 ☐☐에 비례한다.

05 위치 에너지와 운동 에너지에 대한 설명으로 옳은 것은 ○표, 옳지 <u>않은</u> 것은 ×표를 하시오.

(1) 위치 에너지는 물체의 질량과 속력에 비례한다. ( )
(2) 물체를 위로 들어 올리면 중력에 대해 한 일의 양만큼 위치 에너지가 감소한다.
( )
(3) 같은 높이, 같은 질량인 물체의 위치 에너지는 달과 지구에서 같다. ( )
(4) 운동 에너지는 물체의 질량과 속력의 제곱에 비례한다. ( )
(5) 물체가 자유 낙하 운동을 할 때 중력이 한 일의 양만큼 운동 에너지는 증가한다.
( )

06 질량이 10 kg인 물체를 1 m 높이만큼 일정한 속력으로 들어 올렸다.

(1) 이때 물체에 한 일의 양을 쓰시오.
(2) 이 물체의 위치 에너지 변화량을 구하시오.

❹ 운동 에너지
▶ 운동하는 물체가 가지는 에너지를 ☐☐ 에너지라고 한다.

▶ 운동 에너지는 물체의 ☐☐과 ☐☐의 제곱에 비례한다.

07 그림과 같이 운동하던 수레가 정지한 나무 도막을 밀고 가서 정지하였다. 빈칸에 공통으로 들어갈 알맞은 말을 쓰시오.

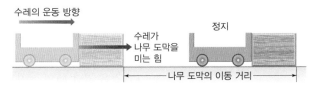

- 수레의 ( ) 에너지가 나무 도막을 미는 일로 전환된 것이다.
- 나무 도막의 이동 거리는 수레의 ( ) 에너지에 비례한다.

08 물체의 질량이 일정할 때, 물체의 운동 에너지와 속력의 제곱의 관계를 나타낸 그래프로 옳은 것은?

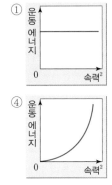

필수 탐구 | 중력이 한 일과 운동 에너지

목표

자유 낙하 운동을 하는 물체에 대해 중력이 한 일의 양과 운동 에너지 변화량 사이의 관계를 설명할 수 있다.

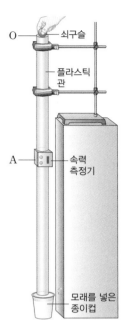

과정

1 전자저울을 이용하여 쇠구슬의 질량을 측정한다.
2 그림과 같이 스탠드에 플라스틱 관을 연결하고 아래쪽에 모래를 넣은 종이컵을 놓는다.
3 플라스틱 관의 아래에 속력 측정기를 설치한다.
4 O점에서 쇠구슬을 자유 낙하시키고 A점을 지날 때의 속력을 측정하여 기록한다.
5 O점에서 A점으로 가는 동안 중력이 한 일의 양을 구한다.
6 O점에서 A점으로 가는 동안 운동 에너지 변화량을 구한다.

결과

1 쇠구슬의 질량, O점과 A점 사이의 거리, A점을 지날 때의 속력은 다음과 같다.
   • 쇠구슬의 질량: 19.2 g(0.0192 kg)
   • O점과 A점 사이의 거리: 50 cm
   • A점을 지날 때의 속력

횟수	1회	2회	3회	4회	평균
속력(m/s)	3.02	3.03	3.03	3.04	3.03

2 O점에서 A점으로 가는 동안 중력이 한 일의 양
   • 쇠구슬에 작용하는 중력의 크기: (9.8×0.0192)N
   • 쇠구슬의 이동 거리: 0.5 m
   • 중력이 쇠구슬에 한 일의 양: (9.8×0.0192)N$\times 0.5$ m$\fallingdotseq 0.09$ J

3 O점과 A점에서 쇠구슬의 운동 에너지
   • O점에서 쇠구슬의 운동 에너지$= \frac{1}{2} \times 0.0192$ kg$\times (0$ m/s$)^2 = 0$ J (O점은 자유 낙하 시작 지점으로 속력이 0이다.)
   • A점에서 쇠구슬의 운동 에너지$= \frac{1}{2} \times 0.0192$ kg$\times (3.03$ m/s$)^2 \fallingdotseq 0.09$ J

정리 자유 낙하 운동을 하는 동안 중력이 한 일의 양과 운동 에너지 변화량은 같다.

수행평가 섭렵 문제

중력이 한 일과 운동 에너지

▶ 운동하는 물체가 가지는 에너지를 □□ 에너지라고 한다.

▶ 속력이 일정할 때 물체의 질량이 2배가 되면 운동 에너지는 □배가 된다.

▶ 질량이 일정할 때 물체의 속력이 2배가 되면 운동 에너지는 □배가 된다.

▶ 물체가 자유 낙하 운동을 할 때 중력이 한 일만큼 물체의 □□ 에너지가 증가한다.

1 질량이 2 kg인 물체가 5 m/s의 속력으로 운동하고 있다. 이 물체의 운동 에너지는?

① 2 J   ② 4 J   ③ 10 J

④ 15 J   ⑤ 25 J

2 다음은 세 물체 A, B, C의 질량과 속력을 나타낸 것이다.

물체	물체의 질량(kg)	물체의 속력(m/s)
A	2	4
B	4	2
C	3	3

A, B, C의 운동 에너지의 크기를 옳게 비교한 것은?

① A=B=C   ② A<B<C   ③ A>C>B

④ A=B<C   ⑤ A>B=C

3 그림은 두 물체 (가), (나)의 운동 에너지와 속력의 제곱의 관계를 나타낸 것이다.

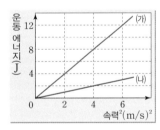

(가)의 질량은 (나)의 몇 배인가?

① $\frac{1}{4}$배   ② $\frac{1}{2}$배   ③ 같다.

④ 2배   ⑤ 4배

4 질량이 2 kg인 물체가 자유 낙하 운동을 하여 5 m 아래 지면에 닿는 순간, 물체가 가지는 운동 에너지는?

① 2 J   ② 5 J   ③ 9.8 J

④ 49 J   ⑤ 98 J

내신 기출 문제

1 일   **2** 에너지

01 중요
과학에서의 일을 한 경우는?

① 냉장고를 힘껏 밀었으나 움직이지 않았다.
② 책상에 앉아 1시간 동안 책을 읽었다.
③ 가방을 들고 수평 방향으로 2 m 걸어갔다.
④ 청소를 하기 위해 책상을 밀어서 옮겼다.
⑤ 넘어지려는 물건을 5 N의 힘으로 받치고 있었다.

02
그림과 같이 질량이 3 kg인 물체에 실을 매달고 10 N의 힘을 작용하였으나 물체가 움직이지 않았다.

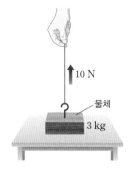

이때 한 일의 양은?

① 0 J   ② 10 J   ③ 20 J
④ 30 J   ⑤ 40 J

03 중요
그림과 같이 질량이 3 kg인 물체에 5 N의 힘을 작용하여 물체를 5 m만큼 이동시켰다.

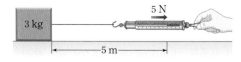

이때 한 일의 양은?

① 10 J   ② 15 J   ③ 20 J
④ 25 J   ⑤ 100 J

3 위치 에너지   **4** 운동 에너지

[04~05] 그림은 추를 자유 낙하 시켜 나무 도막을 미는 실험 장치를 나타낸 것이다.

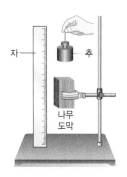

04
나무 도막의 이동 거리와 비례하는 것만을 〈보기〉에서 있는 대로 고르시오.

┤ 보기 ├
ㄱ. 추의 위치 에너지
ㄴ. 나무 도막의 마찰력
ㄷ. 추의 질량

05 중요
질량이 1 kg인 추를 5 cm 높이에서 떨어뜨렸을 때 나무 도막이 1 cm 이동하였다. 질량이 3 kg인 추를 20 cm 높이에서 떨어뜨릴 때 나무 도막의 이동 거리는?

① 2 cm   ② 3 cm   ③ 6 cm
④ 12 cm   ⑤ 24 cm

06
그림과 같이 질량이 1 kg인 공을 2 m 높이에서 가만히 놓았다. 지면에 닿는 순간 공의 운동 에너지는? (단, 공기 저항은 무시한다.)

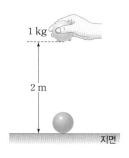

① 9.8 J   ② 19.6 J
③ 29.4 J   ④ 39.2 J
⑤ 79.2 J

01 그림과 같이 철수가 질량이 2 kg인 물통을 들고 계단을 걸어서 올라갔다.

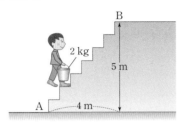

A에서 B까지 이동하는 동안, 철수가 한 일의 양은?

① 24.5 J   ② 49 J   ③ 98 J

④ 196 J   ⑤ 392 J

02 위치 에너지에 대한 설명으로 옳은 것만을 〈보기〉에서 있는 대로 고른 것은?

┤ 보기 ├
ㄱ. 같은 물체, 같은 높이일지라도 서로 다른 행성에서는 위치 에너지의 크기가 달라진다.
ㄴ. 물체에 힘을 작용하여 높은 곳으로 들어 올리면 물체의 위치 에너지는 증가한다.
ㄷ. 위치 에너지는 기준면에 관계없이 항상 일정한 값을 가진다.

① ㄱ   ② ㄴ   ③ ㄱ, ㄴ   ④ ㄱ, ㄷ   ⑤ ㄴ, ㄷ

03 그림은 속력이 각각 일정한 두 수레 (가). (나)의 질량을 변화시키면서 운동 에너지를 측정하여 나타낸 것이다.

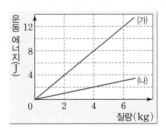

이에 대한 설명으로 옳은 것만을 〈보기〉에서 있는 대로 고른 것은?

┤ 보기 ├
ㄱ. (가)의 속력은 2 m/s이다.
ㄴ. (가)의 속력은 (나)의 4배이다.
ㄷ. 질량이 같을 때, (가)의 운동 에너지는 (나)의 4배이다.

① ㄱ   ② ㄴ   ③ ㄱ, ㄴ   ④ ㄱ, ㄷ   ⑤ ㄴ, ㄷ

예제

01 그림은 추를 떨어뜨려 나무 도막이 이동하는 거리를 측정하는 실험 장치를 나타낸 것이다. 추를 놓는 높이와 추의 위치 에너지 사이의 관계를 알아보기 위한 실험 과정을 서술하시오.

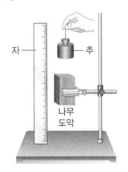

Tip 일정하게 유지해야 할 조건과 변화시켜야 할 조건을 잘 구분해야 한다.
Key Word 위치 에너지, 질량, 높이

[설명] 추의 위치 에너지는 나무 도막을 움직이는 일로 전환되므로 위치 에너지가 커질수록 나무 도막의 이동 거리는 길어진다.
[모범 답안] 같은 종류의 추를 이용하여(추의 질량을 일정하게 하고) 추를 놓는 높이를 변화시켜 가면서 나무 도막이 이동하는 거리를 측정한다.

실전 연습

01 그림과 같이 장치하고 수레를 움직여 책 속에 놓인 자와 충돌하게 한 후 자의 이동 거리를 측정하였다.

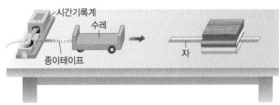

수레의 질량을 일정하게 하고 수레의 속력을 3배로 하였을 때 자의 이동 거리는 몇 배가 되는지 쓰고, 그 까닭을 서술하시오.

Tip 수레의 운동 에너지가 자를 미는 일로 전환된다.
Key Word 운동 에너지, 속력

대단원 마무리

x

III. 운동과 에너지

1 등속 운동과 자유 낙하 운동

01 그림은 굴러가는 공의 운동을 0.5초 간격으로 나타낸 것이다.

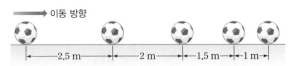

공의 이동 거리를 시간에 따라 옳게 나타낸 것은?

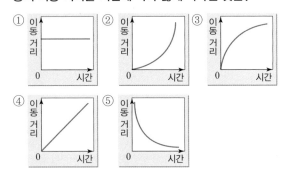

[02~03] 표는 자동차가 이동한 거리를 시간에 따라 나타낸 것이다.

시간(s)	0	3	6
이동 거리(m)	0	60	120

02 자동차의 속력을 시간에 따라 옳게 나타낸 것은?

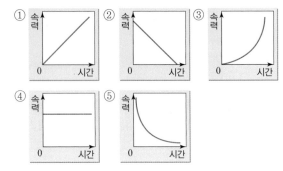

03 자동차의 속력은?
① 1 m/s ② 2 m/s ③ 10 m/s
④ 20 m/s ⑤ 45 m/s

04 그림은 물체 A, B의 이동 거리를 시간에 따라 나타낸 것이다.

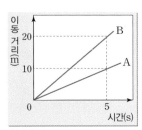

이에 대한 설명으로 옳은 것만을 〈보기〉에서 있는 대로 고른 것은?

| 보기 |
ㄱ. 5초일 때 A의 속력은 B의 속력보다 느리다.
ㄴ. 5초 동안 B가 이동한 거리는 A의 2배이다.
ㄷ. A, B 모두 시간이 지날수록 속력이 점점 증가하고 있다.

① ㄴ ② ㄱ, ㄴ ③ ㄱ, ㄷ
④ ㄴ, ㄷ ⑤ ㄱ, ㄴ, ㄷ

05 그림은 물체 A, B의 속력을 시간에 따라 나타낸 것이다.

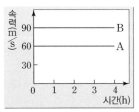

A가 3시간 동안 이동한 거리는 B가 몇 시간 동안 이동한 거리와 같은가?
① 1시간 ② 2시간 ③ 3시간
④ 4시간 ⑤ 5시간

06 영희가 자동차를 타고 72 km/h의 속력으로 달리고 있다. 신호등이 바뀌는 것을 보고 2초만에 브레이크를 밟을 때, 자동차의 브레이크를 밟기 전 2초 동안 자동차가 이동한 거리는?
① 20 m ② 30 m ③ 40 m
④ 50 m ⑤ 80 m

07 그림은 장난감 자동차의 운동을 0.1초 간격으로 나타낸
것이다.

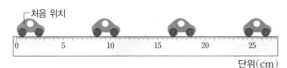

장난감 자동차의 속력을 시간에 따라 옳게 나타낸 것은?

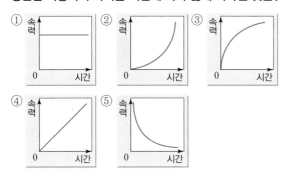

08 그림은 가만히 놓아 낙하하는 질량이 2 kg인 공의 속력
을 시간에 따라 나타낸 것이다.

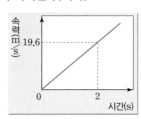

이에 대한 설명으로 옳은 것만을 〈보기〉에서 있는 대로
고른 것은?

┤ 보기 ├
ㄱ. 1초일 때 공의 속력은 9.8 m/s이다.
ㄴ. 공에 작용하는 중력의 크기는 19.6 N이다.
ㄷ. 공의 속력은 매초 9.8 m/s씩 일정하게 증가
　한다.

① ㄱ　　　　② ㄱ, ㄴ　　　③ ㄱ, ㄷ
④ ㄴ, ㄷ　　　⑤ ㄱ, ㄴ, ㄷ

② 일과 에너지

09 과학에서 말하는 일을 한 경우는?

① 한 시간 동안 공부를 하였다.
② 역도 선수가 무거운 역기를 위로 들어 올렸다.
③ 가방을 메고 10분 동안 서 있었다.
④ 벽을 세게 밀었으나 움직이지 않았다.
⑤ 가방을 들고 운동장에서 10 m 걸었다.

10 그림과 같이 물체에 10 N의 힘을 작용하여 5 m만큼 밀
었다.

이때 한 일의 양은?

① 5 J　　　　② 10 J　　　③ 15 J
④ 20 J　　　　⑤ 50 J

11 그림은 수레에 힘을 작용하여 밀 때 수레에 작용한 힘과
이동 거리 사이의 관계를 나타낸 것이다.

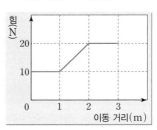

수레를 3 m 미는 동안 한 일의 양은?

① 20 J　　　　② 30 J　　　③ 40 J
④ 45 J　　　　⑤ 55 J

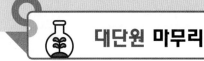

12 과학에서의 일과 에너지에 대한 설명으로 옳은 것만을 〈보기〉에서 있는 대로 고른 것은?

┤ 보기 ├
ㄱ. 에너지는 일을 할 수 있는 능력이다.
ㄴ. 에너지의 단위는 J(줄)을 사용한다.
ㄷ. 물체를 들어 올리는 일을 하면 한 일의 양만큼 물체의 위치 에너지가 감소한다.

① ㄴ   ② ㄱ, ㄴ   ③ ㄱ, ㄷ
④ ㄴ, ㄷ   ⑤ ㄱ, ㄴ, ㄷ

13 그림과 같이 질량이 10 kg인 추를 1 m 높이에서 떨어뜨렸더니 말뚝이 5 cm 박혔다. 질량이 40 kg인 추를 5 m 높이에서 떨어뜨릴 때 말뚝이 박히는 깊이는? (단, 지면과 말뚝 사이의 마찰력은 일정하다.)

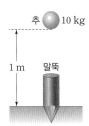

① 10 cm   ② 40 cm   ③ 50 cm
④ 100 cm   ⑤ 200 cm

14 그림과 같이 마찰이 없는 수평면 위에서 정지해 있는 질량이 4 kg인 물체에 일정한 크기의 힘을 계속 작용하여 2 m 이동시켰다.

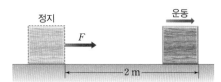

이때 물체의 운동 에너지가 72 J이면, 물체에 작용한 힘의 크기는?

① 18 N   ② 36 N   ③ 54 N
④ 72 N   ⑤ 98 N

[15~16] 그림은 지면으로부터 5 m 높이에서 질량이 1 kg인 공을 가만히 놓아 떨어뜨려 낙하하는 모습을 나타낸 것이다. (단, 공기 저항은 무시한다.)

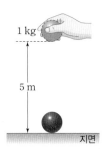

15 지면에 닿을 때까지 중력이 공에 한 일의 양은?

① 1 J   ② 4.9 J   ③ 9.8 J
④ 49 J   ⑤ 98 J

16 지면에 닿는 순간 공의 운동 에너지는?

① 1 J   ② 4.9 J   ③ 9.8 J
④ 49 J   ⑤ 98 J

17 그림 (가)와 같은 운동 에너지 측정 장치에서 수레의 질량과 속력을 달리하여 자에 충돌시켜서 (나)와 같은 결과를 얻었다.

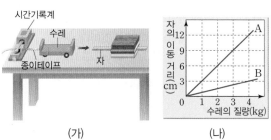

(가)   (나)

이 실험에 대한 설명으로 옳은 것만을 〈보기〉에서 있는 대로 고른 것은?

┤ 보기 ├
ㄱ. A의 속력은 B의 속력보다 4배 더 크다.
ㄴ. 같은 질량일 때 A가 B의 4배만큼 일을 할 수 있다.
ㄷ. 수레의 운동 에너지는 수레 질량의 제곱에 비례한다.

① ㄱ   ② ㄴ   ③ ㄱ, ㄴ
④ ㄱ, ㄷ   ⑤ ㄴ, ㄷ

대단원 서논술형 문제

정답과 해설 | 27쪽

01 그림은 직선상에서 운동하는 물체의 위치를 0.1초 간격으로 나타낸 것이다. 이 물체의 운동을 시간−이동 거리 그래프로 나타내시오.

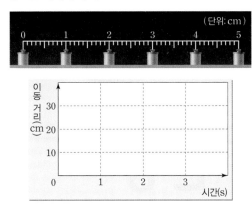

Tip 1초마다 이동하는 거리를 그래프에 정확하게 표시하고 선으로 연결한다.
Key Word 시간, 이동 거리

02 그림 (가)는 공기 중에서 깃털과 쇠공이 떨어지는 모습을 나타낸 것이다. 깃털과 쇠공을 (나)와 같은 진공에서 떨어뜨렸을 때의 낙하 모습에 대해 쓰고, 그 까닭을 서술하시오.

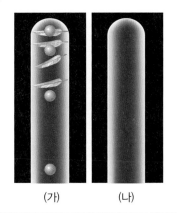

(가)   (나)

Tip 자유 낙하 운동을 할 때 물체는 일정하게 속력이 증가한다.
Key Word 자유 낙하, 깃털, 쇠공

03 그림과 같이 질량이 2 kg인 물체를 일정한 속력으로 천천히 1.5 m만큼 들어 올렸을 때 물체의 위치 에너지 변화량을 한 일의 양과 관련지어 서술하시오.

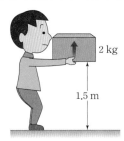

Tip 일이 에너지로 전환된다.
Key Word 일의 양, 위치 에너지

04 그림과 같이 50 km/h의 속력으로 달리던 자동차가 브레이크를 밟은 후 멈출 때까지의 제동 거리가 10 m였다.

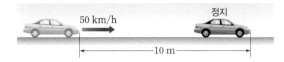

같은 자동차가 100 km/h의 속력으로 달리다 브레이크를 밟았을 때의 제동 거리를 구하고, 브레이크를 밟기 전 자동차의 속력과 제동 거리 사이의 관계를 서술하시오.

Tip 운동 에너지와 제동 거리는 비례한다.
Key Word 운동 에너지, 속력

IV 자극과 반응

1 감각 기관

❶ 시각

1. 시각: 감각 기관⁺ 중 눈에서 빛을 자극으로 받아들여 사물의 모양, 색깔, 거리 등을 느끼는 감각

2. 눈의 구조와 기능

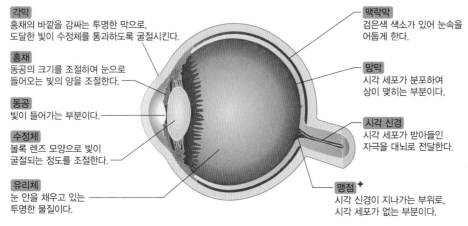

각막
홍채의 바깥을 감싸는 투명한 막으로, 도달한 빛이 수정체를 통과하도록 굴절시킨다.

홍채
동공의 크기를 조절하여 눈으로 들어오는 빛의 양을 조절한다.

동공
빛이 들어가는 부분이다.

수정체
볼록 렌즈 모양으로 빛이 굴절되는 정도를 조절한다.

유리체
눈 안을 채우고 있는 투명한 물질이다.

맥락막
검은색 색소가 있어 눈속을 어둡게 한다.

망막
시각 세포가 분포하여 상이 맺히는 부분이다.

시각 신경
시각 세포가 받아들인 자극을 대뇌로 전달한다.

맹점 ⁺
시각 신경이 지나가는 부위로, 시각 세포가 없는 부분이다.

3. 시각의 전달 경로: 빛 → 각막 → 동공 → 수정체 → 유리체 → 망막(시각 세포) → 시각 신경 → 대뇌

4. 눈의 조절 작용

밝기에 따른 눈의 변화(명암 조절)		거리에 따른 눈의 변화(원근 조절)	
어두울 때	밝을 때	가까운 곳을 볼 때	먼 곳을 볼 때
홍채가 축소되면서 동공이 커짐 ➡ 눈으로 들어오는 빛의 양 증가	홍채가 확장되면서 동공이 작아짐 ➡ 눈으로 들어오는 빛의 양 감소	수정체의 두께가 두꺼워짐	수정체의 두께가 얇아짐
홍채 ➡ 축소됨 동공 ➡ 커짐	홍채 ➡ 확장됨 동공 ➡ 작아짐		

❷ 피부 감각

1. 피부 감각: 물리적 자극이나 온도 변화가 자극이 되어 느끼는 감각으로, 피부에 분포하는 여러 가지 감각점⁺에서 각 자극을 받아들인다.
- 감각점의 종류: 통점(아픔), 압점(압력), 촉점(접촉), 냉점(차가움), 온점(따뜻함)

2. 피부 감각의 전달 경로: 물리적 자극이나 온도 변화 → 피부(감각점) → 감각 신경 → 대뇌

3. 감각점의 분포⁺: 신체 부위에 따라 감각점의 분포 정도가 다르며, 같은 신체 부위에서도 감각점의 종류에 따라 분포 정도가 다르다.

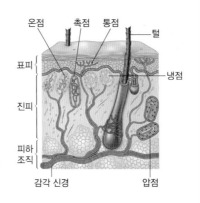

+ 감각 기관
주변의 자극을 받아들이는 기관
예 눈, 코, 귀 등

+ 맹점
시각 세포가 없기 때문에 이곳에 상이 맺히면 볼 수 없다. 맹점은 시선을 중심으로 코 쪽에 위치한다.

+ 시각의 성립
돋보기를 이용하여 초점을 조절하다 보면 거꾸로 된 상을 보게 된다. 이처럼 수정체를 통과한 빛도 망막에 거꾸로 상이 맺히지만 대뇌에서 조절하여 똑바로 보이게 된다.

+ 눈의 이상과 교정
- 근시: 수정체와 망막 사이의 거리가 정상보다 길거나, 수정체가 두꺼워 물체의 상이 망막 앞에 맺힘 → 오목 렌즈로 교정
- 원시: 수정체와 망막 사이의 거리가 정상보다 짧거나, 수정체가 얇아 물체의 상이 망막 뒤에 맺힘 → 볼록 렌즈로 교정

+ 감각점
피부에서 자극을 받아들이는 부위를 말한다.

+ 피부 감각점의 분포
- 통점 수: 손등＞손가락 끝
- 압점 수: 손가락 끝＞손등
몸의 부위에 따라 감각점의 수가 다르며, 감각점이 많을수록 해당 자극에 더 예민하다.

기초 섭렵 문제

정답과 해설 | 28쪽

❶ 시각

▶ □□은 눈 안으로 빛이 들어가는 곳으로 □□에 의해 크기가 조절된다.

▶ 눈으로 들어온 빛은 □□과 □□□에서 굴절되어 □□에 상이 맺힌다.

▶ 가까운 곳을 볼 때는 □□□의 두께가 두꺼워진다.

▶ □□에는 시각 세포가 없기 때문에 이곳에 상이 맺히면 물체를 볼 수 없다.

01 그림은 사람 눈의 구조를 나타낸 것이다. A~E는 각각 각막, 망막, 홍채, 맹점, 수정체 중 하나이다.

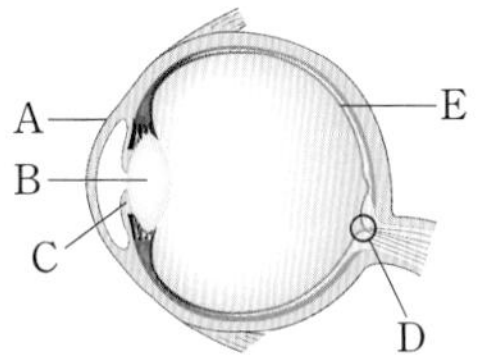

각각의 설명에 해당하는 곳의 기호를 쓰시오.

(1) 시각 신경이 지나가는 곳이다. ( )
(2) 상이 맺히는 곳이다. ( )
(3) 눈으로 들어오는 빛의 양을 조절한다. ( )
(4) 상이 잘 맺히도록 빛을 굴절시킨다. ( )
(5) 홍채의 바깥을 감싸는 투명한 막이다. ( )

02 다음은 시각이 전달되는 경로를 나타낸 것이다. ( ) 안에 알맞은 말을 각각 쓰시오.

빛 → 각막 → 동공 → (㉠) → 유리체 → 망막 → (㉡) → 대뇌

03 수정체의 두께 변화를 일으키는 현상에 해당하면 ○표, 해당하지 <u>않으면</u> ×표를 하시오.

(1) 눈에 티끌이 들어가서 눈물이 나왔다. ( )
(2) 공이 날아와 순간적으로 눈을 감았다. ( )
(3) 책을 보다가 먼 산의 경치를 바라보았다. ( )
(4) 창밖을 보다가 방바닥에 엎드려 있는 개를 보았다. ( )

❷ 피부 감각

▶ 피부에서 자극을 받아들이는 부위를 □□□이라고 한다.

▶ 일반적으로 표피에는 □□이 많이 분포한다.

04 다음은 손가락 끝과 혀 끝이 다른 부분에 비해 매우 예민한 까닭을 나타낸 것이다. ( ) 안에 알맞은 말을 쓰시오.

손가락 끝과 혀 끝은 다른 부분에 비해 ( )이 많기 때문이다.

① 감각 기관

❸ 청각과 평형 감각

1. 청각: 귀에서 공기 등을 통해 전달된 소리(음파)를 자극으로 받아들여 느끼는 감각
2. 귀의 구조와 기능

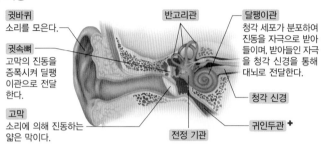

귓바퀴
소리를 모은다.

귓속뼈
고막의 진동을 증폭시켜 달팽이관으로 전달한다.

고막
소리에 의해 진동하는 얇은 막이다.

반고리관

전정 기관

귀인두관 ✛

달팽이관
청각 세포가 분포하여 진동을 자극으로 받아들이며, 받아들인 자극을 청각 신경을 통해 대뇌로 전달한다.

청각 신경

3. 청각의 전달 경로: 소리 → 귓바퀴 → 고막 → 귓속뼈 → 달팽이관(청각 세포) → 청각 신경 → 대뇌
4. 평형 감각
　(1) **반고리관(회전 감각)✛:** 몸의 회전 자극을 받아들여 몸이 어느 방향으로 움직이는지를 느낀다.
　(2) **전정 기관(위치 감각):** 중력의 자극을 받아들여 몸의 기울어진 정도와 위치의 변화를 느낀다.

❹ 후각

1. 후각✛: 기체 상태의 화학 물질이 자극이 되어 냄새를 느끼는 감각
2. 후각 상피✛와 후각 세포: 콧속 천장의 후각 상피에 후각 세포가 분포한다.

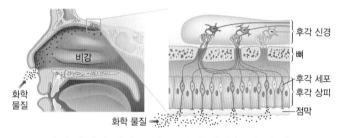

비강

화학 물질

화학 물질 ▶

후각 신경
뼈
후각 세포
후각 상피
점막

3. 후각의 전달 경로: 기체 상태의 화학 물질 → 후각 상피(후각 세포) → 후각 신경 → 대뇌
4. 후각의 특징: 후각 세포는 쉽게 피로해지기 때문에 같은 냄새를 계속 맡으면 그 냄새를 잘 맡지 못한다.

❺ 미각

1. 미각✛: 액체 상태의 화학 물질이 자극이 되어 맛을 느끼는 감각
2. 혀의 구조: 혀 표면에 유두라는 작은 돌기가 많이 있으며, 유두의 옆부분에 있는 맛봉오리 속에 맛세포가 분포한다.

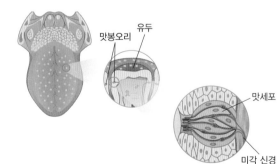

맛봉오리
유두
맛세포
미각 신경

3. 미각의 전달 경로: 액체 상태의 화학 물질 → 유두 → 맛봉오리(맛세포) → 미각 신경 → 대뇌
4. 기본 맛: 단맛, 짠맛, 쓴맛, 신맛, 감칠맛✛

✛ 귀인두관
고막 안쪽과 바깥쪽의 압력을 같게 조절한다.

✛ 회전하다 멈추어도 한동안 회전하는 느낌이 드는 까닭
삶은 달걀과 날달걀을 구별하는 방법은 달걀을 돌려 보면 된다. 삶은 달걀과는 달리 날달걀은 잘 돌아가지 않는다. 마찬가지로 반고리관 내부의 액체도 관성에 의해 원래의 운동 상태를 지속하려고 하기 때문이다.

✛ 후각 상피
후각 상피는 끈적한 점액으로 덮여 있다.

✛ 매운맛과 떫은맛
매운맛과 떫은맛은 각각 혀와 입속 피부의 통점과 압점에서 자극을 받아들여 느끼는 피부 감각으로, 미각이 아니다.

✛ 미각과 후각
코를 막고 과일 맛 젤리를 먹으면 단맛과 신맛만 느껴지지만, 코를 막지 않고 젤리를 먹으면 과일 냄새도 맡을 수 있어 과일 맛을 느낄 수 있다. ➡ 음식의 맛은 미각과 후각을 종합하여 느낀다.

✛ 감칠맛
아미노산의 일종인 글루탐산의 맛으로 다시마, 각종 육류, 표고버섯, 조개 등에 포함되어 있다.

기초 섭렵 문제

❸ 청각과 평형 감각

▶ □□□□에는 청각 세포가 분포하여 소리 자극을 받아들인다.

▶ □□□□은 몸의 회전을, □□ □□은 몸의 기울어짐을 느낀다.

05 그림은 사람 귀의 구조를 나타낸 것이다. A~G는 각각 고막, 귓속뼈, 달팽이관, 반고리관, 귀인두관, 전정 기관, 청각 신경 중 하나이다.

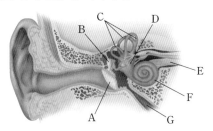

각각의 설명에 해당하는 곳의 기호를 쓰시오.

(1) 청각 세포가 분포한다. ( )
(2) 소리에 의해 진동한다. ( )
(3) 몸의 회전 방향을 느낀다. ( )
(4) 청각 자극을 대뇌로 전달한다. ( )
(5) 고막의 진동을 증폭시켜 달팽이관으로 전달한다. ( )

❹ 후각

▶ □□ 상태의 화학 물질을 자극으로 받아들인다.

▶ □□ □□는 끈적한 점액으로 덮여 있다.

06 후각에 대한 설명으로 옳은 것은 ○표, 옳지 않은 것은 ×표를 하시오.

(1) 후각 세포는 후각 상피에 분포한다. ( )
(2) 후각 세포는 기계적 자극을 감지한다. ( )
(3) 후각 상피는 점액 상태의 물질로 덮여 있다. ( )
(4) 시각에 비해 쉽게 피로해지지 않는다. ( )

07 다음은 후각이 전달되는 경로를 나타낸 것이다. ( ) 안에 알맞은 말을 각각 쓰시오.

자극 → (㉠) → 후각 신경 → (㉡)

❺ 미각

▶ 혀 표면에는 □□라는 작은 돌기가 있으며 □□의 옆 부분에는 맛봉오리가 분포한다.

▶ □□□은 글루탐산의 맛으로, 고기나 생선 등에서 느낄 수 있다.

08 그림은 사람 혀의 구조를 나타낸 것이다. A~D의 이름을 각각 쓰시오.

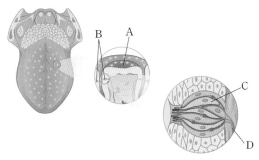

필수 탐구

광원의 밝기에 따른 홍채와 동공의 움직임 관찰하기

목표

밝기에 따른 눈의 조절 작용을 홍채와 동공의 변화로 설명할 수 있다.

실험자의 눈 부분만 확대하여 촬영하며, 홍채와 동공의 크기에 변화가 없을 때까지 촬영한다.

과정

1 두 사람이 한 모둠이 되어 한 사람은 실험자, 다른 사람은 관찰자가 된다.

2 보통의 교실 밝기에서 실험자는 눈을 감고 손으로 눈을 3분 정도 가린다. 눈을 뜨자마자 관찰자는 스마트폰을 이용하여 실험자의 눈 부분을 동영상으로 촬영한다.

3 촬영한 동영상을 보면서 홍채와 동공의 크기 변화를 관찰한다.

결과

실험자가 눈을 감았다 뜬 직후에는 홍채 부분이 좁고 동공은 크지만 시간이 지나면서 홍채 부분이 넓어지고 동공은 작아졌다.

정리

1 빛의 밝기에 따른 홍채와 동공의 변화

• 어두운 곳에서 밝은 곳으로 이동한 경우: 눈으로 들어오는 빛의 양이 많아지게 되어 적절한 빛의 양을 유지하기 위해 홍채가 확장되면서 동공은 작아진다.

• 밝은 곳에서 어두운 곳으로 이동한 경우: 눈으로 들어오는 빛의 양이 적어지게 되어 적절한 빛의 양을 유지하기 위해 홍채가 축소되면서 동공은 커진다.

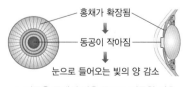

▲ 어두운 곳에서 밝은 곳으로 이동한 경우

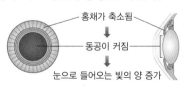

▲ 밝은 곳에서 어두운 곳으로 이동한 경우

수행평가 섭렵 문제

광원의 밝기에 따른 홍채와 동공의 움직임 관찰하기

▶ 밝은 곳에서 어두운 곳으로 이동한 경우 눈으로 들어오는 빛의 양이 적어지게 되어 적절한 빛의 양을 유지하기 위해 홍채가 ☐☐되면서 동공은 ☐☐☐.

▶ 어두운 곳에서 밝은 곳으로 이동한 경우 눈으로 들어오는 빛의 양이 많아지게 되어 적절한 빛의 양을 유지하기 위해 홍채가 ☐☐되면서 동공은 ☐☐☐☐.

1 눈을 감고 손으로 눈을 1분 정도 가리고 있다가 눈을 뜨는 순간 손전등을 눈에 비추었을 때 홍채와 동공의 변화로 옳은 것은?

	홍채	동공
①	확장	커짐
②	확장	작아짐
③	축소	커짐
④	축소	작아짐
⑤	변화 없음	변화 없음

2 오른쪽 그림은 일정 시간 동안 빛 조건에 따른 동공의 크기 변화를 나타낸 것이다. 이에 대한 설명으로 옳은 것은?

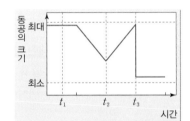

① t_1에서는 멀리 있는 밝은 물체를 보고 있었다.
② t_1에서 t_2 사이에 다가오는 물체를 보았다.
③ t_3일 때 갑자기 강한 빛이 눈에 주어졌다.
④ 눈으로 들어오는 빛의 양이 가장 많을 때는 t_2일 때이다.
⑤ t_3일 때보다 t_2일 때 홍채가 더 확장되어 있다.

3 다음은 맑은 날 낮에 자동차를 운전하면서 터널을 통과할 때 운전자의 홍채 변화에 대한 설명이다. (   ) 안에 알맞은 말을 고르시오.

상대적으로 어두운 터널로 진입하는 ⓐ 구간에서는 어두운 상태에 적응하기 위해 홍채가 ㉠ (축소 / 확장)되어 동공의 크기가 ㉡ (커 / 작아)지고, 어두운 터널에서 밝은 곳으로 나오는 ⓑ 구간에서는 홍채가 ㉢ (축소 / 확장)되어 동공의 크기가 ㉣ (커 / 작아)진다. 이때 자동차의 속도가 너무 빠르면 눈부심 현상이 발생해 위험할 수 있다.

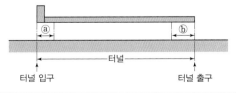

내신 기출 문제

1 시각

01 그림은 사람 눈의 구조를 나타낸 것이다.

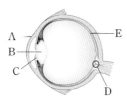

A~E의 이름을 옳게 짝 지은 것은?

① A−홍채　　② B−각막　　③ C−맹점
④ D−수정체　　⑤ E−망막

02 사람 눈의 구조에 대한 설명으로 옳은 것은?

① 맹점은 시각 신경이 지나가는 부위이다.
② 수정체의 두께 변화에 의해 동공의 크기가 조절된다.
③ 수정체에 의해 눈으로 들어오는 빛의 양이 조절된다.
④ 홍채의 축소와 확장에 의해 수정체의 두께가 조절된다.
⑤ 망막 중 황반에는 시각 세포가 분포하지 않아 상이 맺혀도 보이지 않는다.

03 다음은 눈의 구조 중 어떤 부분에 대한 설명이다.

- 시각 신경이 모여 대뇌 쪽으로 빠져나가는 부분이다.
- 시각 세포가 분포하지 않아 빛을 감지할 수 없다.
- 이곳에 상이 맺히면 물체를 볼 수 없다.

이 부분은 어디인가?

① 홍채　　② 각막　　③ 맹점
④ 황반　　⑤ 유리체

04 그림은 수정체의 두께 변화를 나타낸 것이다.

A에서 B로 변화될 때에 대한 설명으로 옳은 것만을 〈보기〉에서 있는 대로 고른 것은?

┤ 보기 ├
ㄱ. 물체의 상이 망막 앞에 맺힌다.
ㄴ. 책을 보다가 먼 곳을 바라보는 경우에 해당한다.
ㄷ. 망막에 도달하는 빛의 양이 증가한다.

① ㄱ　　　　② ㄴ　　　　③ ㄷ
④ ㄱ, ㄷ　　　⑤ ㄱ, ㄴ, ㄷ

05 다음은 시각이 전달되는 경로를 나타낸 것이다.

빛 → (A) → 동공 → 수정체 → (B) → 망막 → 시각 신경 → (C)

A~C에 알맞은 말을 옳게 짝 지은 것은?

	A	B	C
①	각막	홍채	간뇌
②	각막	유리체	대뇌
③	맥락막	홍채	대뇌
④	맥락막	유리체	간뇌
⑤	유리체	맥락막	소뇌

06 어두운 곳에서 먼 거리에 있는 물체를 보다가 밝은 곳에서 가까운 거리에 있는 물체를 바라볼 때 일어나는 눈의 조절 작용으로 옳은 것만을 〈보기〉에서 있는 대로 고른 것은?

┤ 보기 ├
ㄱ. 홍채가 수축한다.
ㄴ. 동공의 크기가 감소한다.
ㄷ. 수정체의 두께가 얇아진다.

① ㄱ　　　　② ㄴ　　　　③ ㄷ
④ ㄱ, ㄴ　　　⑤ ㄱ, ㄴ, ㄷ

07 맑은 날 낮에 운전자가 어두운 터널을 지나 밝은 곳으로 나올 때 일어나는 눈의 조절 작용으로 옳은 것은?

① 홍채가 확장되어 상이 흐려진다.
② 물체를 뚜렷하게 보기 위해 동공이 커진다.
③ 망막에 도달하는 빛이 양이 적어 상이 흐려진다.
④ 수정체에 의해 눈으로 들어오는 빛의 양이 조절된다.
⑤ 홍채가 확장되어 눈으로 들어오는 빛의 양이 조절된다.

2 피부 감각

08 중요 피부에 분포하는 감각점에 대한 설명으로 옳지 않은 것은?

① 열이나 압력 등을 자극으로 받아들인다.
② 감각점이 많은 곳은 피부 감각이 예민하다.
③ 피부에 있는 감각점에서 자극을 받아들인다.
④ 감각점에는 냉점, 촉점, 통점, 압점, 온점이 있다.
⑤ 피부 감각이 대뇌에 전달되지 않을 때 차가움을 느낀다.

09 그림은 피부에 분포하는 감각점을 나타낸 것이다.

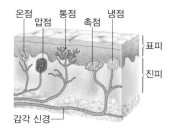

이에 대한 설명으로 옳지 않은 것은?

① 통점은 표피층에 분포한다.
② 압점은 진피층에 분포한다.
③ 촉점은 강한 압력을 감지한다.
④ 온점은 온도가 높아지는 변화를 감지한다.
⑤ 냉점은 온도가 낮아지는 변화를 감지한다.

10 아랫입술이나 손가락 끝의 촉각은 다른 부위보다 더 예민하다. 그 까닭으로 옳은 것은?

① 감각점의 수가 많기 때문이다.
② 몸의 말단 부위이기 때문이다.
③ 통점보다 온점이 많기 때문이다.
④ 맛세포가 많이 존재하기 때문이다.
⑤ 혈액 순환이 활발하게 일어나기 때문이다.

3 청각과 평형 감각

[11~13] 그림은 사람 귀의 구조를 나타낸 것이다.

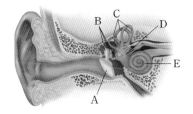

11 기호와 이름을 옳게 짝 지은 것은?

① A − 귓속뼈
② B − 고막
③ C − 전정 기관
④ D − 반고리관
⑤ E − 달팽이관

12 중요 A~E의 기능에 대한 설명으로 옳은 것은?

① A에는 청각 세포가 분포한다.
② B는 귓속의 압력을 조절한다.
③ C는 소리 자극을 받아들인다.
④ D는 몸의 기울어짐을 느낀다.
⑤ E는 몸의 평형을 유지한다.

13 청각이 전달되는 경로로 옳은 것은?

① A → B → D → 청각 신경 → 대뇌
② A → B → E → 청각 신경 → 대뇌
③ A → B → C → D → 청각 신경 → 대뇌
④ A → B → D → E → 청각 신경 → 대뇌
⑤ A → B → C → D → E → 청각 신경 → 대뇌

내신 기출 문제

14 제자리에서 돌다가 멈추었을 때 한동안 어지러움을 느끼는 것과 관계 깊은 기관은?

① 고막 ② 귓속뼈
③ 반고리관 ④ 전정 기관
⑤ 달팽이관

15 그림은 사람 귀의 구조 중 일부를 나타낸 것이다. A~C는 각각 달팽이관, 반고리관, 전정 기관 중 하나이다.

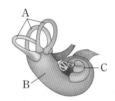

A~C가 느끼는 감각을 옳게 짝 지은 것은?

	A	B	C
①	청각	위치 감각	회전 감각
②	청각	회전 감각	위치 감각
③	위치 감각	청각	회전 감각
④	회전 감각	위치 감각	청각
⑤	회전 감각	청각	위치 감각

4 후각

16 그림은 사람의 감각 기관 중 하나를 나타낸 것이다.

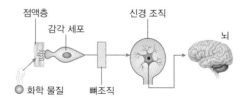

위 감각 기관이 담당하고 있는 감각은?

① 후각 ② 미각 ③ 촉각
④ 청각 ⑤ 평형 감각

17 후각에 대한 설명으로 옳지 않은 것은?

① 후각 세포의 종류는 다섯 가지이다.
② 가장 예민하고 쉽게 피로해지는 감각이다.
③ 기체 상태의 화학 물질을 자극으로 받아들인다.
④ 후각 상피에 있는 후각 세포에서 자극을 받아들인다.
⑤ 후각의 전달 경로는 '자극 → 후각 상피(후각 세포) → 후각 신경 → 대뇌'이다.

5 미각

18 그림은 사람의 감각 기관 중 일부를 나타낸 것이다.

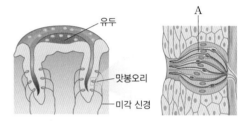

A에서 느낄 수 있는 맛이 아닌 것은?

① 단맛 ② 신맛 ③ 짠맛
④ 감칠맛 ⑤ 매운맛

19 미각이 전달되는 경로로 옳은 것은?

① 자극 → 맛봉오리 → 유두 → 맛세포 → 대뇌
② 자극 → 유두 → 미각 신경 → 맛봉오리 → 대뇌
③ 자극 → 유두 → 맛봉오리 → 미각 신경 → 대뇌
④ 자극 → 미각 신경 → 맛세포 → 맛봉오리 → 대뇌
⑤ 자극 → 맛봉오리 → 유두 → 미각 신경 → 대뇌

20 혀의 맛세포에서 느끼는 기본맛을 옳게 짝 지은 것은?

① 단맛, 신맛, 쓴맛, 짠맛, 감칠맛
② 쓴맛, 단맛, 신맛, 매운맛, 떫은맛
③ 짠맛, 단맛, 신맛, 매운맛, 감칠맛
④ 짠맛, 쓴맛, 신맛, 떫은맛, 비린맛
⑤ 짠맛, 신맛, 감칠맛, 떫은맛, 매운맛

01 다음은 시각의 특성을 알아보기 위한 실험이다.

> (가) 아래 그림을 눈과 수평인 상태로 약 50 cm 떨어진 거리에서 본다.
>
> ● ♣
>
> (나) 오른쪽 눈을 감고 머리는 그대로 고정시킨 채 왼쪽 눈으로 ♣를 본다.
>
> (다) 왼쪽 눈의 방향은 고정시킨 채 그림을 천천히 앞으로 당기거나 뒤로 밀면서 왼쪽의 ●가 보이지 않는 지점을 찾는다.

위 실험에 대한 설명으로 옳은 것은?

① 원근감의 원리를 알 수 있다.
② 근시의 정도를 알 수 있다.
③ 근시와 원시를 구분하는 실험이다.
④ 원시는 이 실험이 제대로 되지 않는다.
⑤ 망막에 시각 세포가 없는 곳이 있음을 알 수 있다.

02 다음은 피부 감각의 특성을 알아보기 위한 실험이다.

> (가) 20 ℃의 물과 40 ℃의 물이 담긴 수조를 준비한다.
> (나) 오른손은 20 ℃의 물이 담긴 수조에, 왼손은 40 ℃의 물이 담긴 수조에 각각 넣는다.
> (다) 1분이 지난 후 양손을 30 ℃의 물이 담긴 수조에 넣은 후 양손의 느낌을 기록한다.

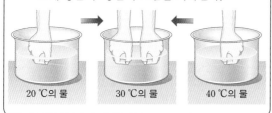

| 20 ℃의 물 | 30 ℃의 물 | 40 ℃의 물 |

이에 대한 설명으로 옳은 것은?

① 피부는 절대적인 온도를 감지한다.
② 온각이 냉각의 반응 속도보다 빠르다.
③ 오른손과 왼손에서 온도를 같게 느낀다.
④ 오른손은 따뜻하게, 왼손은 차갑게 느낀다.
⑤ 오른손은 냉점이, 왼손은 온점이 자극을 받아들인다.

예제

01 그림은 사람 귀의 구조를 나타낸 것이다.

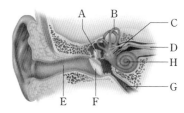

(1) 이어폰 중에는 귓구멍에 꽂지 않고 귀 근처에 걸어 착용하는 뼈 전도 이어폰이 있다. 뼈 전도 이어폰의 작동 원리와 관련된 귀의 구조는 무엇인지 기호와 이름을 쓰시오.

(2) 뼈 전도 이어폰의 작동 원리를 귀의 구조와 관련지어 서술하시오.

Tip 귓속뼈는 고막의 진동을 증폭하여 달팽이관으로 전달한다.
Key Word 귓속뼈, 고막

[설명] 귓속뼈는 3개의 작은 뼈로 이루어져 있으며, 고막의 진동을 증폭하여 달팽이관으로 전달한다.
[모범 답안] (1) A, 귓속뼈 (2) 일반 이어폰으로 음악을 감상할 때는 소리 자극이 고막을 진동하고 귓속뼈를 지나면서 증폭되어 달팽이관의 청각 세포에 전달되지만, 뼈 전도 이어폰으로 음악을 감상하면 소리 자극이 고막이 아닌 머리뼈를 진동시키고 그 진동이 달팽이관의 청각 세포로 전달되어 소리가 들린다.

실전 연습

01 그림은 사람 귀의 구조와 뼈 전도 이어폰을 착용한 모습을 나타낸 것이다.

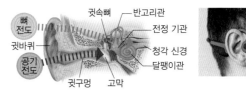

위 자료를 참고하여 뼈 전도 이어폰의 원리를 쓰고, 뼈 전도 이어폰의 장점을 한 가지 서술하시오.

Tip 고체인 뼈의 진동은 액체의 진동보다 더 쉽게 전달된다.
Key Word 귓속뼈, 청각 세포

_____

_____

뉴런과 신경계

❶ 뉴런의 구조와 종류

1. 뉴런⁺: 신경계를 이루고 있는 신경 세포로, 먼 거리까지 자극을 전달하기에 적합한 구조이다.

2. 뉴런의 구조

(1) 신경 세포체: 핵과 세포질이 있는 부위로, 세포가 살아가는 데 필요한 생명 활동이 일어난다.

(2) 가지 돌기: 나뭇가지 모양의 짧은 돌기로, 감각기나 다른 뉴런으로부터 자극을 받아들인다.

(3) 축삭 돌기: 굵고 길게 뻗은 돌기로, 가지 돌기에서 받은 자극을 다른 뉴런이나 반응기로 전달한다.

▲ 뉴런의 구조

3. 뉴런의 종류

(1) 감각 뉴런: 감각기에서 받아들인 자극을 연합 뉴런으로 전달한다. 신경 세포체가 축삭 돌기 한쪽 옆에 치우쳐 있다.

(2) 연합 뉴런: 뇌와 척수를 구성하며, 감각 뉴런과 운동 뉴런을 연결할 뿐만 아니라 연합 뉴런 사이에도 많은 연결이 이루어져 있어 감각기로부터 들어온 자극을 종합하고 판단하여 적절한 신호를 내린다. 다른 뉴런에 비해 가지 돌기가 특히 발달되었다.

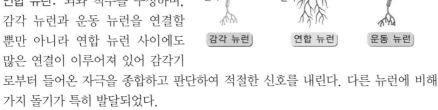

(3) 운동 뉴런: 연합 뉴런의 명령을 반응기로 전달한다. 축삭 돌기가 길고, 신경 세포체가 비교적 크다. 가끔 감각 뉴런과 직접 연결되어 빠른 반응을 나타내기도 한다.

❷ 자극의 전달 방향과 경로

1. 자극의 전달 방향

(1) 뉴런 내에서 자극의 전달 방향: 가지 돌기 → 축삭 돌기

(2) 뉴런과 뉴런 사이에서 자극의 전달 방향: 축삭 돌기 → 다른 뉴런의 가지 돌기

2. 자극의 전달 경로: 자극 → 감각기 → 감각 뉴런 → 연합 뉴런 → 운동 뉴런 → 반응기 → 반응

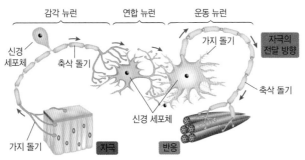

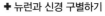

＋ 뉴런과 신경 구별하기

뉴런은 신경 세포 하나를 의미하며, 신경은 뉴런들이 모여서 만들어지는 뉴런 다발, 즉 신경 조직을 의미한다.

＋ 뉴런의 길이

일반 세포는 $10 \sim 100 \, \mu$m인 것에 비해 뉴런은 매우 길어 1 m가 넘는 것도 있다.

＋ 뇌의 연합 뉴런 모습

1873년 이탈리아의 카밀로 골지가 은크롬 염색법을 이용하여 현미경으로 관찰한 뇌조직의 모습이다. 대략 1개의 뉴런이 1000개 이상의 시냅스를 이룬다.

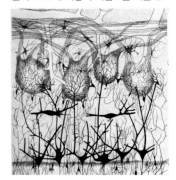

＋ 시냅스

뉴런의 연결 부위로, 한 뉴런의 축삭 돌기와 다음 뉴런의 가지 돌기가 극히 미세한 틈을 두고 연결되어 있는데, 이를 시냅스라고 한다.

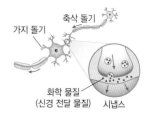

❶ 뉴런의 구조와 종류
▶ 신경계를 구성하는 신경 세포를 □□이라고 한다.

▶ 감각기로부터 자극을 받아들이는 뉴런은 □□ 뉴런이다.

▶ 연합 뉴런의 명령을 반응기까지 전달하는 뉴런은 □□ 뉴런이다.

[01~02] 그림은 뉴런의 구조를 나타낸 것이다.

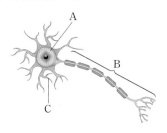

01 A~C의 이름을 각각 쓰시오.

02 다음 설명에 해당하는 부분의 기호를 각각 쓰시오.
(1) 감각기나 다른 뉴런으로부터 자극을 받아들인다.   (   )
(2) 다른 뉴런이나 반응기로 자극을 전달한다.   (   )
(3) 세포가 살아가는 데 필요한 생명 활동이 일어난다.   (   )

❷ 자극의 전달 방향과 경로
▶ 감각 뉴런과 운동 뉴런을 연결하는 뉴런은 □□ 뉴런이다.

▶ 자극의 전달은 □□ 뉴런 → □□ 뉴런 → □□ 뉴런 순으로 일어난다.

[03~04] 그림은 자극이 전달되는 과정에 관여하는 세 종류의 뉴런 A~C를 나타낸 것이다.

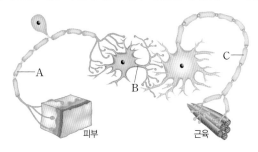

피부   근육

03 뉴런 A~C에 대한 설명으로 옳은 것은 ○표, 옳지 **않은** 것은 ×표를 하시오.
(1) A는 중추 신경계의 명령을 반응기로 전달한다.   (   )
(2) B는 감각 뉴런에서 전달받은 정보를 종합하여 운동 뉴런으로 전달한다.
                    (   )
(3) C는 감각기에서 받아들인 자극을 중추 신경계로 전달한다.   (   )

04 자극이 전달되는 경로를 기호로 쓰시오.

(   ) → (   ) → (   )

❸ 중추 신경계

1. 중추 신경계: 뇌*와 척수로 구성되며, 감각기에서 받아들인 자극을 판단하고 반응할 수 있도록 명령한다.

2. 중추 신경계의 구성

(1) 대뇌: 좌우 2개의 반구(반대편 몸을 지배)로 이루어져 있고, 여러 자극을 종합, 해석, 판단 후 명령을 내린다.

(2) 소뇌: 대뇌와 함께 근육 운동을 조절하고, 몸의 균형을 유지한다.

(3) 간뇌: 혈당량, 체온과 체액의 농도 등을 일정하게 조절한다(항상성 유지).

(4) 중간뇌: 동공의 크기, 안구 운동을 조절한다.

(5) 연수: 척수와 연결되어 있고 좌우 신경이 교차되는 부위로, 호흡 운동, 심장 박동, 소화 운동 등과 같은 생명 활동을 조절하며, 무조건 반사(침·눈물 분비, 재채기, 기침, 하품 등)의 중추이다.

(6) 척수*: 연수에 연결되어 있으며 척추 속에 들어 있다. 뇌와 말초 신경 사이의 흥분을 전달하는 통로로, 무조건 반사(뜨거운 물체에 닿았을 때의 행동, 무릎 반사 등)의 중추이다.

❹ 말초 신경계

1. 말초 신경계: 중추 신경계로 자극을 전달하거나 중추 신경계의 명령을 온몸으로 전달하는 신경계로, 기능상 감각 신경과 운동 신경으로 구성되며, 구조상 12쌍의 뇌 신경과 31쌍의 척수 신경으로 구성된다.

(1) 감각 신경: 감각기에서 받아들인 자극을 중추 신경계로 전달한다.

(2) 운동 신경: 중추 신경계의 명령을 반응기로 전달한다.

2. 운동 신경의 구분

(1) 체성 신경계: 대뇌의 명령을 팔이나 다리 등의 근육으로 전달하여 몸을 움직이는 데 관여한다.

(2) 자율 신경계: 교감 신경과 부교감 신경으로 구성되며, 대뇌의 조절을 직접 받지 않는다.

〈교감 신경과 부교감 신경의 기능〉

구분	동공	침 분비	심장 박동	소화 작용	호흡 운동
교감 신경	확대	억제	촉진	억제	촉진
부교감 신경	축소	촉진	억제	촉진	억제

❺ 자극에 대한 반응 경로

1. 의식적인 반응: 대뇌의 판단 과정을 거쳐 일어나는 반응

> 반응 경로: 자극 → 감각기 → 감각 신경 → 대뇌 → 운동 신경 → 반응기 → 반응

2. 무조건 반사(무의식적인 반응): 대뇌의 판단 과정을 거치지 않고 무의적으로 일어나는 반응

> 반응 경로: 자극 → 감각기 → 감각 신경 → 반사 중추(연수, 중간뇌, 척수) → 운동 신경 → 반응기 → 반응

(1) 연수 반사: 침과 눈물의 분비, 재채기, 기침, 하품, 구토

(2) 중간뇌 반사: 동공의 크기 변화(동공 반사)

(3) 척수 반사: 무릎 반사*, 뜨거운 물체에 닿거나 날카로운 물체에 찔렸을 때 순간적으로 피하는 행동

✛ 신경계의 구성

신경계는 몸의 중앙에 자리잡고 있는 중추 신경계와 이로부터 뻗어 나와 몸의 각 부분에 분포하는 말초 신경계로 구성된다.

✛ 뇌의 구조

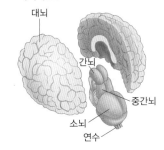

✛ 척수의 구조

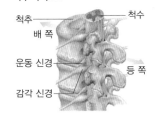

✛ 무릎 반사의 경로

• 무릎뼈 아래를 고무망치로 가볍게 치면 무의식적으로 다리가 올라간다. 이 반응에 대한 명령을 척수가 내리기 때문에 대뇌와 관계없이 반응이 나타난다.

• 무릎 반사의 경로: 자극 → 감각기 → 감각 신경 → 척수 → 운동 신경 → 반응기 → 반응

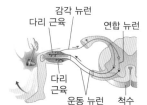

기초 섭렵 문제

❸ 중추 신경계
▶ 감각기에서 받아들인 자극을 판단하고, 명령을 내리는 중추 신경계는 □와 □□로 구성된다.

▶ □□에서 몸의 좌우 신경이 교차된다.

❹ 말초 신경계
▶ □□ 신경계는 12쌍의 뇌신경과 31쌍의 척수 신경으로 구성된다.

▶ 자율 신경계는 □□ 신경과 □□□ 신경으로 구성된다.

▶ 위기 상황에 대처하기에 적합한 상태로 우리 몸을 만들어주는 것은 □□ 신경의 기능이다.

❺ 자극에 대한 반응 경로
▶ 의식적인 반응을 조절하는 중추는 □□이다.

▶ 재채기와 같이 무의식적으로 일어나는 반응을 □□라고 한다.

▶ 운동 경기 중 다쳐서 의식을 잃은 선수의 눈에 손전등을 비추어 검사하는 것은 □□□의 손상 여부를 확인하기 위한 것이다.

---

05 오른쪽 그림은 사람 뇌의 구조를 나타낸 것이다. A~E의 이름을 각각 쓰시오.

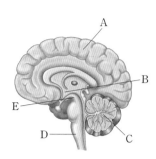

06 신경계에 대한 설명으로 옳은 것은 ○표, 옳지 <u>않은</u> 것은 ×표를 하시오.
(1) 중추 신경계는 온몸의 말단 부위까지 뻗어 있다. ( )
(2) 신경계는 말초 신경계와 자율 신경계로 나눌 수 있다. ( )
(3) 말초 신경계는 감각 기관이나 운동 기관에 연결되어 있다. ( )
(4) 말초 신경계는 감각 신경과 연합 신경으로 구성된다. ( )

07 교감 신경의 기능에 해당하면 '교', 부교감 신경의 기능에 해당하면 '부'라고 쓰시오.
(1) 심장 박동을 촉진한다. ( )
(2) 소화 작용을 촉진한다. ( )
(3) 호흡 운동을 억제한다. ( )
(4) 침 분비를 억제한다. ( )

08 다음은 우리 몸에서 일어나는 반사의 예이다. ( ) 안에 알맞은 말을 각각 쓰시오.

> 무릎뼈 아래를 고무망치로 가볍게 치면 무의식적으로 다리가 들리는데, 이는 무릎 반사이며, 대뇌의 판단 과정을 거치지 않는 (㉠)이다. 이는 고무망치에 의한 자극이 (㉡) 신경을 통해 중추인 (㉢)로 전달된 다음, (㉢)에서 바로 (㉣) 신경을 통해 다리 근육으로 신호를 보내 자신도 모르게 다리가 들리는 반응이 나타나는 것이다.

필수 탐구   자극에 대한 반응 경로

활동 1   무조건 반사(무릎 반사) 확인하기

목표
자극이 신경에 전달되어 반응하기까지 과정을 실험을 통해 확인할 수 있다.

과정
1 두 사람이 한 모둠이 되어 한 사람은 발이 바닥에 닿지 않도록 의자에 앉은 다음, 다리에 힘을 뺀다.
2 다른 사람이 의자에 앉은 사람의 무릎뼈 바로 아래를 고무망치로 가볍게 친다.
3 의자에 앉은 사람의 다리 움직임을 관찰한다.

무릎 반사는 고무망치로 두드리는 강도에 따른 반응이 아니라 정확히 무릎 아래를 자극하는 것이 중요하다.

결과
무릎뼈 아래를 고무망치로 가볍게 치면 다리가 무의식적으로 올라간다.

정리
1 무릎 반사의 경로: 자극 → 감각기 → 감각 신경 → 척수 → 운동 신경 → 반응기(근육) → 반응
2 이 반응에 대한 명령을 척수가 내리기 때문에 대뇌와 관계없이 반응이 나타난다.

활동 2   의식적인 반응 확인하기

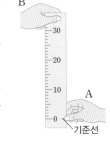

과정
1 두 사람이 한 모둠이 되어 A는 기준선에서 자를 잡을 준비를 한다.
2 B가 예고 없이 자를 떨어뜨리면 A는 떨어지는 자를 보고 재빨리 잡은 다음, 자가 떨어진 거리를 측정한다.
3 A의 눈을 감게 한 후, B가 "땅" 하는 소리와 함께 자를 떨어뜨리면 A는 "땅" 하는 소리를 듣고 재빨리 자를 잡은 다음, 자가 떨어진 거리를 측정한다.
4 [과정 2와 3]을 5회 반복하여 평균을 구한다.

자를 잡는 팔의 위치를 책상 등에 고정하면 실험의 오차를 줄일 수 있다.

결과

구분	1회	2회	3회	4회	5회	평균
눈으로 보고 잡을 때(cm)	16	15	13	11	10	13
귀로 듣고 잡을 때(cm)	25	22	19	18	16	20

정리
1 보고 잡을 때: 빛 자극 → 시각 세포 → 시각 신경 → 대뇌 → 척수 → 운동 신경 → 손의 근육
2 듣고 잡을 때: 소리 자극 → 청각 세포 → 청각 신경 → 대뇌 → 척수 → 운동 신경 → 손의 근육
3 자극이 전달되는 경로에 따라 반응이 일어나기까지 걸리는 시간이 다름을 알 수 있다.

수행평가 섭렵 문제

무조건 반사(무릎 반사)

▶ 무릎 반사는 □□가 반응 중추로 작용한다.

▶ 반응 경로에 대뇌의 판단 과정이 포함되지 않아 자신의 의지와 관계없이 일어나는 반응을 □□□ □□ 라고 한다.

1 다음은 무릎 반사의 특징을 알아보기 위한 실험이다.

[실험 I] 의자에 앉은 사람이 바닥에 발이 닿지 않도록 하고 다리에 힘을 뺀 상태에서 다른 사람이 다리의 무릎뼈 바로 아래를 고무망치로 가볍게 친다.

[실험 II] 의자에 앉은 사람이 한쪽 다리를 다른 쪽 다리 위에 포개고 다리에 힘을 뺀 상태에서 다른 사람이 다리의 무릎뼈 바로 아래를 고무망치로 가볍게 친다.

(1) 다음은 [실험 I]에서 일어나는 자극의 전달 경로를 나타낸 것이다. (   ) 안에 알맞은 말을 쓰시오.

자극 → 감각기 → 감각 신경 → (   ) → 운동 신경 → 반응기 → 반응

(2) 다음은 [실험 II]에서 고무망치로 자극을 주었을 때 나타나는 현상을 설명한 것이다. (   ) 안에 알맞은 말을 고르시오.

㉠ (척수 / 대뇌)의 명령으로 한쪽 다리를 다른 쪽 다리 위에 포개고 고무망치로 자극을 주면 ㉡ (척수 / 대뇌)를 통해 다리 근육에 전달된 자극에 따라 다리가 ㉢ (의식적 / 무의식적)으로 올라간다.

2 **무조건 반사에 해당하면 ○표, 해당하지 <u>않으면</u> ×표를 하시오.**

(1) 잠이 오면서 하품이 나왔다.   (   )
(2) 물을 마시기 위해 컵을 들었다.   (   )
(3) 어두운 곳에서 동공이 커졌다.   (   )
(4) 날씨가 추워서 두꺼운 옷을 입었다.   (   )

의식적인 반응

▶ 신경계를 통해 일어나는 반응에는 반응 경로에 □□가 포함된 의식적인 반응과 □□가 포함되지 않는 무조건 반사가 있다.

3 오른쪽 그림과 같이 한 사람(B)은 신호와 함께 자를 떨어뜨리고 다른 사람(A)은 떨어지는 자를 잡는 실험을 하였다. 눈으로 보고 떨어지는 자를 잡는 반응과 소리를 듣고 떨어지는 자를 잡는 반응이 일어나기까지의 과정에 맞게 (   ) 안에 알맞은 말을 각각 쓰시오.

(1) 눈으로 보고 자를 잡을 때: 빛 자극 → 시각 세포 → (   ) → 대뇌 → 척수 → 운동 신경 → 손의 근육

(2) 소리를 듣고 자를 잡을 때: 소리 자극 → 청각 세포 → (   ) → 대뇌 → 척수 → 운동 신경 → 손의 근육

(3) 다음은 눈으로 보면서 자를 잡는 실험 도중 실험자에게 덧셈 문제를 풀게 하여 얻어진 실험 결과이다. (   ) 안에 알맞은 말을 고르시오.

자가 떨어지는 것을 인지하고 그에 대한 명령을 내리는 동시에 덧셈 문제를 처리하기 때문에 자를 잡는 평균 시간이 (짧아질 / 길어질) 것이다.

내신 기출 문제

1 뉴런의 구조와 종류 **+** **2** 자극의 전달 방향과 경로

중요
01 그림은 자극이 전달되는 과정에 관여하는 뉴런을 나타낸 것이다.

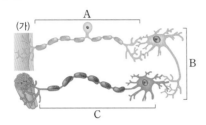

이에 대한 설명으로 옳지 <u>않은</u> 것은?

① A는 감각 뉴런이다.
② (가)는 감각 세포로 이루어져 있다.
③ B는 중추 신경계에 분포한다.
④ C는 운동 뉴런이다.
⑤ 자극이 전달되는 방향은 C → B → A이다.

3 중추 신경계

중요
02 오른쪽 그림은 사람의 뇌 구조를 나타낸 것이다. A~E에 대한 설명으로 옳은 것은?

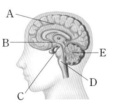

① A는 대뇌로 심장 박동을 조절한다.
② B는 간뇌로 기억, 감정 등 정신 활동을 담당한다.
③ C는 중간뇌로 몸의 상태를 일정하게 유지한다.
④ D는 연수로 안구 운동을 조절한다.
⑤ E는 소뇌로 몸의 균형을 유지한다.

4 말초 신경계

중요
03 오른쪽 그림은 사람의 신경계를 나타낸 것이다. A와 B에 대한 설명으로 옳지 <u>않은</u> 것은?

① A는 뇌와 척수로 구성된다.
② A는 연합 뉴런으로 이루어져 있다.
③ B는 자극을 전달한다.
④ B는 몸 전체에 분포한다.
⑤ A와 B를 구성하는 뉴런의 종류는 같다.

중요
04 표는 자율 신경에 의한 조절 작용을 나타낸 것이다.

구분	심장 박동	호흡 운동	동공	소화 작용	침 분비
신경 A	억제	억제	축소	촉진	촉진

신경 A에 의한 신호 전달 과정에서 나타나는 현상으로 옳은 것은?

① 깜짝 놀라 혈압이 상승했다.
② 식후라 온몸이 나른해지고 식곤증이 생겼다.
③ 식사 직후에 격렬한 운동으로 소화 불량이 됐다.
④ 달리기를 해서 호흡 운동과 심장 박동이 빨라졌다.
⑤ 갑자기 충격을 받아 동공이 커지고 얼굴이 창백해졌다.

5 자극에 대한 반응 경로

05 동공 반사의 신호 전달 경로로 옳은 것은?

① 자극 → 감각기 → 운동 신경 → 연수 → 감각 신경 → 반응기 → 반응
② 자극 → 감각기 → 감각 신경 → 중간뇌 → 운동 신경 → 반응기 → 반응
③ 자극 → 감각기 → 감각 신경 → 연수 → 운동 신경 → 반응기 → 반응
④ 자극 → 반응기 → 감각 신경 → 척수 → 운동 신경 → 감각기 → 반응
⑤ 자극 → 감각기 → 감각 신경 → 척수 → 운동 신경 → 반응기 → 반응

06 다음은 자극에 대한 반응 속도를 알아보기 위한 실험이다.

한 사람이 실험 장치를 통해 파란색 고무공을 떨어뜨리고, 다른 한 사람은 구멍을 통해 공이 떨어지는 것을 보고 플라스틱 컵을 움직여 공을 받는다.

위 실험에서 고무공을 받기까지의 반응 경로로 옳은 것은?

① 눈 → 감각 신경 → 운동 신경 → 손
② 눈 → 감각 신경 → 척수 → 운동 신경 → 손
③ 눈 → 운동 신경 → 척수 → 감각 신경 → 손
④ 눈 → 감각 신경 → 대뇌 → 척수 → 운동 신경 → 손
⑤ 눈 → 운동 신경 → 대뇌 → 척수 → 운동 신경 → 손

01 그림은 무릎 반사 과정에서 자극의 전달 경로를 나타낸 것이다.

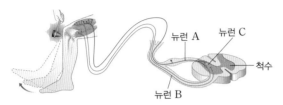

이에 대한 설명으로 옳은 것은?

① 이 반응의 중추는 대뇌이다.

② 뉴런 B는 연합 뉴런에 자극을 전달한다.

③ 뉴런 A가 받아들인 자극은 대뇌로도 전달되어 감각을 느낀다.

④ 자극의 전달 경로는 '자극 → 뉴런 B → 척수 → 뉴런 A → 근육'이다.

⑤ 어두운 곳에서 손으로 더듬어 전원 스위치를 켜는 반응 경로와 동일하다.

02 그림은 감각기에서 수용된 자극이 중추 신경계를 거쳐 반응기에 전달되는 경로를 나타낸 것이다.

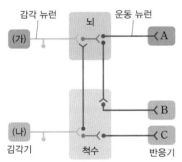

자극의 전달 경로와 이에 대한 예로 옳은 것은?

① (가) → A: 상자 속을 손으로 더듬어 인형을 꺼냈다.

② (가) → B: 쓰레기를 함부로 버리는 학생들을 보고 얼굴을 찌푸렸다.

③ (나) → B: 뾰족한 압정을 밟아 나도 모르게 발을 들었다.

④ (나) → C: 뜨거운 다리미에 손이 닿자마자 나도 모르게 손을 빨리 뗐다.

⑤ (나) → C: 무릎 부위를 고무망치로 때렸더니 아파서 다리를 움직였다.

예제

01 오른쪽 그림과 같이 무릎 뼈 바로 아래를 고무망치로 살짝 쳤을 때 다리가 저절로 들리는 반응(A)과 고무망치가 닿는 느낌이 들었을 때 손을 드는 반응(B) 중 더 빠르게 일어나는 반응을 쓰고, 그 까닭을 반응 경로와 관련지어 서술하시오.

Tip A는 무조건 반사이다.

Key Word 무릎 반사, 척수

[모범 답안] A가 B보다 더 빠르게 일어난다. 대뇌의 판단 과정을 거치는 B와는 달리, A는 무조건 반사인 척수 반사 과정으로 반응 경로가 짧고 단순하기 때문이다.

실전 연습

01 다음은 자극에 대한 반응 속도를 알아보기 위한 실험이다.

(가) 한 사람이 실험 장치를 통해 파란색 고무공을 떨어뜨리고, 다른 한 사람은 구멍을 통해 공이 떨어지는 것을 보고 플라스틱 컵을 움직여 공을 받는다. 10번을 반복하여 성공 횟수를 기록한다.

(나) 한 사람이 파란색 고무공과 빨간색 고무공 중 하나를 떨어뜨리고, 다른 한 사람은 파란색 고무공일 경우에만 받는다. 10번을 반복하여 성공 횟수를 기록한다.

(가)와 (나) 중 어느 반응이 성공 확률이 더 높은지 쓰고, 그 까닭을 서술하시오.

Tip (나)는 (가)에 비해 색깔을 판단하는 반응 경로가 추가되었다.

Key Word 대뇌

_____

_____

3 호르몬과 항상성

❶ 호르몬

1. 호르몬: 몸의 특정한 분비샘✛에서 분비되어 몸의 여러 가지 생리 작용을 조절하는 화학 물질

2. 호르몬의 특성

(1) 내분비샘에서 만들어진다. 예 뇌하수체, 이자, 갑상샘, 부신 피질 등

(2) 혈액을 통해 운반되며 표적 세포✛ 또는 표적 기관에 작용한다.

(3) 적은 양으로 몸의 생리 작용을 조절한다. ➡ 많을 시 과다증, 부족 시 결핍증

(4) 신경계와 함께 체내 항상성 유지에 관여한다.

3. 호르몬의 종류와 기능

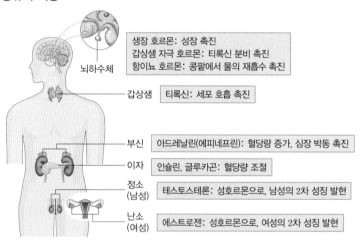

생장 호르몬: 성장 촉진
갑상샘 자극 호르몬: 티록신 분비 촉진
항이뇨 호르몬: 콩팥에서 물의 재흡수 촉진

뇌하수체

갑상샘 │ 티록신: 세포 호흡 촉진

부신 │ 아드레날린(에피네프린): 혈당량 증가, 심장 박동 촉진

이자 │ 인슐린, 글루카곤: 혈당량 조절

정소 (남성) │ 테스토스테론: 성호르몬으로, 남성의 2차 성징 발현

난소 (여성) │ 에스트로젠: 성호르몬으로, 여성의 2차 성징 발현

❷ 호르몬과 신경의 비교

구분	호르몬	신경
전달 매체	혈액	뉴런
작용 시간과 효과	효과가 다소 느리게 나타나며, 그 효과는 오래 지속됨	효과가 매우 빠르게 나타나고, 효과가 일시적으로 나타났다가 곧 사라짐
작용 범위	혈관을 통해 온몸으로 퍼져 나가 모든 표적 세포에 영향을 주므로 신경에 비해 작용 범위가 넓음	신경이 연결된 부위에서만 효과가 나타나므로 호르몬에 비해 작용 범위가 좁음
반응의 종류	성장, 발달 등과 같이 광범위하고 지속적인 반응 조절에 관여함	갑작스런 환경 변화에 대한 즉각적이고 신속한 반응 조절에 관여함

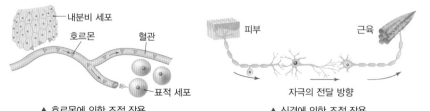

▲ 호르몬에 의한 조절 작용   ▲ 신경에 의한 조절 작용

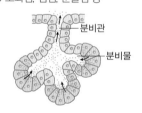

기초 섭렵 문제

❶ 호르몬
▶ 몸의 특정한 분비샘에서 분비되어 몸의 여러 가지 생리 작용을 조절하는 화학 물질을 □□□이라고 한다.

▶ 호르몬은 혈액을 통해 운반되어 □□ □□□나 □□ □□에 작용한다.

▶ 침샘처럼 분비관으로 물질을 분비하는 조직을 □□□□이라고 한다.

❷ 호르몬과 신경계의 비교
▶ 호르몬은 □□을 통해 신호를 전달하고, 신경은 □□을 통해 신호를 전달한다.

▶ 호르몬은 신경계와 함께 □□□ 유지에 관여한다.

01 호르몬에 대한 설명으로 옳은 것은 ○표, 옳지 <u>않은</u> 것은 ×표를 하시오.

(1) 분비샘에서 만들어져 분비관으로 분비된다. ( )
(2) 신경과 함께 체내의 항상성 유지에 관여한다. ( )
(3) 분비량이 적당하지 않으면 과다증이나 결핍증이 나타난다. ( )
(4) 보통 신경에 의한 반응보다 느리지만 지속적인 효과를 나타낸다. ( )
(5) 분비 세포와 신경으로 연결된 표적 세포 또는 표적 기관에만 작용한다.
( )

[02~03] 오른쪽 그림은 우리 몸에 있는 내분비샘을 나타낸 것이다. A~E
는 각각 부신, 정소, 이자, 갑상샘, 뇌하수체 중 하나이다.

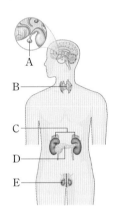

02 다음 설명에 해당하는 내분비샘의 기호를 각각 쓰시오.

(1) 생장 호르몬을 분비한다. ( )
(2) 남성의 신체적인 특징이 나타나게 하는 호르몬이 분비된다. ( )
(3) 콩팥에서 물의 재흡수를 조절하는 호르몬을 분비한다.
( )
(4) 심장 박동을 촉진하고 혈당량을 증가시키는 호르몬을 분비한다. ( )

03 다음은 어떤 호르몬의 특성을 설명한 것이다.

> • 혈당량을 낮춘다.
> • 부족할 경우 당뇨병에 걸릴 수 있다.

이 호르몬을 분비하는 내분비샘의 기호를 쓰시오.

04 그림 (가)와 (나)는 신경과 호르몬에 의한 조절 작용을 순서없이 나타낸 것이다.

(가)   (나)

이에 대한 설명으로 옳은 것은 ○표, 옳지 <u>않은</u> 것은 ×표를 하시오.

(1) 물질 A 분비 세포는 외분비 세포이다. ( )
(2) 작용 범위는 (가)가 (나)보다 넓다. ( )
(3) 반응 속도는 (가)가 (나)보다 빠르다. ( )
(4) (나)는 신경에 의한 조절 작용이다. ( )

3 호르몬과 항상성

❸ 항상성

1. 항상성: 체내외의 환경이 변하더라도 몸의 상태를 일정하게 유지하려는 성질
2. 항상성 유지: 항상성은 호르몬과 신경에 의해 유지되며, 항상성 조절 중추는 간뇌이다.

❹ 항상성 조절의 예

1. 혈당량⁺ 조절(길항 작용⁺)

(1) 혈당량이 낮을 때

이자	간	혈액
글루카곤 분비	글리코젠⁺이 포도당으로 분해되는 것을 촉진	혈당량 증가

(2) 혈당량이 높을 때

이자	간	혈액
인슐린 분비	포도당이 글리코젠으로 합성되는 것을 촉진, 조직 세포의 포도당 흡수 촉진	혈당량 감소

2. 체온 조절: 체온 조절 중추는 간뇌로, 열 방출량과 열 발생량을 변화시켜 조절한다.

(1) 체온이 낮을 때

열 발생량 증가	열 방출량 감소	효과
근육 떨림, 티록신 분비량 증가	피부 근처 혈관 수축	체온 상승

(2) 체온이 높을 때

열 발생량 감소	열 방출량 증가	효과
티록신 분비량 감소	땀 분비 증가, 피부 근처 혈관 확장	체온 하강

3. 체내 수분량 조절: 체내 수분량은 항이뇨 호르몬 분비량의 변화를 통해 조절된다. 항이뇨 호르몬은 콩팥에 작용하여 물의 재흡수를 촉진하고, 그 결과 몸 밖으로 빠져 나가는 오줌량이 감소한다.

(1) 체내 수분량이 부족할 때: 땀 분비가 증가한 경우에는 체내 수분량이 부족하게 되고, 이를 간뇌에서 인식하여 뇌하수체에서 항이뇨 호르몬 분비를 증가시킨다. 그 결과 항이뇨 호르몬이 콩팥에 작용하여 물을 재흡수함으로써 오줌량이 감소한다.

(2) 체내 수분량이 과다할 때: 물을 많이 마시는 등 물 섭취량이 증가하면 체내 수분량이 증가한다. 체내 수분량이 증가할 경우 간뇌에서 항이뇨 호르몬 분비를 억제한다. 그 결과 콩팥에서 재흡수되는 물의 양이 감소하고 오줌량이 증가한다.

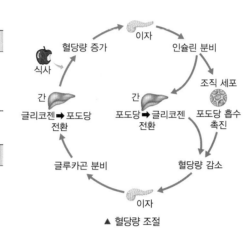

▲ 혈당량 조절

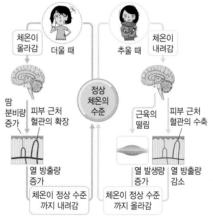

▲ 체온 조절

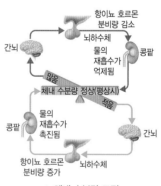

▲ 체내 수분량 조절

✚ 혈당량
혈액 속에 포함되어 있는 포도당의 양으로, 정상적인 경우 0.1 %(혈액 100 mL당 100 mg) 정도이다.

✚ 길항 작용
상반되는 2가지 요인의 상호 작용에 의해 항상성이 유지되는 현상이다.

✚ 글리코젠
동물의 간이나 근육에 저장되어 있는 탄수화물이다.

기초 섭렵 문제

❸ 항상성
▶ 체내외의 환경이 변하더라도 몸의 상태를 일정하게 유지하는 것을 □□□이라고 한다.

❹ 항상성 조절의 예
▶ 혈액 중 포도당의 농도가 높을 때는 이자에서 □□□이 분비된다.

▶ 글루카곤은 □에서 □□□□을 포도당으로 전환하는 것을 촉진함으로써 혈당량을 높인다.

▶ 체온 변화를 감지하여 열 발생량과 몸 표면을 통한 열 방출량을 조절하는 부위는 □□이다.

05 다음은 체온 조절 과정에서 나타나는 현상이다.

> • 세포 호흡이 촉진된다.
> • 피부에 소름이 돋고, 피부의 털이 곤두선다.

이에 대한 설명으로 옳은 것만을 〈보기〉에서 있는 대로 고른 것은?

> ┤ 보기 ├
> ㄱ. 조절 중추는 간뇌이다.
> ㄴ. 피부 근처 혈관이 확장된다.
> ㄷ. 체온이 높아졌을 때 나타나는 현상이다.

① ㄱ
② ㄴ
③ ㄷ
④ ㄱ, ㄷ
⑤ ㄱ, ㄴ, ㄷ

[06~07] 오른쪽 그림은 혈당량이 조절되는 과정을 나타낸 것이다.

06 호르몬 A와 B의 이름을 각각 쓰시오.

07 호르몬 A와 B에 대한 설명으로 옳은 것은 ○표, 옳지 않은 것은 ×표를 하시오.

(1) 호르몬 A는 간에서 글리코젠의 분해를 촉진한다. (　　　)
(2) 호르몬 B는 세포에서 포도당의 흡수를 촉진한다. (　　　)
(3) 호르몬 A와 B는 서로 반대 작용을 한다. (　　　)

08 인슐린의 작용에 대한 설명으로 옳은 것은 ○표, 옳지 않은 것은 ×표를 하시오.

(1) 글리코젠을 포도당으로 직접 분해한다. (　　　)
(2) 포도당이 글리코젠으로 합성되는 과정을 촉진한다. (　　　)
(3) 식사 후 소장의 융털에서 포도당이 흡수되는 과정을 촉진한다. (　　　)

09 오른쪽 그림은 운동을 한 후 시간 경과에 따른 체온 변화를 나타낸 것이다. (가) 단계에서 일어나는 현상으로 옳은 것은 ○표, 옳지 않은 것은 ×표를 하시오.

(1) 땀이 난다. (　　　)
(2) 얼굴이 붉어진다. (　　　)
(3) 티록신 분비량이 증가한다. (　　　)
(4) 피부 근처 혈관이 확장된다. (　　　)
(5) 근육의 떨림에 의한 열이 생성된다. (　　　)

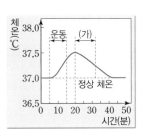

필수 탐구

호르몬 관련 질병 조사하기

목표

호르몬의 기능과 조절 작용을 알고 이와 관련된 질병을 조사하여 발표할 수 있다.

너무 전문적인 내용을 다루기보다는 호르몬의 기본적인 작용 원리와 증상 위주로 조사할 수 있도록 한다. 호르몬과 관련된 질병 조사에서 가족 관계, 가족력 등의 개인 정보가 드러나지 않도록 주의한다.

과정

1 모둠별로 다음에 제시된 호르몬 중 한 가지를 선택한다.

> 생장 호르몬, 성호르몬, 인슐린, 티록신

2 역할 분담이나 조사 방법 등을 토의한 후 오른쪽의 내용이 포함된 조사 보고서를 작성한다.

- 질병 이름
- 증상
- 관련된 호르몬의 이름과 특징
- 호르몬과 관련된 발병 원인

결과

질병 이름	증상	관련된 호르몬의 이름과 특징	호르몬과 관련된 발병 원인
거인증	키가 매우 큼	생장 호르몬: 뼈와 근육의 성장을 촉진	성장기에 생장 호르몬의 과다 분비로 성장이 지속됨
말단비대증	손, 발, 코 등 몸의 말단 부분이 커지거나 굵어짐		성장이 끝난 후 생장 호르몬이 과다 분비됨
소인증	키가 정상인에 비해 매우 작음		생장 호르몬의 결핍으로 잘 성장하지 못함
성조숙증	2차 성징 시기가 앞당겨져 몸의 발육과 초경이 빨리 옴	성호르몬: 2차 성징 발현	성호르몬이 조기에 분비됨
당뇨병	체중이 감소하고, 잦은 피로감과 심한 갈증을 느끼며, 오줌에 당이 섞여 나옴	인슐린: 혈당량을 낮춤	인슐린의 결핍으로 혈당량이 높게 유지됨
갑상샘 기능 항진증	맥박이 빨라지고 눈이 돌출됨, 체중이 감소함	티록신: 세포 호흡을 촉진	티록신이 과다 분비됨
갑상샘 기능 저하증	쉽게 피로를 느끼고 행동이나 말이 느려짐, 체중이 증가하고 추위를 잘 탐		티록신이 결핍됨
갑상샘종	갑상샘 자극 호르몬의 과다 분비로 갑상샘이 비정상적으로 커짐		티록신의 성분인 아이오딘이 결핍됨

혈당량 조절 과정

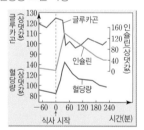

식사 후 혈당량이 빠르게 상승 → 인슐린 분비 증가, 글루카곤 분비 감소 → 혈당량 감소 → 인슐린 분비 감소, 글루카곤 분비 증가 → 혈당량 유지

정리

1 호르몬은 뇌하수체, 갑상샘, 이자, 난소, 정소 등 여러 내분비샘에서 분비되어 우리 몸의 기능을 유지하는 데 중요한 역할을 한다.

2 호르몬이 너무 적게 분비되거나 너무 많이 분비되면 몸의 기능에 이상이 생겨 여러 가지 질병에 걸릴 수 있기 때문에 호르몬의 분비가 제대로 이루어져야 한다.

> **당뇨병 환자의 증상에는 어떤 것이 있나요?**
> 오줌의 양이 많아져 오줌을 자주 누며, 이로 인해 체내 수분이 부족해져 심한 갈증을 느끼고 물을 많이 마신다. 또 에너지원인 포도당이 빠져나가 음식을 많이 먹어도 체중이 줄어든다. 정상인의 경우 여과된 포도당이 모두 재흡수되어 포도당이 오줌으로 배출되지 않지만, 혈당량이 높게 유지되는 당뇨병 환자는 여과된 포도당이 모두 재흡수되지 못하고 일부가 오줌으로 빠져나간다.

수행평가 섭렵 문제

호르몬 관련 질병 조사하기

▶ 내분비샘에서 만들어져 특정 세포나 기관으로 신호를 전달하여 몸의 기능을 조절하는 물질을 □□□이라고 한다.

▶ 체내외의 환경이 변하더라도 적절하게 반응하여 몸의 상태를 일정하게 유지하려는 성질을 □□□이라고 한다.

▶ 특정 호르몬이 과다하게 분비되면 □□□이 나타나고, 적게 분비되면 □□□이 나타난다. 예를 들면, 생장 호르몬이 성장기에 과다하게 분비되면 □□□이 나타나고, 적게 분비되면 □□□이 나타난다.

1 그림은 정상인과 이자에 이상이 생긴 당뇨병 환자의 식사 후 혈당량과 혈액의 인슐린 농도 변화를 나타낸 것이다.

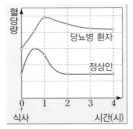 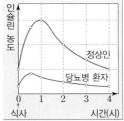

(1) 다음은 식사 후 혈당량이 증가하는 까닭을 설명한 것이다. (   ) 안에 알맞은 말을 각각 쓰시오.

> 식사 후에는 탄수화물이 (㉠)으로 소화된 후 (㉡)의 융털에서 흡수되어 혈액을 통해 이동하기 때문에 혈당량이 증가한다.

(2) 다음은 정상인의 혈당량 증가와 인슐린 농도 변화에 대한 설명이다. (   ) 안에 알맞은 말을 고르시오.

> 정상인은 혈당량이 증가하면 인슐린의 농도도 ㉠ (증가 / 감소)하고, 그 결과 혈당량이 정상 수준까지 ㉡ (높아진다 / 낮아진다).

(3) 다음은 인슐린이 혈당량 변화에 어떤 영향을 주는지 설명한 것이다. (   ) 안에 알맞은 말을 각각 쓰시오.

> 인슐린은 간에서 (㉠)이 (㉡)으로 합성되는 과정과 혈액 속의 (㉠)이 조직 세포로 흡수되는 것을 촉진하여 혈당량을 정상 수준까지 낮아지게 한다.

2 다음은 호르몬의 분비 이상에 대한 설명이다. (   ) 안에 알맞은 말을 각각 쓰시오.

> (㉠)은 체중이 감소하고 쉽게 피로를 느끼며, 심한 갈증이나 오줌에 당이 섞여 나온다. 그 까닭은 (㉡)의 결핍으로 혈당량이 높게 유지되기 때문이다.

내신 기출 문제

❶ 호르몬

중요
01 오른쪽 그림은 사람의 내분비샘을 나타낸 것이다. 이에 대한 설명으로 옳은 것은?

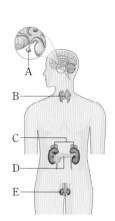

① A는 콩팥에서 물의 재흡수를 촉진하는 호르몬을 분비한다.
② B는 뇌하수체이다.
③ C는 티록신을 분비한다.
④ D는 혈당량을 높이는 아드레날린을 분비한다.
⑤ E는 생장 호르몬을 분비한다.

02 그림은 우리 몸에서 볼 수 있는 두 종류의 분비샘을 나타낸 것이다.

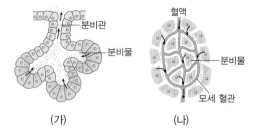

이에 대한 설명으로 옳지 않은 것은?

① (가)는 외분비샘이다.
② (가)의 예로 땀샘이 있다.
③ (가)에서 분비되는 분비물의 예로 인슐린이 있다.
④ (나)는 분비물을 혈관으로 분비한다.
⑤ (나)에서 분비되는 분비물은 항상성 유지에 관여한다.

❷ 호르몬과 신경의 비교

중요
03 호르몬과 신경에 대한 설명으로 옳은 것은?

① 호르몬은 표적 세포나 표적 기관에 작용한다.
② 호르몬은 신경보다 좁은 범위에 작용한다.
③ 신경은 매우 긴 시간 동안 효과를 나타낸다.
④ 신경은 호르몬보다 자극의 전달 속도가 느리다.
⑤ 신경은 혈액을 통해 신호를 다른 세포로 전달한다.

❸ 항상성   ❹ 항상성 조절의 예

중요
04 그림은 저체온 상태가 되었을 때 일어나는 조절 과정을 나타낸 것이다.

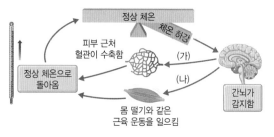

이에 대한 설명으로 옳은 것만을 〈보기〉에서 있는 대로 고른 것은?

| 보기 |
ㄱ. 체온 조절 중추는 중간뇌이다.
ㄴ. (가)는 얼굴을 창백하게 만든다.
ㄷ. (나)는 열 방출량을 증가시킨다.

① ㄱ   ② ㄴ   ③ ㄷ
④ ㄱ, ㄴ   ⑤ ㄱ, ㄴ, ㄷ

05 혈당량 조절을 통한 항상성 유지에 대한 설명으로 옳은 것은?

① 인슐린과 글루카곤은 서로 반대 작용을 한다.
② 혈당량이 증가하면 글루카곤의 분비가 촉진된다.
③ 인슐린과 글루카곤은 간에서 분비되어 혈당량을 조절한다.
④ 혈당량이 낮을 때 인슐린이 작용하여 체세포에서 포도당을 흡수하도록 촉진한다.
⑤ 간세포에서 글리코젠이 포도당으로 분해되는 과정은 인슐린에 의해 일어난다.

06 체온 조절 과정에 대한 설명으로 옳은 것만을 〈보기〉에서 있는 대로 고른 것은?

| 보기 |
ㄱ. 더울 때는 땀 분비량이 늘어나 열 방출량이 증가한다.
ㄴ. 추울 때는 근육 떨림이 억제된다.
ㄷ. 추울 때는 피부 근처 혈관이 확장되어 피부로 공급되는 혈액량이 증가한다.

① ㄱ   ② ㄷ   ③ ㄱ, ㄴ
④ ㄴ, ㄷ   ⑤ ㄱ, ㄴ, ㄷ

01 오른쪽 그림은 사람의 내분비샘을 나타낸 것이다. 내분비샘에서 분비되는 호르몬에 대한 설명으로 옳지 <u>않은</u> 것은?

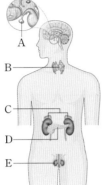

① A에서 분비되는 호르몬은 B에서 호르몬 분비를 촉진한다.

② B에서 분비되는 호르몬은 세포 호흡을 촉진한다.

③ 위험 상황에서는 C에서 분비되는 호르몬의 양이 감소한다.

④ D에서 분비되는 호르몬은 간에서 혈당량을 조절한다.

⑤ E에서는 남성의 2차 성징을 발현시키는 호르몬이 분비된다.

02 그림은 체내 수분량 조절 과정을 나타낸 것이다.

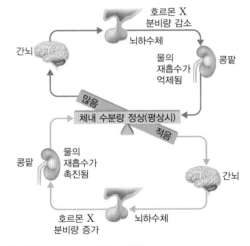

이에 대한 설명으로 옳은 것은?

① 체내 수분량 조절 중추는 뇌하수체이다.

② 호르몬 X는 콩팥에서 물의 재흡수를 촉진한다.

③ 운동을 하여 땀을 흘린 후에는 뇌하수체에서 호르몬 X의 분비량이 감소한다.

④ 체액의 농도가 낮을 때 호르몬 X의 분비량이 증가한다.

⑤ 호르몬 X의 분비가 촉진되면 오줌 생성량이 증가한다.

예제

01 그림은 정상인과 이자에 이상이 생긴 당뇨병 환자의 식사 후 혈당량과 혈액 속의 호르몬 X의 농도 변화를 나타낸 것이다.

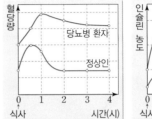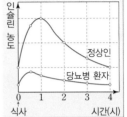

호르몬 X의 기능을 서술하시오.

Tip 호르몬 X는 혈당량을 낮추는 기능을 한다.
Key Word 당뇨병, 인슐린

[설명] 식사 후 당뇨병 환자의 경우 정상인에 비해 호르몬 X의 농도가 낮고 혈당량은 높게 유지되고 있는 것으로 보아 호르몬 X는 혈당량을 낮추는 기능을 하는 것을 알 수 있다.
[모범 답안] 정상인의 경우 혈당량이 증가함에 따라 혈액 중 호르몬 X의 농도가 급격하게 증가하고 그에 따라 혈당량이 감소하는 것을 볼 수 있다. 따라서 호르몬 X는 혈당량 조절을 위해 분비되는 호르몬으로 혈당량을 낮추는 기능을 한다는 것을 알 수 있다.

실전 연습

01 오른쪽 그림은 탄수화물이 많이 들어 있는 음식으로 식사를 한 후 일어나는 혈액 중 포도당, 호르몬 X, 호르몬 Y의 농도 변화를 나타낸 것이다. 혈당량의 변화로 인한 호르몬의 농도 변화와 관련지어 호르몬 X, Y의 기능을 서술하시오. 호르몬 X, Y는 이자에서 분비된다.

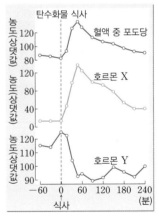

Tip 호르몬 X는 혈당량을 낮추는 기능을 한다.
Key Word 혈당량, 인슐린, 글루카곤

대단원 마무리

1 감각 기관

01 그림은 사람 눈의 구조를 나타낸 것이다. A~E는 각각 각막, 망막, 수정체, 시각 신경, 맹점 중 하나이다.

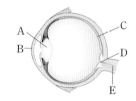

이에 대한 설명으로 옳은 것은?

① A는 동공의 크기를 조절한다.
② B는 망막에 도달하는 빛의 양을 조절한다.
③ C는 물체의 상이 맺히는 부분이다.
④ D에는 시각 세포가 존재한다.
⑤ E는 빛 자극을 받아들인다.

02 그림은 밝기에 따른 눈의 조절 과정을 나타낸 것이다.

(가)　　　　　(나)

동공의 크기가 (가)에서 (나)로 변화된 예로 옳은 것은?

① 먼 곳을 보다가 가까운 곳을 보았다.
② 흔들리는 자동차 속에서 책을 보았다.
③ 어두운 지하실에 있다가 밝은 곳으로 나왔다.
④ 책상에서 책을 읽다가 창밖의 먼 산을 보았다.
⑤ 밝은 전등 아래에서 책을 보다가 밤하늘의 별을 바라보았다.

03 다음은 빛에 의한 자극의 전달 경로를 나타낸 것이다.

빛 → 각막 → 동공 → (㉠) → 유리체 → (㉡) → 시각 신경 → (㉢)

㉠~㉢에 알맞은 말을 옳게 짝 지은 것은?

	㉠	㉡	㉢
①	홍채	수정체	대뇌
②	홍채	망막	대뇌
③	수정체	망막	대뇌
④	수정체	망막	소뇌
⑤	망막	수정체	간뇌

04 그림은 눈에 이상이 있는 사람의 눈에서 상이 맺히는 경우를 나타낸 것이다.

 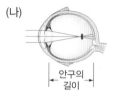
(가)　　　　　(나)
안구의 길이

이에 대한 설명으로 옳은 것만을 〈보기〉에서 있는 대로 고른 것은?

보기
ㄱ. (가)는 가까운 곳보다 먼 곳의 물체를 잘 볼 수 있다.
ㄴ. (가)는 정상보다 안구의 길이가 길 때 나타날 수 있다.
ㄷ. (나)는 볼록 렌즈로 교정할 수 있다.

① ㄱ　　② ㄴ　　③ ㄷ
④ ㄱ, ㄷ　　⑤ ㄱ, ㄴ, ㄷ

05 피부에 분포하는 감각점에 대한 설명으로 옳은 것은?

① 통점은 물리적 자극을 감지한다.
② 촉점보다 압점이 피부 근처에 분포한다.
③ 감각점에는 촉점, 온점, 압점 3가지가 있다.
④ 온점은 피부 온도가 40 ℃ 이상일 때 작용한다.
⑤ 차가움은 뇌로 전달되는 자극 정보가 없을 때 느낀다.

06 그림은 사람 귀의 구조를 나타낸 것이다. A~E는 각각 고막, 귓속뼈, 반고리관, 달팽이관, 전정 기관 중 하나이다.

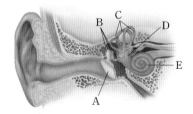

A~E에 대한 설명으로 옳은 것은?

① A에는 청각 세포가 분포한다.
② B는 소리에 의해 진동한다.
③ C는 귓속뼈로, 3개의 뼈로 되어 있다.
④ D는 전정 기관으로, 진동을 증폭시킨다.
⑤ E는 받아들인 자극을 청각 신경을 통해 대뇌로 전달한다.

07 그림은 우리 몸에서 볼 수 있는 감각 기관의 구조를 나타낸 것이다.

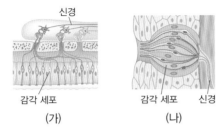

(가)   (나)

이에 대한 설명으로 옳은 것은?

① (가)는 기체 상태의 화학 물질을 감지한다.
② (나)에는 맛과 냄새를 느끼는 감각 세포가 함께 분포한다.
③ (나)는 (가)보다 같은 자극에 대해 쉽게 피로를 느낀다.
④ (가)의 감각 세포들은 무리를 이루어 맛봉오리라는 구조를 만든다.
⑤ (나)에는 매운맛을 특이적으로 감지하는 감각 세포가 분포한다.

② 뉴런과 신경계

08 그림은 사람의 신경계를 나타낸 것이다. A~C는 각각 감각 뉴런, 운동 뉴런, 연합 뉴런 중 하나이다.

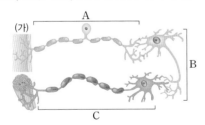

이에 대한 설명으로 옳은 것은?

① A는 운동 뉴런이다.
② (가)는 내분비 세포이다.
③ B는 시각 세포로부터 직접 신호를 받는다.
④ C는 근육 세포에 신호를 전달한다.
⑤ 자극의 전달 방향은 C → B → A이다.

09 그림은 사람 뇌의 구조를 나타낸 것이다. A~E는 각각 간뇌, 대뇌, 소뇌, 연수, 중간뇌 중 하나이다.

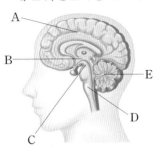

A~E에 대한 설명으로 옳은 것은?

① A는 자율 신경의 중추이다.
② B는 항상성 조절을 담당한다.
③ C는 전정 기관과 반고리관에서 오는 감각 정보를 받아 몸의 균형을 유지한다.
④ D에는 시각 정보를 담당하는 신경이 존재해 동공의 크기와 안구 운동을 조절한다.
⑤ E의 기능이 마비되면 하품, 구토, 재채기의 반사 운동이 일어나지 않는다.

10 그림은 감각기에서부터 반응기까지의 자극 전달 과정을 나타낸 것이다.

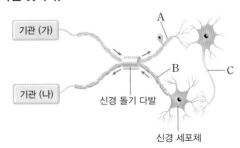

이에 대한 설명으로 옳지 않은 것은?

① (가)에는 감각 세포들이 분포한다.
② A는 (가)의 자극을 C로 전달한다.
③ 척수에 C가 분포한다.
④ (나)의 세포들은 B로부터 자극을 받는다.
⑤ (나)의 예에는 맛봉오리가 있다.

11 오른쪽 그림과 같이 의자에 앉아서 다리에 힘을 뺀 후 무릎뼈 바로 아래를 고무망치로 가볍게 치면 자신도 모르게 다리가 위로 올라간다. 이에 대한 설명으로 옳은 것은?

① 이 반응의 중추는 연수이다.
② 선천적인 반사로, 의식적인 반응에 비해 빠르게 일어난다.
③ 무릎 반사가 일어나는 것은 대뇌에서 인지하지 못한다.
④ 물을 마시기 위해 컵을 드는 것과 같은 무조건 반사이다.
⑤ 친구가 뒤에서 부르는 소리를 듣고 뒤돌아보는 반응과 조절 중추가 같다.

3 호르몬과 항상성

12 호르몬에 대한 설명으로 옳지 <u>않은</u> 것은?

① 혈액을 통해 표적 기관에 도달한다.
② 적은 양으로 생리 작용을 조절한다.
③ 호르몬의 농도가 높을수록 건강한 신체를 유지할 수 있다.
④ 뇌하수체, 이자 등 내분비샘에서 분비된다.
⑤ 신경계의 조절 작용에 비해 효과가 느리게 나타난다.

13 다음은 어떤 호르몬에 대한 설명이다.

> • 뇌하수체에서 분비되는 호르몬이다.
> • 성장기에 이 호르몬이 정상보다 과다하게 분비되면 성인이 되었을 때 키가 지나치게 크기도 한다.

이 호르몬의 기능으로 가장 적절한 것은?

① 혈압을 높인다.
② 체내 수분량을 조절한다.
③ 뼈와 근육을 자라게 한다.
④ 심장 박동 수를 증가시킨다.
⑤ 체온을 일정하게 유지한다.

14 그림은 사람의 내분비샘을 나타낸 것이다. A~E는 각각 부신, 이자, 정소, 뇌하수체, 갑상샘 중 하나이다.

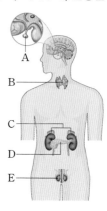

서로 기능이 반대되는 두 가지 호르몬을 분비하는 곳은?

① A   ② B   ③ C
④ D   ⑤ E

15 그림은 탄수화물이 많이 들어 있는 음식으로 식사를 한 후에 일어나는 혈당량 조절 과정을 나타낸 것이다. 호르몬 X와 Y는 각각 글루카곤과 인슐린 중 하나이다.

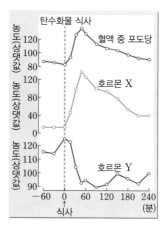

이에 대한 설명으로 옳은 것은?

① X는 혈당량을 높이는 역할을 한다.
② Y는 혈당량을 낮추는 역할을 한다.
③ X와 Y의 표적 기관은 이자이다.
④ X의 작용으로 포도당이 글리코젠으로 전환된다.
⑤ Y의 작용으로 조직 세포에서 포도당의 분해가 촉진된다.

대단원 서논술형 문제

01 오른쪽 그림은 은지가 어떤 물체를 바라보는 동안 일어나는 수정체의 두께 변화를 나타낸 것이다. 이 물체가 은지를 향해 다가오는 구간의 기호를 쓰고, 그렇게 생각한 까닭을 서술하시오.

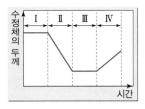

Tip 물체와의 거리에 따라 수정체의 두께가 달라진다.
Key Word 수정체, 두께

02 다음은 시각의 특성을 알아보기 위한 자료이다.

[자료 1]
한쪽 눈을 가리고 다른 쪽 눈으로 토끼를 쳐다보면서 책의 거리를 점점 가까이했더니 특정 위치의 숫자가 보이지 않았다.

 1 2 3 4 5 6 7 8 9 10

[자료 2]
망막에서 빛을 받아들이는 시각 세포의 분포를 조사하였더니 오른쪽 그림과 같이 A 지점을 중심으로 두 종류의 시각 세포가 분포되어 있었다.

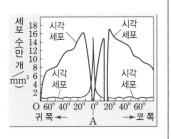

[자료 1]에서 특정 위치에 있는 숫자만 보이지 않게 되는 까닭을 [자료 2]를 근거로 서술하시오.

Tip 시각 세포는 눈의 안쪽에 있는 망막에 위치한다.
Key Word 맹점, 시각 세포

03 그림은 어떤 환자의 사고에 의해 손상된 뇌 부위를 나타낸 것이다.

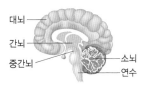

위 그림을 통해 이 환자에게 예상되는 상태를 두 가지 서술하시오.

Tip 대뇌는 의식 작용을 담당한다.
Key Word 대뇌, 간뇌, 중간뇌, 연수

04 그림은 혈당량에 따른 혈중 인슐린 농도 변화를 나타낸 것이다. (가)와 (나)는 정상인과 당뇨병 환자에서의 변화를 순서 없이 나타낸 것이다.

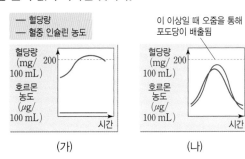

(가)와 (나) 중 당뇨병 환자일 것으로 예상되는 그래프의 기호를 쓰고, 그렇게 생각한 까닭을 서술하시오.

Tip 당뇨병 환자의 경우 혈당량이 높아 오줌으로 배출된다.
Key Word 혈당량, 혈중 인슐린 농도, 오줌

V

생식과 유전

1 세포 분열

1 세포 분열

1. 세포 분열: 하나의 세포가 어느 정도 커진 다음, 2개의 세포로 나누어지는 것

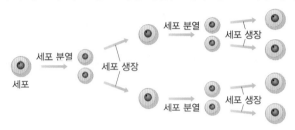

▲ 세포 분열

2. 세포 분열이 필요한 까닭: 세포의 표면에서는 물질 교환이 일어나는데, 세포의 크기가 커지면 부피가 증가한 만큼 표면적이 증가하지 않아 물질 교환에 불리하다. ➡ 세포가 효율적인 물질 교환을 하기 위해서 세포 분열을 한다.

2 염색체

1. 염색체: 분열 중인 세포에서 관찰되는 막대나 끈 모양의 구조물

(1) 염색체는 세포가 분열하지 않을 때는 핵 안에 실처럼 풀어져 존재하다가 분열 시 응축⁺된다.

(2) 염색체는 유전 물질(DNA)과 단백질로 구성되어 있다.

(3) 세포가 분열을 시작할 때 나타나는 염색체는 두 가닥의 염색 분체로 되어 있다. 염색 분체는 분열 전 DNA가 복제되어 형성된 것이므로 두 염색 분체는 동일한 유전 정보를 갖는다.

(4) 같은 종의 생물에서 체세포⁺ 1개당 염색체 수는 동일하며, 생식세포는 염색체 수가 체세포의 절반이다.

▲ 염색체, DNA, 유전자⁺의 관계

2. 상동 염색체: 체세포에 있는 모양과 크기가 같은 한 쌍의 염색체로, 부모로부터 하나씩 물려받은 것이다.

3. 사람의 염색체: 체세포에 46개(23쌍)의 염색체가 들어 있다.

(1) 상염색체: 남녀의 체세포에 공통으로 들어 있는 22쌍의 염색체

(2) 성염색체: 성별을 결정하는 1쌍의 염색체로, 남성의 성염색체는 XY, 여성의 성염색체는 XX이다.

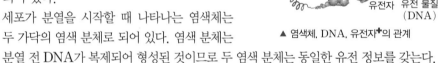

상동 염색체

염색 분체 ─── 염색 분체

어머니로부터 온 염색체 / 아버지로부터 온 염색체

▲ 상동 염색체

남성의 염색체 / 상동 염색체

성염색체

44(상염색체) + XY(성염색체)

여성의 염색체 / 상동 염색체

성염색체

44(상염색체) + XX(성염색체)

✚ 생물의 몸집이 차이 나는 까닭
몸집이 큰 생물일수록 몸집이 작은 생물에 비해 세포의 수가 많다.

✚ 세포 분열 시 염색체가 응축되는 까닭
세포 분열 시 유전 물질이 각각의 딸세포로 정확히 둘로 나뉘어 들어가려면 짧고 굵게 응축되는 것이 유리하다.

✚ DNA와 유전자
· DNA: 염색체를 구성하는 유전 물질로 생물의 특징을 결정하는 여러 유전 정보를 저장하고 있다.
· 유전자: 생물의 특정 형질에 대한 유전 정보를 담고 있는 DNA의 특정 부위이다.

✚ 세포의 종류
· 체세포: 생물의 몸을 구성하는 세포 ⓔ 혈구, 신경 세포, 근육 세포 등
· 생식세포: 생물이 자손을 만들기 위해 형성하는 세포로, 자손에게 유전 물질을 전달한다. ⓔ 정자, 난자

✚ 여러 가지 생물의 염색체 수(개)

완두	14	벼	24
수박	22	보리	14
감자	48	옥수수	20
개	78	침팬지	48
토끼	44	사람	46

생물의 종류에 따라 세포에 들어 있는 염색체의 수와 모양은 다르지만, 한 종류의 생물을 구성하는 모든 체세포에는 같은 수와 모양의 염색체가 들어 있다.

기초 섭렵 문제

01 다음 (　　) 안에 알맞은 말을 쓰시오.

> 사람과 같은 다세포 생물은 성장하면서 몸집이 점점 커진다. 이것은 몸을 이루는 세포의 크기가 계속 커져서가 아니라 세포 수가 늘어난 결과이다. 세포 수가 늘어나는 것은 몸을 구성하는 기존의 세포가 나누어져 새로운 세포가 만들어지기 때문인데, 이를 (　　　　)이라고 한다.

02 염색체에 대한 설명으로 옳은 것은 ○표, 옳지 <u>않은</u> 것은 ×표를 하시오.

(1) 세포가 분열하지 않을 때는 염색체가 응축되어 있다. (　　　)
(2) 염색체는 DNA와 단백질로 구성되어 있다. (　　　)
(3) 같은 종의 생물에서 체세포 1개당 염색체 수는 동일하다. (　　　)
(4) 하나의 염색체를 이루는 두 가닥의 염색 분체는 유전 정보가 같다. (　　　)

03 그림은 염색체의 구조를 나타낸 것이다. A~C의 이름을 각각 쓰시오.

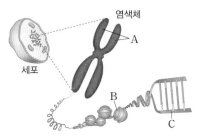

04 사람의 염색체에 대한 설명으로 옳은 것은 ○표, 옳지 <u>않은</u> 것은 ×표를 하시오.

(1) 하나의 염색체를 이루는 두 가닥의 염색 분체는 부모로부터 하나씩 물려받은 것이다. (　　　)
(2) 성염색체 중 X 염색체의 크기가 Y 염색체에 비해 크다. (　　　)
(3) 여성의 상동 염색체는 23쌍이다. (　　　)
(4) 상동 염색체의 유전 정보는 모두 동일하다. (　　　)

05 남성의 체세포에 있는 상염색체의 개수와 성염색체의 구성을 다음 형식에 맞게 쓰시오.

> 어떤 생물의 체세포가 상염색체 8개, 성염색체 XX를 갖는 경우 8+XX로 표기한다.

❸ 체세포 분열

1. 체세포 분열: 체세포 한 개가 두 개로 나누어지는 것

2. 체세포 분열 과정: 핵분열이 일어난 후 세포질 분열이 일어난다.

(1) 핵분열: 염색체의 모양과 행동에 따라 4단계(전기 → 중기 → 후기 → 말기)로 구분한다.

분열이 일어나기 전 (간기)		• 핵 속에 염색체가 실처럼 풀어진 상태로 존재하며, 핵막이 뚜렷하다. • 유전 물질(DNA)이 복제되어 그 양이 2배로 늘어난다.
전기		• 핵막이 사라진다. • 두 가닥의 염색 분체로 이루어진 염색체와 방추사**+**가 나타난다.
중기		염색체가 세포 중앙에 배열한다.
후기		두 가닥의 염색 분체가 분리되어 세포의 양끝으로 이동한다.
말기		• 핵막이 나타나고 염색체가 풀어진다. • 세포질 분열이 일어난다.
딸세포 형성		모세포와 유전 정보가 동일한 2개의 딸세포가 생성된다.

(간기 그림에 "핵막" 표시, 중기 그림에 "방추사" 표시)

(2) 세포질 분열: 핵분열 말기에 세포질이 나누어져 2개의 딸세포를 형성한다.
 ① 동물 세포: 세포막이 바깥쪽에서 안쪽으로 밀려 들어가면서 세포질이 나누어진다.
 ② 식물 세포: 2개의 핵 사이에 안쪽에서 바깥쪽으로 세포판이 만들어지면서 세포질이 나누어진다.

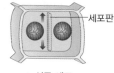

(식물 세포 그림에 "세포판" 표시)

▲ 동물 세포   ▲ 식물 세포

3. 체세포 분열 결과
(1) 1개의 모세포**+**로부터 2개의 딸세포**+**가 생성된다.
(2) DNA가 복제되어 만들어진 두 가닥의 염색 분체가 딸세포에 각각 나뉘어 들어가므로 분열 후 모세포와 딸세포의 염색체 수와 유전 정보가 같다.
(3) 분열 결과
 ① 다세포 생물의 발생과 생장: 수정란이 어린 개체로 되고, 몸집이 점점 커진다.
 ② 재생: 상처를 아물게 하고, 수명을 다하고 죽은 세포를 보충한다.
 ③ 단세포 생물의 생식: 개체 수가 늘어난다.

+ 방추사
가느다란 실 모양의 구조물로, 세포 분열 시 방추사가 짧아지면서 염색 분체는 세포의 양끝으로 이동한다.

+ 체세포 분열 장소
• 동물: 몸 전체에서 체세포 분열이 일어난다.
• 식물: 생장점, 형성층과 같은 특정 부위에서 활발하게 일어난다.

+ 모세포와 딸세포
• 모세포: 세포 분열이 일어나기 전의 세포
• 딸세포: 세포 분열 결과 새로 만들어진 세포

+ 단세포 생물의 체세포 분열

하나의 세포로 이루어진 단세포 생물은 체세포 분열을 통해 모체와 유전적으로 동일한 자손을 생성한다.

기초 섭렵 **문제**

❸ 체세포 분열

▶ 체세포 분열은 □분열이 일어난 후 □□□ 분열이 일어난다.

▶ 체세포 분열이 일어나기 전 □□□ 의 복제가 일어난다.

▶ 체세포 분열의 핵분열 □□에 염색체가 세포 중앙에 배열한다.

▶ 체세포 분열의 핵분열 말기에 □□ □이 나누어져 2개의 딸세포를 형성한다.

▶ □□ 세포는 세포막이 바깥쪽에서 안쪽으로 밀려 들어가면서 세포질이 나누어진다.

▶ 체세포 분열 결과 1개의 모세포로부터 □개의 딸세포가 생성된다.

06 체세포 분열에 대한 설명으로 옳은 것은 ○표, 옳지 <u>않은</u> 것은 ×표를 하시오.

(1) 체세포 분열 결과 만들어진 딸세포의 염색체 수는 모세포와 같다. (   )
(2) 세포질 분열은 핵분열의 중기에 일어난다. (   )
(3) 체세포 분열의 전기에 유전 물질의 복제가 일어난다. (   )
(4) 동물 세포의 세포질 분열은 세포 중앙에 세포판이 형성되면서 일어난다.
(   )

07 다음은 체세포 분열 과정에 대한 설명이다. (   ) 안에 알맞은 말을 각각 쓰시오.

> 체세포 분열 과정은 몇 단계로 구분할 수 있다. 분열이 시작되면 핵분열이 일어난 후 세포질 분열이 일어난다. 핵분열은 연속적으로 일어나지만 염색체의 (   )과 (   )에 따라 전기, 중기, 후기, 말기로 구분할 수 있다. 말기에 이르면 세포질이 나누어진다.

[08~10] 그림은 어떤 생물의 체세포 분열 과정을 순서 없이 나타낸 것이다.

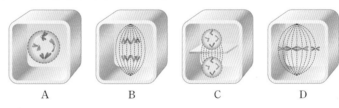

A   B   C   D

08 다음 설명에 해당하는 시기의 기호를 각각 쓰시오.

(1) 핵막이 사라지고 막대 모양의 염색체가 나타난다. (   )
(2) 염색 분체가 분리되어 세포의 양끝으로 이동한다. (   )
(3) 염색체가 세포의 중앙에 배열한다. (   )
(4) 핵막이 나타나고 염색체가 풀어진다. (   )

09 A~D를 체세포 분열의 순서대로 나열하시오.

10 위 생물이 동물인지, 식물인지 쓰시오.

❹ 생식세포 형성 과정(감수 분열)

1. 감수 분열: 생식세포⁺를 형성할 때 일어나는 세포 분열
2. 감수 분열 과정: 감수 1분열과 감수 2분열이 연속해서 일어난다.

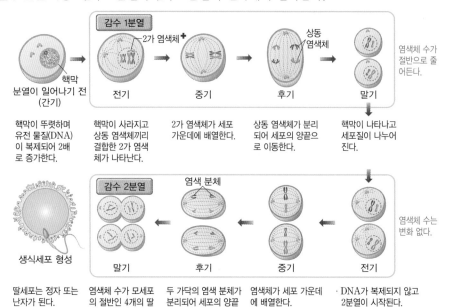

3. 감수 분열 결과

(1) 1개의 모세포로부터 4개의 딸세포가 생성된다.
(2) 분열 과정이 2회 연속 일어나므로 분열 후 딸세포의 염색체 수는 모세포의 절반이다.
(3) 암수 생식세포의 수정으로 태어난 자손의 염색체 수는 부모와 같으므로 생물의 염색체 수는 세대를 거듭해도 항상 일정하게 유지된다.

4. 체세포 분열과 감수 분열의 비교

구분	체세포 분열	감수 분열
분열 횟수	1회	연속 2회
2가 염색체 형성	형성되지 않음	형성됨
딸세포의 수	2개	4개
염색체 수의 변화	변화 없음	절반으로 줄어듦
분열 결과	생장, 재생	생식세포 형성

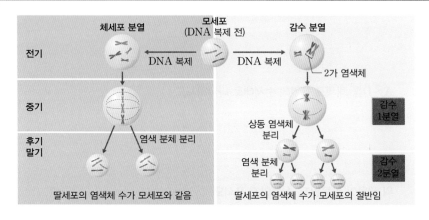

+ 생식과 생식세포

· 생식: 생물이 살아 있는 동안 자신과 닮은 자손을 만드는 것
· 생식세포: 정자, 난자와 같이 생식 기관에서 만들어지는 세포로, 체세포가 가지는 염색체 수의 절반을 갖는다.

+ 2가 염색체

감수 1분열 전기에 상동 염색체가 결합한 2가 염색체가 나타난다.

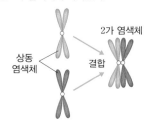

+ 염색체 수 세는 방법

DNA가 복제되어 두 개의 염색 분체로 이루어진 염색체가 되어도 염색체의 개수에는 변화가 없다.

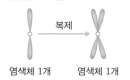

④ 생식세포 형성 과정(감수 분열)

▶ 감수 1분열 전기에 상동 염색체가 결합한 □□ □□□가 나타난다.

▶ 감수 1분열 과정에서 □□ □□□가 분리되어 각각의 딸세포로 들어가므로 딸세포의 염색체 수가 모세포의 절반이 된다.

▶ 감수 2분열 과정에서 □□ □□가 분리되어 각각의 딸세포로 들어간다.

▶ 감수 분열 결과 1개의 모세포로부터 □개의 딸세포가 생성된다.

▶ 사람의 생식세포에는 염색체가 □□개 들어 있다.

▶ 체세포 분열 결과 생성된 딸세포의 염색체 수는 모세포와 □□. 감수 분열 결과 생성된 딸세포의 염색체 수는 모세포의 □□이다.

11 감수 분열에 대한 설명으로 옳은 것은 ○표, 옳지 않은 것은 ×표를 하시오.

(1) 사람의 생식 기관에서 감수 분열 결과 정자나 난자가 만들어진다. (　　)
(2) 분열 결과 1개의 모세포로부터 4개의 딸세포가 생성된다. (　　)
(3) 염색체 수가 반으로 줄어드는 과정은 감수 1분열이다. (　　)
(4) 감수 분열로 인해 생물의 염색체 수는 세대를 거듭할수록 점점 늘어난다.
(　　)

12 오른쪽 그림은 분열 중인 세포를 나타낸 것이다. 이 세포는 세포 분열의 어느 시기에 해당하는지 쓰고, A의 이름을 쓰시오.

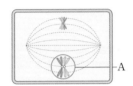

13 오른쪽 그림은 감수 분열 과정 중인 특정 시기의 세포를 나타낸 것이다. 이 세포에 대한 설명으로 옳은 것은 ○표, 옳지 않은 것은 ×표를 하시오.

(1) 상동 염색체가 분리되어 세포의 양끝으로 이동한다. (　　)
(2) 분열 결과 염색체 수가 절반으로 줄어든다. (　　)
(3) 염색 분체가 분리되어 세포의 양끝으로 이동한다. (　　)
(4) 분열 결과 염색체 수에는 변화가 없다. (　　)

14 오른쪽 그림은 분열 중인 체세포에 들어 있는 모든 염색체를 나타낸 것이다. 이 생물의 생식세포에 들어 있는 염색체 수를 쓰시오.

15 표는 체세포 분열과 감수 분열 과정을 비교한 것이다. (　　) 안에 알맞은 말을 고르시오.

구분	체세포 분열	감수 분열
딸세포의 수	2개	㉠(2개 / 4개)
염색체 수의 변화	㉡(변화 없음 / 절반으로 줄어듦)	절반으로 줄어듦
2가 염색체 형성	형성되지 않음	㉢(형성됨 / 형성되지 않음)

필수 탐구

세포의 표면적과 부피 사이의 관계

목표

세포의 표면적과 부피 사이의 관계를 바탕으로 세포 분열의 필요성을 설명할 수 있다.

페놀프탈레인이 들어 있는 한천 조각은 염기성인 비눗물과 만나면 붉은색으로 변한다.

한천 조각을 비눗물에 20분 이상 담가 두지 않는다.

유의점

안전면도날로 한천 조각을 자를 때 손을 다치지 않도록 주의한다.

과정

1 페놀프탈레인이 들어 있는 한천 덩어리를 잘라 한 변의 길이가 각각 1 cm, 2 cm, 3 cm인 정육면체 (가)~(다)를 만든다.

2 한천 조각 (가)~(다)를 비커에 넣은 후 비눗물을 한천 조각이 잠길 정도로 붓는다.

3 10분 후 비커에서 3개의 한천 조각을 동시에 꺼내 종이 수건으로 표면을 닦은 후, 한천 조각의 가운데를 각각 잘라 붉은색으로 물든 부분을 관찰한다.

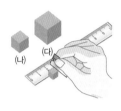

결과

1 각 한천 조각의 단면을 관찰한 결과는 다음과 같다.

(가)   (나)   (다)

➡ 한 변의 길이가 짧을수록 중심부까지 붉은색으로 물들었다.

2 각 한천 조각의 단위 부피당 표면적을 계산한 결과는 다음과 같다.

구분	(가)	(나)	(다)
한 변의 길이(cm)	1	2	3
표면적(cm²)	6	24	54
부피(cm³)	1	8	27
$\frac{표면적}{부피}$	6	3	2

➡ 한천 조각의 한 변의 길이가 길수록 부피가 증가한 만큼 표면적은 증가하지 않으므로 $\frac{표면적}{부피}$ 값은 점점 작아진다.

정리

1 정육면체 한천 조각을 세포, 비눗물을 세포에 필요한 물질이라고 가정할 때 세포의 크기가 계속 커진다면 세포의 중심부까지 필요한 물질이 공급되기 어렵다. ➡ 세포의 크기가 커질수록 단위 부피당 표면적이 작아져 물질 교환이 효율적으로 일어나지 못한다.

2 세포의 단위 부피당 표면적이 커야 물질 교환에 유리하다. ➡ 세포는 어느 정도 커지면 분열하여 그 수를 늘림으로써 단위 부피당 표면적을 적절하게 유지한다.

수행평가 섭렵 문제

세포의 표면적과 부피 사이의 관계

▶ 한천 조각의 한 변의 길이가 길수록 $\dfrac{표면적}{부피}$ 값은 점점 □□□□.

▶ 세포의 단위 부피당 표면적이 □야 물질 교환에 유리하므로, 세포는 어느 정도 커지면 □□하여 그 수를 늘린다.

[1~2] 다음은 세포의 표면적과 부피 사이의 관계를 알아보기 위한 실험이다.

(가) 페놀프탈레인이 들어 있는 한천 덩어리를 잘라 한 변의 길이가 각각 2 cm, 4 cm, 6 cm인 정육면체 3개를 만든다.
(나) 3개의 한천 조각을 비커에 넣은 후 비눗물을 한천 조각이 잠길 정도로 붓는다.
(다) 5분 후 비커에서 3개의 한천 조각을 동시에 꺼내 종이 수건으로 표면을 닦은 후, 한천 조각의 가운데를 각각 잘라 단면에 붉은색으로 물든 부분을 관찰한다.

1 각 한천 조각의 표면적, 부피, $\dfrac{표면적}{부피}$에 대한 다음 표를 완성하시오.

한 변의 길이	2 cm	4 cm	6 cm
표면적(cm^2)			
부피(cm^3)			
$\dfrac{표면적}{부피}$			

2 위 실험에 대한 설명으로 옳은 것은 ○표, 옳지 않은 것은 ×표를 하시오.

(1) 위 실험은 세포가 분열하는 까닭을 알아보기 위한 것이다. ( )
(2) 과정 (다)에서 단면의 중심 부분에 가장 가깝게 붉은색으로 물든 것은 한 변의 길이가 2 cm인 한천 조각이다. ( )
(3) 한천 조각의 한 변의 길이가 짧을수록 $\dfrac{표면적}{부피}$ 값이 작아진다. ( )

3 다음 〈보기〉에서 더 큰 값을 갖는 것을 골라 기호를 쓰시오.

┤ 보기 ├
ㄱ. 한 변의 길이가 6 cm인 정육면체의 $\dfrac{표면적}{부피}$
ㄴ. 한 변의 길이가 1 cm인 정육면체의 $\dfrac{표면적}{부피}$

4 다음 ( ) 안에 알맞은 말을 각각 쓰시오.

세포의 표면에서는 물질 교환이 일어나는데, 세포의 크기가 커지면 (㉠)가 증가한 만큼 (㉡)이 증가하지 않아 세포가 필요한 만큼의 물질을 외부로부터 충분히 흡수하기 어렵다. 따라서 세포가 어느 정도 커지면 2개로 나누어지는 세포 분열이 일어난다.

필수 탐구

체세포 분열 관찰하기

목표

체세포 분열 과정을 관찰하고 체세포 분열의 각 단계를 구별할 수 있다.

양파의 뿌리 끝에는 생장점이 있어 체세포 분열이 활발하게 일어나므로 이 부분을 사용한다.

아세트올세인 용액 대신 아세트산 카민 용액을 사용해도 된다.

유의점

• 가위와 안전면도날을 사용할 때는 손을 다치지 않도록 주의한다.
• 묽은 염산이 손에 닿거나 눈에 들어가지 않도록 주의한다.
• 엄지손가락으로 덮개유리를 누를 때는 덮개유리가 깨지지 않도록 주의한다.

과정

1 뿌리가 어느 정도 자란 양파의 뿌리 끝 부분을 1 cm 정도 자른다.

2 뿌리 조각을 에탄올과 아세트산을 3 : 1로 섞은 용액에 하루 정도 담가 둔다.

➡ 고정: 세포의 활동을 멈추게 하여 세포가 살아 있을 때의 모습을 유지할 수 있다.

3 뿌리 조각을 묽은 염산에 넣어 10분 동안 50 ℃~60 ℃ 온도로 물 중탕한다.

➡ 해리: 조직을 연하게 만들어 세포가 쉽게 분리될 수 있다.

4 뿌리 조각을 증류수로 씻어 받침유리에 올려놓고 끝 부분을 1 mm~2 mm 정도로 자른 후, 아세트올세인 용액을 한두 방울 떨어뜨린다.

➡ 염색: 세포의 핵이나 염색체를 붉은색으로 염색한다.

5 뿌리 끝을 해부 침으로 잘게 찢은 후, 덮개유리를 덮고 연필에 붙어 있는 고무로 가볍게 두드린다.

➡ 분리: 세포들이 겹치지 않게 한다.

6 덮개유리에 거름종이를 올려놓고 엄지손가락으로 지그시 눌러 현미경 표본을 만든다.

➡ 압착: 세포를 한 층으로 얇게 펴준다.

양파 뿌리 조각 / 에탄올과 아세트산을 섞은 용액 / 묽은 염산 / 물 / 아세트올세인 용액 / 뿌리 조각

해부 침 / 거름종이

7 양파 뿌리 현미경 표본을 현미경으로 관찰한다.

결과

1 아세트올세인 용액에 의해 붉은색으로 염색된 핵이나 염색체가 관찰된다.

2 분열 중인 세포보다 분열하기 전 세포(간기의 세포)가 더 많이 관찰된다.

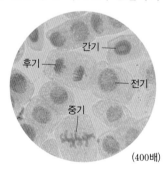

간기 / 후기 / 전기 / 중기

(400배)

• 간기: 핵이 보인다.
• 전기: 핵막이 사라지고, 두 가닥의 염색 분체로 이루어진 염색체가 나타난다.
• 중기: 염색체가 세포 중앙에 배열한다.
• 후기: 염색 분체가 분리되어 세포의 양쪽 끝으로 이동한다.
• 말기: 염색체가 풀리고 핵막이 나타나면서 2개의 핵이 만들어지며, 세포질 분열이 일어난다.

정리

1 양파의 뿌리 끝에는 생장점이 있어 체세포 분열이 활발하게 일어난다.

2 양파 뿌리의 체세포 분열 관찰을 위한 현미경 표본 제작은 '고정 → 해리 → 염색 → 분리 → 압착' 순서로 진행한다.

3 세포가 분열하기 전 시기(간기)가 세포 분열이 일어나는 시기보다 훨씬 길어서 현미경으로 관찰 시 분열하기 전 시기의 세포가 가장 많이 관찰된다.

실험 클립 QR

수행평가 섭렵 문제

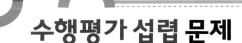

체세포 분열 관찰하기

▶ 양파의 뿌리 끝에는 □□□이 있어 체세포 분열이 활발하게 일어난다.

▶ 양파 뿌리 조각을 에탄올과 아세트산을 3 : 1로 섞은 용액에 하루 정도 담가 두는 □□ 과정에 의해 세포가 살아 있을 때의 모습을 유지할 수 있다.

▶ 양파 뿌리 조각을 □□ □□에 10분 동안 50 °C∼60 °C의 온도로 물 중탕하면 조직을 연하게 만들어 세포가 쉽게 분리될 수 있다.

▶ 양파의 뿌리 끝을 현미경으로 관찰하면 □□의 세포가 가장 많이 관찰된다.

[5~6] 그림은 체세포 분열을 관찰하기 위한 실험 과정을 순서 없이 나열한 것이다.

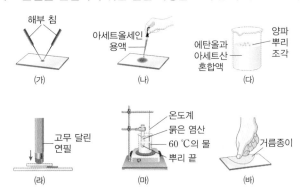

5 위 실험 과정을 순서대로 나열하시오.

6 (다) 과정이 필요한 까닭으로 옳은 것은?

① 세포의 핵을 염색하기 위해서이다.
② 세포를 한 층으로 얇게 펴기 위해서이다.
③ 세포가 살아 있을 때의 모습을 유지하기 위해서이다.
④ 세포 분열이 좀 더 활발하게 일어나도록 하기 위해서이다.
⑤ 조직을 연하게 하여 세포를 쉽게 분리하기 위해서이다.

[7~9] 그림은 양파의 뿌리 끝을 현미경으로 관찰했을 때의 모습을 나타낸 것이다.

| (가) | (나) | (다) | (라) | (마) |

7 (가)~(마)를 간기부터 체세포 분열 과정에 맞게 순서대로 나열하시오.

8 가장 많이 관찰되는 시기의 세포는 어느 것인지 기호를 쓰시오.

9 다음 설명에 해당하는 시기의 세포는 어느 것인지 기호를 쓰시오.

> • 핵막이 사라진다.
> • 핵 속에 풀어져 있던 염색체가 응축되어 나타난다.

내신 기출 문제

1 세포 분열

01 다음은 생물의 크기와 세포 분열에 대한 학생들의 의견을 나타낸 것이다.

코끼리가 쥐보다 몸집이 큰 것은 세포의 크기가 크기 때문이야. — 학생 A

세포가 커지면 부피에 비해 표면적이 작아져서 물질 교환이 어려워지니까 세포 분열이 일어나. — 학생 B

어린아이의 키가 점점 자랄수록 세포의 개수가 많아지는 거야. — 학생 C

옳은 의견을 제시한 학생만을 있는 대로 고른 것은?

① A   ② C   ③ A, B
④ B, C   ⑤ A, B, C

02 오른쪽 그림은 크기가 다른 한천 조각을 붉은색 색소가 든 비커에 함께 넣고 일정 시간이 지난 뒤 동시에 꺼내서 단면을 관찰한 것이다. 이에 대한 설명으로 옳은 것은?

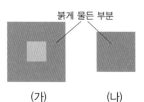

붉게 물든 부분

(가)   (나)

① (가)가 (나)보다 부피가 작다.
② (가)가 (나)보다 표면적이 작다.
③ (가)가 (나)보다 $\frac{표면적}{부피}$ 값이 작다.
④ (가)가 (나)보다 단위 면적당 색소의 흡수 속도가 느리다.
⑤ (가)가 (나)보다 한천 조각의 중심부까지 색소가 흡수되는 데 걸리는 시간이 짧다.

2 염색체

03 염색체에 대한 설명으로 옳지 않은 것은?

① DNA와 단백질로 구성되어 있다.
② 아세트올세인 용액에 의해 붉게 염색된다.
③ 분열하기 전 세포에서는 실처럼 풀어져 있다.
④ 사람의 성별에 따라 염색체 수가 다르다.
⑤ 세포 분열 전기의 염색체는 두 가닥의 염색 분체로 이루어져 있다.

04 오른쪽 그림은 사람의 어떤 세포에 있는 염색체 중 한 쌍의 상동 염색체를 나타낸 것이다. 이에 대한 설명으로 옳은 것은?

A   B

① 염색체의 개수는 4개이다.
② 염색 분체의 개수는 2개이다.
③ ㉠과 ㉡은 유전 정보가 서로 다르다.
④ A와 B는 모두 어머니로부터 물려받은 것이다.
⑤ A와 B는 감수 1분열 전기에 2가 염색체를 형성한다.

05 그림은 사람의 염색체를 나타낸 것이다.

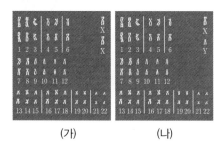

(가)   (나)

이에 대한 설명으로 옳은 것은?

① (가)는 남성이다.
② (가)의 상염색체는 23쌍이다.
③ (나)의 21번 염색체는 성염색체이다.
④ (나)의 X 염색체는 어머니로부터 물려받은 것이다.
⑤ (가)와 (나)의 1번 염색체는 유전적으로 동일하다.

06 표는 여러 생물의 체세포 1개당 염색체 수를 나타낸 것이다.

식물(개)				동물(개)			
완두	14	벼	24	초파리	8	개	78
수박	22	보리	14	히드라	32	침팬지	48
감자	48	옥수수	20	토끼	44	사람	46

이에 대한 설명으로 옳은 것만을 〈보기〉에서 있는 대로 고른 것은?

┤ 보기 ├
ㄱ. 염색체 수가 같으면 같은 종의 생물이다.
ㄴ. 염색체 수가 많을수록 발달한 생물이다.
ㄷ. 부모로부터 각각 절반씩의 염색체를 물려받기 때문에 전체 염색체 수는 짝수이다.

① ㄱ   ② ㄷ   ③ ㄱ, ㄴ
④ ㄴ, ㄷ   ⑤ ㄱ, ㄴ, ㄷ

❸ 체세포 분열

07 체세포 분열에 대한 설명으로 옳지 <u>않은</u> 것은?

① 모세포와 딸세포의 염색체 수는 같다.
② 동물의 경우 특정 부위에서만 일어난다.
③ 몸의 손상된 부분을 재생할 때 일어난다.
④ 핵분열이 일어난 후 세포질 분열이 일어난다.
⑤ 핵분열이 일어나기 전 DNA 복제가 일어난다.

[08~10] 다음은 체세포 분열을 관찰하기 위한 실험 과정이다.

(가) 뿌리가 어느 정도 자란 양파의 ㉮뿌리 끝 부분을 1 cm 정도 자른다.
(나) 뿌리 조각을 에탄올과 아세트산을 3 : 1로 섞은 용액에 하루 정도 담가 둔다.
(다) 뿌리 조각을 (㉠)에 넣어 10분 동안 50 °C~60 °C의 온도로 물 중탕한다.
(라) 뿌리 조각을 증류수로 씻어 받침 유리에 올려놓고 끝부분을 1 mm~2 mm 정도 자른 후, (㉡)을 한두 방울 떨어뜨린다.
(마) 뿌리 끝을 해부 침으로 잘게 찢은 후, 덮개 유리를 덮고 연필에 붙어 있는 고무로 가볍게 두드린다.
(바) 덮개 유리에 거름종이를 올려놓고 엄지손가락으로 지그시 누른 후, 현미경으로 관찰한다.

08 〔중요〕 이에 대한 설명으로 옳지 <u>않은</u> 것은?

① ㉠은 묽은 염산이다.
② ㉡은 핵과 염색체를 붉은색으로 염색한다.
③ (나)의 과정은 세포의 형태를 유지시켜 준다.
④ (마) 과정을 거치지 않으면 세포가 여러 겹으로 겹쳐 보인다.
⑤ (바)에서 분열 후기에 해당하는 세포를 가장 많이 관찰할 수 있다.

09 ㉮를 실험 재료로 사용하는 까닭으로 옳은 것은?

① 염색체 수가 가장 많기 때문이다.
② 염색이 잘 되어 관찰하기가 용이하기 때문이다.
③ 다른 세포에 비해 세포의 크기가 크기 때문이다.
④ 감수 분열과 체세포 분열이 동시에 일어나기 때문이다.
⑤ 뿌리 끝의 생장점에서 체세포 분열이 활발히 일어나기 때문이다.

10 (바) 과정에서 나음과 같은 세포를 관찰하였다.

이 세포에 대한 설명으로 옳은 것은?

① 핵막이 뚜렷하다.
② 체세포 분열 후기의 세포이다.
③ 세포질 분열이 일어나고 있다.
④ A는 두 가닥의 염색 분체로 이루어져 있다.
⑤ 상동 염색체가 세포의 양끝으로 이동하고 있다.

11 〔중요〕 그림은 어떤 생물의 체세포 분열 과정을 순서 없이 나타낸 것이다.

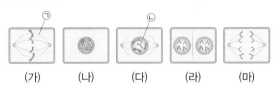

(가)　(나)　(다)　(라)　(마)

이에 대한 설명으로 옳은 것은? (단, 세포의 모든 염색체를 나타내었다.) (답 2개)

① 이 생물은 동물이다.
② 이 세포의 염색체 수는 8개이다.
③ ㉠에 의해 염색체가 이동한다.
④ ㉡은 유전 정보가 동일한 염색 분체 2개로 이루어져 있다.
⑤ 체세포 분열의 순서대로 나열하면 (나)-(다)-(마)-(가)-(라)이다.

12 체세포 분열 과정에서 동물 세포와 식물 세포의 가장 큰 차이점은?

① 딸세포의 수
② DNA 복제 시기
③ 세포질 분열 방식
④ 핵이 분열하는 순서
⑤ 염색 분체의 분리 여부

내신 기출 문제

4 생식세포 형성 과정(감수 분열)

[13~14] 그림은 감수 분열 과정을 모식적으로 나타낸 것이다.

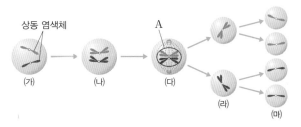

13 A의 이름과 A가 처음 나타나는 시기를 옳게 짝 지은 것은?

	이름	처음 나타나는 시기
①	2가 염색체	감수 1분열 전기
②	2가 염색체	감수 2분열 전기
③	자매 염색체	감수 1분열 전기
④	자매 염색체	감수 2분열 전기
⑤	자매 염색 분체	감수 2분열 후기

14 세포의 염색체 수가 절반으로 줄어드는 시기는?

① (가) → (나) 　　② (나) → (다)
③ (다) → (라) 　　④ (라) → (마)
⑤ (마) → (가)

15 오른쪽 그림은 어떤 생물의 세포에 들어 있는 모든 염색체를 나타낸 것이다. 이 세포에 대한 설명으로 옳지 않은 것은?

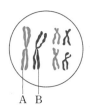

① 체세포이다.
② 3개의 염색체는 아버지로부터 물려받은 것이다.
③ 체세포 분열 결과 만들어진 딸세포의 염색체 수는 6개이다.
④ 감수 1분열 전기에 A와 B가 결합했다가 감수 2분열 후기에 분리된다.
⑤ 감수 분열이 끝난 세포에는 A와 B 중 1개만 들어 있다.

16 오른쪽 그림은 어떤 동물의 세포 분열 과정 중 한 시기의 세포를 나타낸 것이다. 이 세포는 어떤 세포 분열의 어느 시기에 해당하는가?

① 감수 1분열 전기
② 감수 1분열 중기
③ 감수 2분열 전기
④ 감수 2분열 중기
⑤ 감수 2분열 후기

17 체세포 분열과 감수 분열을 비교한 것으로 옳지 않은 것은?

	구분	체세포 분열	감수 분열
①	DNA 복제	1회	2회
②	분열 횟수	1회	연속 2회
③	염색체 수의 변화	변화 없음	절반으로 줄어듦
④	딸세포의 수	2개	4개
⑤	분열 결과	생장, 재생	생식세포 형성

18 오른쪽 그림은 어떤 생물의 세포에 들어 있는 모든 염색체를 나타낸 것이다. 체세포 분열과 감수 분열 후 생성되는 딸세포의 염색체 수를 옳게 짝 지은 것은?

	체세포 분열	감수 분열
①	4	2
②	4	4
③	8	4
④	8	8
⑤	16	8

정답과 해설 | 39쪽

01 오른쪽 그림은 어떤 동물 수컷의 세포에 들어 있는 모든 염색체를 나타낸 것이다. 이에 대한 설명으로 옳은 것만을 〈보기〉에서 있는 대로 고른 것은?

A B C D

┤ 보기 ├
ㄱ. A와 B는 상동 염색체이다.
ㄴ. C와 D는 상염색체이다.
ㄷ. 이 동물의 정자에는 염색체가 4개 있다.

① ㄱ   ② ㄱ, ㄴ   ③ ㄱ, ㄷ
④ ㄴ, ㄷ   ⑤ ㄱ, ㄴ, ㄷ

02 양파의 뿌리 끝으로 표본을 만들어 현미경으로 관찰하였더니 그림과 같은 세포가 관찰되었다.

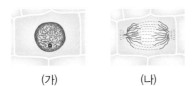

(가)   (나)

이에 대한 설명으로 옳지 않은 것은?

① (가)는 핵막이 뚜렷하다.
② (가)는 분열하기 전의 세포이다.
③ (나)는 체세포 분열 후기의 세포이다.
④ (나)에서 방추사가 염색체에 결합해 있다.
⑤ (가)에는 DNA가 있지만, (나)에는 DNA가 없다.

03 그림은 감수 분열 과정의 일부를 나타낸 것이다.

(가)   (나)

이에 대한 설명으로 옳은 것은?

① (가)는 감수 2분열, (나)는 감수 1분열 과정이다.
② (가) 과정에서 염색체 수가 반으로 줄어든다.
③ (나) 과정에서 상동 염색체가 분리된다.
④ (나) 과정에서 2가 염색체가 관찰된다.
⑤ (가)와 (나) 사이에 DNA 복제가 1회 일어난다.

정답과 해설 | 39쪽

예제

01 그림은 감수 분열 과정을 나타낸 것이다.

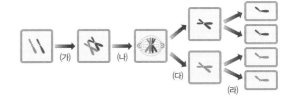

(가)   (나)   (다)   (라)

염색체 수가 절반으로 줄어드는 과정의 기호를 쓰고, 이와 관련하여 감수 분열이 갖는 의의를 서술하시오.

Tip 감수 분열을 통해 모세포의 절반의 염색체를 갖는 딸세포가 생성된다.
Key Word 염색체 수, 세대

[설명] (다)는 감수 1분열에서 상동 염색체가 분리되어 염색체가 절반으로 줄어드는 과정이고, (라)는 감수 2분열에서 염색 분체가 분리되는 과정으로 염색체 수에는 변화가 없다.
[모범 답안] (다), 감수 분열을 통해 체세포의 절반의 염색체를 갖는 생식세포가 생성되고, 암수 생식세포의 결합에 의해 자손이 태어나므로 세대를 거듭해도 생물의 염색체 수가 일정하게 유지된다.

실전 연습

01 오른쪽 그림은 어떤 생물의 분열 중인 세포에 들어 있는 모든 염색체를 나타낸 것이다.

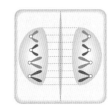

(1) 이 세포가 동물 세포인지 식물 세포인지 쓰고, 그렇게 판단한 까닭을 서술하시오.

Tip 동물 세포와 식물 세포의 세포질 분열 방법은 서로 다르다.
Key Word 세포질 분열

_____

_____

(2) 이 세포는 체세포 분열과 감수 분열 중 어느 과정에 있는지 쓰고, 그렇게 판단한 까닭을 서술하시오.

Tip 체세포 분열과 감수 분열의 염색 분체 분리 시 상동 염색체의 존재 여부가 다르다.
Key Word 상동 염색체, 염색 분체 분리

_____

_____

2 사람의 발생

① 수정과 발생

1. 수정: 생식세포인 정자와 난자가 결합하는 것

(1) 일반적으로 하나의 정자와 하나의 난자가 수정에 참여한다.

(2) 수정 결과 체세포와 염색체 수가 같은 수정란이 된다.

2. 발생: 수정란이 하나의 개체로 되기까지의 과정으로, 체세포 분열을 통해 여러 조직과 기관을 형성하여 개체가 된다.

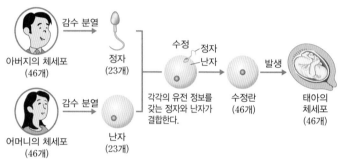

▲ 수정과 발생

3. 수정란의 초기 발생 과정

(1) 난할: 수정란이 발생 초기에 빠르게 세포 분열을 하여 세포 수를 늘리는 과정

(2) 딸세포의 크기가 커지는 시기가 거의 없이 분열만 계속하므로 발생 초기 배아⁺ 전체의 크기는 수정란과 차이가 거의 없다.

(3) 난할을 거듭할수록 세포 수는 늘어나지만, 세포 하나의 크기는 점점 작아진다.

4. 사람의 발생

(1) 착상: 난할을 거친 배아가 자궁 안쪽 벽에 파묻히는 것으로, 이 시기부터 임신했다고 한다.

(2) 착상 이후의 과정

① 자궁에서 배아는 모체로부터 양분을 공급받고 여러 기관을 형성하여 사람의 모습을 갖춘 태아⁺가 된다.

② 태아가 성장함에 따라 자궁이 커지며, 임신 7개월 이후에는 거의 모든 기관의 발달이 완성된다.

③ 태아는 수정된 지 약 266일이 지나면 출산 과정을 거쳐 모체 밖으로 나온다.

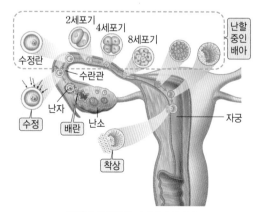

▲ 배란⁺에서 착상이 되기까지의 과정

✚ 배아와 태아

• 배아: 수정 후 약 8주까지의 시기. 수정란이 난할을 시작한 후 사람의 모습을 갖추기 전까지의 세포 덩어리 상태이다.

• 태아: 주요 기관이 형성되어 사람의 형태를 갖춘 상태이다.

✚ 배란

사춘기 이후에 난소에서 성숙한 난자가 배출되는 현상이다.

✚ 사람의 발생 과정에서 기관의 발달 시기

중추 신경계는 가장 먼저 만들어지기 시작하지만 태어날 때까지도 완성되지 않는다. 또한, 수정 후 8주까지는 태아의 기관이 대부분 만들어지는 시기이므로 이 시기에 임신부가 음주, 흡연 등을 할 경우 태아에게 기형이 발생할 확률이 높다.

기초 섭렵 문제

❶ 수정과 발생

▶ 생식세포인 정자와 난자가 결합하는 것을 □□이라고 한다.

▶ 정자와 난자가 결합하여 □□□을 형성한다.

▶ 사람의 수정란의 염색체 수는 □□ 개이고, 체세포의 염색체 수와 □□.

▶ 수정란이 세포 분열을 하면서 하나의 개체로 되기까지의 과정을 □□이라고 한다.

▶ 수정란의 발생 과정에서 □□□ 분열을 통해 여러 조직과 기관을 형성하여 개체가 된다.

▶ 수정란이 발생 초기에 빠르게 세포 분열을 하여 세포 수를 늘리는 과정을 □□이라고 한다. □□을 거듭할수록 세포의 수는 늘어나지만 세포 하나의 크기는 점점 □□□□.

▶ □□은 난할을 거친 배아가 자궁 안쪽 벽에 파묻히는 것으로, 이 시기부터 □□했다고 한다.

01 사람의 수정과 발생에 대한 설명으로 옳은 것은 ○표, 옳지 <u>않은</u> 것은 ×표를 하시오.

(1) 1개의 정자가 1개의 난자와 결합하여 수정란이 만들어진다. (　　　)

(2) 정자의 핵과 난자의 핵이 결합한 직후부터 임신했다고 한다. (　　　)

(3) 태아는 수정된 지 약 266일이 지나면 출산 과정을 거쳐 모체 밖으로 나온다.
(　　　)

(4) 사람의 경우 수정 결과 92개의 염색체를 가진 수정란이 만들어진다.
(　　　)

[02~03] 그림은 어떤 생물의 수정란의 초기 발생 과정을 나타낸 것이다.

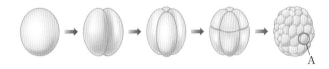

02 이와 같은 세포 분열 과정을 무엇이라고 하는지 쓰시오.

03 위 그림에 대한 설명으로 옳은 것은 ○표, 옳지 <u>않은</u> 것은 ×표를 하시오.

(1) 이 생물의 체세포와 A의 염색체 수는 같다. (　　　)

(2) 분열을 거듭해도 세포 하나의 크기는 거의 같다. (　　　)

(3) 난할이 1회 일어날 때 DNA 복제는 1회 일어난다. (　　　)

(4) 수정란의 초기 세포 분열 과정은 일반적인 체세포 분열 과정에 비해 속도가 빠르다. (　　　)

[04~05] 오른쪽 그림은 여성의 생식 기관에서 임신이 이루어지기까지의 과정을 나타낸 것이다.

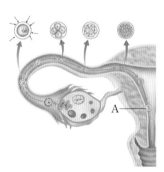

04 A와 같이 난할을 거친 배아가 자궁 안쪽 벽에 파묻히는 것을 무엇이라고 하는지 쓰시오.

05 다음 (　　　) 안에 알맞은 말을 쓰시오.

> 자궁에서 배아는 모체로부터 양분을 공급받으면서 주요 기관을 형성하여 수정 후 8주 정도가 되면 사람의 형태를 갖춘 (　　　　　)가 된다.

내신 기출 문제

1 수정과 발생

[01~02] 그림은 사람의 생식 과정을 간단히 나타낸 것이다.

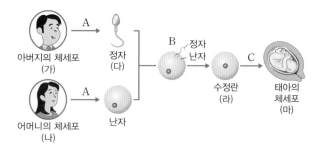

아버지의 체세포 (가) → A → 정자 (다)

어머니의 체세포 (나) → A → 난자

정자 난자 → B → 수정란 (라) → C → 태아의 체세포 (마)

중요
01 A~C 과정을 옳게 짝 지은 것은?

	A	B	C
①	수정	감수 분열	발생
②	수정	발생	감수 분열
③	발생	감수 분열	수정
④	감수 분열	수정	발생
⑤	감수 분열	발생	수정

02 (가)~(마)의 염색체 수로 옳은 것은?

① (가): 23개   ② (나): 23개
③ (다): 46개   ④ (라): 92개
⑤ (마): 46개

03 그림은 여성의 생식 기관을 나타낸 것이다. A~D는 각각 난소, 자궁, 질, 수란관 중 하나이다.

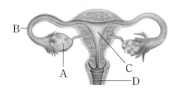

㉠정자와 난자가 만나 수정이 일어나는 곳과 ㉡수정란의 착상이 일어나는 곳을 옳게 짝 지은 것은?

	㉠	㉡			㉠	㉡
①	A	B		②	A	C
③	B	C		④	B	D
⑤	C	D				

중요
04 다음은 수정란의 초기 세포 분열 과정에 대한 설명이다. ( ) 안에 알맞은 말을 고르시오.

> 수정란은 처음에는 매우 빠른 속도로 분열한다. 이때 수정란의 크기는 거의 변하지 않고 분열만 계속하므로 세포 수는 ㉠(증가하고 / 감소하고), 세포 1개의 크기는 점점 ㉡(커진다 / 작아진다).

[05~06] 다음은 사람의 생식 과정에 대한 설명이다.

> 수정란이 세포 분열을 거듭하여 여러 조직과 기관을 만들고 하나의 개체로 되기까지의 과정을 (㉠)이라고 한다. 태아는 자궁 속에서 모체로부터 필요한 물질을 공급받으면서 기관을 형성하고 자란 다음, 수정일로부터 약 (㉡)일이 지나면 모체 밖으로 나온다. 이렇게 태어난 아기는 (㉢) 과정을 거치면서 몸의 크기가 커져 성인이 된다.

05 ㉠과 ㉡에 알맞은 말을 옳게 짝 지은 것은?

	㉠	㉡			㉠	㉡
①	발생	266		②	수정	266
③	난할	266		④	발생	280
⑤	수정	280				

06 난할과 ㉢의 공통점으로 옳지 않은 것은?

① 분열 속도
② 핵분열 순서
③ 세포질 분열 여부
④ 딸세포의 염색체 수
⑤ 유전 물질의 복제 횟수

01 그림은 사람의 정자와 난자가 결합하는 과정을 나타낸 것이다.

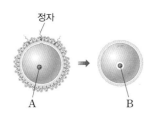

정자

A   B

이에 대한 설명으로 옳은 것만을 〈보기〉에서 있는 대로 고른 것은?

┌ 보기 ├
ㄱ. A는 난자의 핵이다.
ㄴ. B의 염색체 수는 사람의 체세포 염색체 수와 같다.
ㄷ. 이 과정을 수정이라고 한다.

① ㄱ   ② ㄷ   ③ ㄱ, ㄴ
④ ㄴ, ㄷ   ⑤ ㄱ, ㄴ, ㄷ

02 그래프는 난할의 특성을 나타낸 것이다.

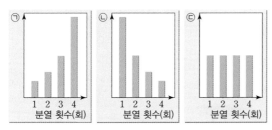

위 그래프의 세로축에 해당하는 것을 옳게 짝 지은 것은?

	㉠	㉡	㉢
①	세포 1개의 크기	세포 1개당 염색체 수	전체 세포 수
②	세포 1개당 염색체 수	세포 1개의 크기	전체 세포 수
③	전체 세포 수	세포 1개의 크기	세포 1개당 염색체 수
④	전체 세포 수	세포 1개당 염색체 수	세포 1개의 크기
⑤	세포 1개당 염색체 수	전체 세포 수	세포 1개의 크기

예제

01 그림은 사람 수정란의 초기 발생 과정을 순서 없이 나타낸 것이다.

A   B   C   D   E

A~E를 발생 순서대로 쓰고, 발생이 진행됨에 따라 세포 1개가 가지는 염색체 수와 세포질의 양을 비교하여 서술하시오.

Tip 난할은 세포의 크기가 자라지 않는 체세포 분열이다.
Key Word 세포의 크기, 체세포 분열

[설명] 세포질의 양과 세포의 크기 관계를 이해하고, 체세포 분열로 형성된 딸세포의 특성을 이해하고 있다면 해결할 수 있다.
[모범 답안] A → C → D → E → B, 난할은 체세포 분열의 일종이므로 딸세포는 분열 전 세포와 같은 수의 염색체를 갖는다. 따라서 세포 1개당 염색체 수는 체세포와 같이 46개로 일정하다. 세포 1개의 크기는 난할이 진행될수록 작아지므로 세포 1개당 세포질의 양은 감소한다.

실전 연습

01 (가)는 사람의 난자, (나)는 사람의 정자를 나타낸 것이다.

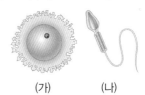

(가)   (나)

(1) (가)와 (나)가 결합하는 과정을 무엇이라고 하는지 쓰시오.

(   )

(2) (가)와 (나)의 염색체 수를 쓰고, 세대를 거듭해도 사람의 염색체 수가 항상 일정하게 유지되는 까닭을 시술하시오.

Tip 생식세포의 결합으로 수정란이 형성된다.
Key Word 감수 분열, 세대

3 멘델의 유전 원리

❶ 멘델의 유전 연구

1. 유전의 기본 용어

유전	부모의 형질이 자손에게 전달되는 현상
형질	씨 모양, 꽃잎 색깔과 같이 생물이 가지고 있는 고유한 특징
대립 형질✛	하나의 형질에 대해 뚜렷하게 대비되는 형질 예 완두 씨 모양이 둥근 것과 주름진 것, 완두 씨 색깔이 노란색인 것과 초록색인 것
표현형	겉으로 드러나는 형질로 대립유전자✛에 의해 결정된다. 예 둥글다, 주름지다, 노란색, 초록색
유전자형	대립유전자 구성을 기호로 나타낸 것 예 RR, Rr, rr
순종	한 형질을 나타내는 대립유전자의 구성이 같은 개체 예 RR, rr, RRyy
잡종	한 형질을 나타내는 대립유전자의 구성이 다른 개체 예 Rr, RrYy

2. 멘델의 가설

(1) 형질은 한 쌍의 유전 인자에 의해 결정되는데, 이 유전 인자는 부모에게서 각각 하나씩 물려받은 것이다.

(2) 한 쌍의 유전 인자는 생식세포를 형성할 때 분리되어 각각의 생식세포로 나뉘어 들어가고, 자손에게 전달되어 다시 쌍을 이룬다.

(3) 특정한 형질에 대한 한 쌍의 유전 인자가 서로 다르면 그중 하나는 표현되고, 다른 하나는 표현되지 않는다.

➡ 멘델이 가정한 유전 인자는 오늘날의 유전자를 의미하며, 유전자는 염색체에 존재한다.

❷ 우성과 열성

1. 멘델의 실험✛

▲ 순종의 둥근 완두와 순종의 주름진 완두 교배

2. 우열의 원리

(1) 대립 형질이 다른 두 순종 개체를 교배하여 얻은 잡종 1대(자손 1대)에는 대립 형질 중 한 가지만 나타난다.

　① 우성: 대립 형질을 가진 순종의 개체끼리 교배했을 때 잡종 1대에서 나타나는 형질

　② 열성: 대립 형질을 가진 순종의 개체끼리 교배했을 때 잡종 1대에서 나타나지 않는 형질

(2) 특정한 형질에 대한 한 쌍의 대립유전자가 서로 다르면 하나의 대립유전자만 형질로 표현되고, 다른 하나는 표현되지 않는다.

✛ 대립유전자

한 형질에 대한 서로 다른 대립 형질을 결정하는 유전자로 상동 염색체의 같은 위치에 있으며, 대립유전자 구성이 같을 수도 있고, 다를 수도 있다. 우성 대립유전자는 알파벳 대문자로, 열성 대립유전자는 알파벳 소문자로 표시한다.

(R: 둥근 대립유전자, r: 주름진 대립유전자)

✛ 완두가 유전 연구의 재료로 적합한 까닭

· 재배하기 쉽다.
· 대립 형질이 뚜렷하다.
· 인위적인 교배가 가능하다.
· 한 세대가 짧고 자손의 수가 많다.

✛ 완두의 대립 형질

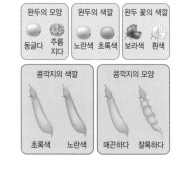

✛ 자가 수분과 타가 수분

· 자가 수분: 수술의 생식세포(꽃가루)가 같은 그루의 꽃에 있는 암술머리에 붙는 것
· 타가 수분: 수술의 생식세포(꽃가루)가 다른 그루의 꽃에 있는 암술머리에 붙는 것

✛ 순종의 둥근 완두를 얻는 과정

둥근 완두 씨를 심어 기른 후 자가 수분을 하고, 새로 얻은 완두 씨 중 둥근 것만 골라 다시 기른다. 이러한 과정을 여러 세대 반복하면 순종의 둥근 완두를 얻을 수 있다.

기초 섭렵 문제

❶ 멘델의 유전 연구

▶ 씨 모양, 꽃잎 색깔과 같이 생물이 가지고 있는 고유한 특징을 □□이라고 한다.

▶ 하나의 형질에 대해 뚜렷하게 대비되는 형질을 □□ □□이라고 한다.

▶ 대립유전자 구성에 따라 겉으로 드러나는 형질을 □□□이라고 하고, 대립유전자 구성을 기호로 나타낸 것을 □□□□이라고 한다.

▶ 한 형질을 나타내는 대립유전자의 구성이 같은 개체를 □□, 대립유전자의 구성이 다른 개체를 □□이라고 한다.

❷ 우성과 열성

▶ 순종의 둥근 완두와 순종의 주름진 완두를 교배하면 잡종 1대에서 □□ 완두만 나타난다.

▶ □□의 원리는 대립 형질이 다른 두 순종 개체를 교배하여 얻은 잡종 1대에서 대립 형질 중 한 가지만 나타나는 것이다.

▶ 대립 형질이 다른 순종의 개체끼리 교배했을 때 잡종 1대에서 나타나는 형질을 □□ 형질이라고 한다.

01 다음은 멘델이 실험한 완두가 유전 연구의 재료로 적합한 까닭을 설명한 것이다. ( ) 안에 알맞은 말을 고르시오.

> 완두는 씨 모양이 둥근 것과 주름진 것, 씨 색깔이 노란색인 것과 초록색인 것, 꽃잎 색깔이 보라색인 것과 흰색인 것 등 대립 형질이 ㉠(뚜렷하다 / 뚜렷하지 않다). 또한 구하기 쉽고, 재배하기 쉬우며 한 세대가 ㉡(길고 / 짧고) 자손의 수가 ㉢(많다 / 적다). 그리고 자가 수분, 타가 수분을 조절하기 쉬워 인위적인 교배가 가능하다.

02 유전과 관련된 용어에 대한 설명으로 옳은 것은 ○표, 옳지 않은 것은 ×표를 하시오.
(1) 부모의 형질이 자손에게 전달되는 것을 유전이라고 한다. ( )
(2) 수술의 꽃가루가 같은 그루의 꽃에 있는 암술머리에 붙는 것을 자가 수분이라고 한다. ( )
(3) 대립유전자는 상동 염색체의 같은 위치에 있으며 그 구성이 항상 다르다. ( )
(4) 서로 다른 대립 형질을 가진 순종의 개체끼리 교배했을 때 잡종 1대에서 나타나는 형질을 열성이라고 한다. ( )

03 다음 유전자형 중 순종인 것을 모두 쓰시오.

> YY, Yy, Rr, rr, RrYY, rryy, rrYY

04 다음은 완두의 여러 대립 형질에 대해 순종인 개체끼리 교배하여 잡종 1대를 얻었을 때의 실험 결과이다. 완두의 각 대립 형질 중 열성 형질에 해당하는 것을 쓰시오.

형질	씨 모양	씨 색깔	꽃잎 색깔
어버이의 대립 형질	둥글다 × 주름지다	노란색 × 초록색	보라색 × 흰색
잡종 1대	둥글다	노란색	보라색

③ 멘델의 유전 원리

❸ 분리의 법칙

1. 한 쌍의 대립 형질의 유전

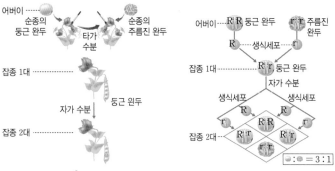

〈잡종 1대〉
[유전자형] Rr
[표현형] 둥근 완두
(둥근 모양 대립유전자 R가 우성, 주름진 모양 대립유전자 r가 열성)

〈잡종 2대〉
[유전자형] RR : Rr : rr = 1 : 2 : 1
[표현형] 둥근 완두(RR, Rr) : 주름진 완두(rr)=3 : 1

2. 분리의 법칙+

(1) 생식세포를 만들 때 한 쌍의 대립유전자가 분리되어 서로 다른 생식세포로 들어가는 현상이다.

(2) 잡종 1대의 유전자형은 Rr이며, 잡종 1대에서 대립유전자 R와 r가 분리되어 서로 다른 생식세포로 들어가 R를 지닌 생식세포와 r를 지닌 생식세포가 1 : 1의 비율로 만들어진다.

(3) 잡종 1대를 자가 수분하여 얻은 잡종 2대에서는 둥근 완두(RR, Rr)와 주름진 완두(rr)가 3 : 1의 비율로 나타난다.

❹ 독립의 법칙

1. 두 쌍의 대립 형질의 유전

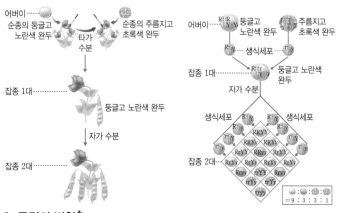

〈잡종 1대〉
[유전자형] RrYy
[표현형] 둥글고 노란색
(둥근 모양 대립유전자 R와 노란색 대립유전자 Y가 우성)

〈잡종 2대〉
[표현형] 둥글고 노란색 : 둥글고 초록색 : 주름지고 노란색 : 주름지고 초록색 = 9 : 3 : 3 : 1

2. 독립의 법칙+

(1) 두 쌍 이상의 대립 형질이 함께 유전될 때 각각의 형질을 나타내는 대립유전자 쌍이 서로 영향을 주지 않고 분리의 법칙에 따라 독립적으로 유전되는 현상이다.

(2) 잡종 1대의 유전자형은 모두 RrYy이고, 표현형은 모두 둥글고 노란색이다. 잡종 1대에서 유전자 R와 r, Y와 y가 각각 분리되어 생식세포로 나뉘어 들어가 RY, Ry, rY, ry를 가진 생식세포가 1 : 1 : 1 : 1의 비율로 만들어진다.

(3) 잡종 2대에서 둥글고 노란색 : 둥글고 초록색 : 주름지고 노란색 : 주름지고 초록색 = 9 : 3 : 3 : 1로 나타난다.

(4) 잡종 2대에서 둥근 완두 : 주름진 완두는 12 : 4 = 3 : 1로 나타나고, 노란색 완두 : 초록색 완두도 12 : 4 = 3 : 1로 나타난다. ➡ 완두 씨의 모양과 색깔은 서로 영향을 주지 않고 독립적으로 유전된다.

+ 분리의 법칙에서 '분리'가 의미하는 것

'분리'란 생식세포 형성 시 쌍으로 존재하던 대립유전자가 분리된다는 뜻이며, 잡종 2대의 표현형이 3 : 1이라는 것을 의미하는 것은 아니다.

+ 완두 씨의 모양과 색깔이 함께 유전될 때 잡종 2대의 분리비

형질	분리비	
모양	⬤9 ⬤3 }12 : ◉3 ◉1 }4=3 : 1	
색깔	⬤9 ⬤3 }12 : ◉3 ◉1 }4=3 : 1	

➡ 각각의 형질에 독립적으로 분리의 법칙이 적용된다.

+ 독립의 법칙이 성립하는 조건

각각의 형질을 나타내는 대립유전자가 서로 다른 상동 염색체에 있는 경우에만 독립의 법칙이 성립한다.

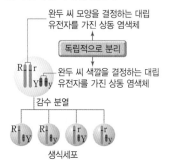

기초 섭렵 문제

❸ 분리의 법칙

▶ 생식세포를 만들 때 한 쌍의 □□□□□가 분리되어 서로 다른 생식세포로 들어가는 현상을 □□의 법칙이라고 한다.

▶ 유전자형이 Rr인 둥근 완두를 자가 수분하면 자손 중 둥근 완두와 주름진 완두가 □ : □의 비율로 나타난다.

[05~06] 오른쪽 그림과 같이 순종의 노란색 완두(YY)와 초록색 완두(yy)를 교배하여 잡종 1대를 얻었다.

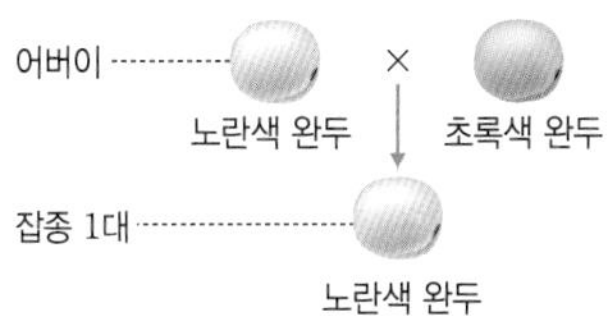

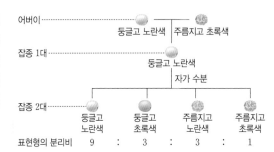

어버이 ···· 노란색 완두 × 초록색 완두
잡종 1대 ···· 노란색 완두

05 이에 대한 설명으로 옳은 것은 ○표, 옳지 않은 것은 ×표를 하시오.

(1) 잡종 1대의 유전자형은 YY이다. ( )
(2) 잡종 1대의 완두에서 만들어지는 생식세포의 종류는 2가지이다. ( )
(3) 잡종 1대의 완두를 자가 수분하면 잡종 2대에서 노란색 완두만 나타난다.
( )
(4) 잡종 1대의 완두를 자가 수분하였을 때 잡종 2대에서 얻을 수 있는 완두 씨 색깔의 유전자형은 3종류이다. ( )

06 잡종 2대에서 완두 씨 100개를 얻었다면, 이 중 초록색 완두는 이론상 모두 몇 개인지 쓰시오.

❹ 독립의 법칙

▶ 두 쌍 이상의 대립 형질이 함께 유전될 때 각각의 형질을 나타내는 대립 유전자 쌍이 서로 영향을 주지 않고 분리의 법칙에 따라 독립적으로 유전되는 현상을 □□의 법칙이라고 한다.

▶ 유전자형이 RrYy인 둥글고 노란색인 완두를 자가 수분하여 얻은 자손에서는 둥글고 노란색 : 둥글고 초록색 : 주름지고 노란색 : 주름지고 초록색인 완두가 □ : □ : □ : □의 비율로 나타난다.

[07~08] 오른쪽 그림은 순종의 둥글고 노란색인 완두(RRYY)와 주름지고 초록색인 완두(rryy)의 교배 실험을 나타낸 것이다. (단, 완두 씨의 모양 유전자와 색깔 유전자는 서로 다른 상동 염색체에 있다.)

어버이 ···· 둥글고 노란색 ─ 주름지고 초록색
잡종 1대 ···· 둥글고 노란색
자가 수분
잡종 2대 ···· 둥글고 노란색 / 둥글고 초록색 / 주름지고 노란색 / 주름지고 초록색
표현형의 분리비   9   :   3   :   3   :   1

07 이에 대한 설명으로 옳은 것은 ○표, 옳지 않은 것은 ×표를 하시오.

(1) 잡종 1대의 유전자형은 RrYy이다. ( )
(2) 잡종 2대에서 둥근 완두와 주름진 완두가 1 : 1의 비율로 나타난다. ( )
(3) 완두 씨의 모양과 색깔이 유전될 때 분리의 법칙이 적용된다. ( )
(4) 잡종 2대에서 총 1600개의 완두를 얻었다면, 이 중 주름지고 노란색인 완두는 이론상 100개이다. ( )

08 잡종 1대의 완두에서 만들어지는 생식세포의 유전자형을 모두 쓰시오.

내신 기출 문제

① 멘델의 유전 연구

중요
01 유전과 관련된 용어에 대한 설명으로 옳지 <u>않은</u> 것은?

① 표현형: 겉으로 드러난 개체의 특성
② 유전: 부모의 형질이 자손에게 전달되는 현상
③ 순종: 한 형질을 나타내는 유전자의 구성이 같은 개체
④ 유전자형: 개체의 유전자 구성을 알파벳 기호로 나타낸 것
⑤ 열성: 대립 형질을 가진 순종의 개체끼리 교배했을 때 잡종 1대에서 나타나는 형질

② 우성과 열성

[02~03] 오른쪽 그림과 같이 순종의 둥근 완두와 순종의 주름진 완두를 교배하여 잡종 1대를 얻었다.

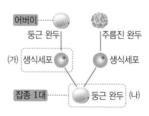

중요
02 이에 대한 설명으로 옳은 것만을 〈보기〉에서 있는 대로 고른 것은?

| 보기 |
ㄱ. (가)는 어버이 둥근 완두가 가진 염색체의 절반에 해당하는 염색체를 갖는다.
ㄴ. 둥근 모양 대립유전자는 주름진 모양 대립유전자에 대해 우성이다.
ㄷ. 어버이의 교배 방식은 타가 수분이다.

① ㄱ   ② ㄴ   ③ ㄱ, ㄴ
④ ㄴ, ㄷ   ⑤ ㄱ, ㄴ, ㄷ

03 (나)에 대한 설명으로 옳은 것은?

① 순종이다.
② 1종류의 생식세포를 만든다.
③ 어버이 둥근 완두와 유전자형이 같다.
④ 어버이 주름진 완두와 유전자형이 같다.
⑤ 씨 모양을 결정하는 대립유전자를 2개 갖는다.

③ 분리의 법칙

[04~05] 오른쪽 그림과 같이 순종의 노란색 완두(YY)와 순종의 초록색 완두(yy)를 교배하여 얻은 잡종 1대를 자가 수분하여 잡종 2대를 얻었다.

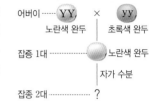

04 잡종 2대의 표현형과 분리비를 각각 쓰시오.

중요
05 이에 대한 설명으로 옳은 것은?

① 잡종 1대의 유전자형은 YY이다.
② 잡종 1대의 완두는 1종류의 생식세포를 만든다.
③ 잡종 2대 완두의 유전자형은 2가지이다.
④ 잡종 2대에서 순종 : 잡종=1 : 1이다.
⑤ 잡종 1대의 완두와 잡종 2대의 노란색 완두를 교배하면 초록색 완두를 얻을 수 없다.

④ 독립의 법칙

06 오른쪽 그림과 같이 순종의 둥글고 노란색인 완두(RRYY)와 순종의 주름지고 초록색인 완두(rryy)를 교배하여 얻은 잡종 1대를 자가 수분하여 잡종 2대에서 800개의 완두를 얻었다. 이 중 A와 같은 표현형을 가진 완두는 이론상 몇 개인가?

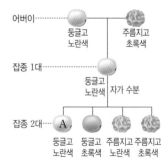

① 100개   ② 200개   ③ 400개
④ 450개   ⑤ 800개

01 순종의 보라색 꽃 완두와 순종의 흰색 꽃 완두를 교배하여 잡종 1대를 얻은 후, 이를 자가 수분하여 잡종 2대를 얻었다. 잡종 1대와 잡종 2대의 꽃 색에 대한 비율을 조사하였더니 다음과 같았다.

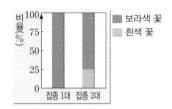

이에 대한 설명으로 옳은 것은?

① 흰색 꽃 대립유전자가 우성이다.
② 잡종 1대의 유전자형은 2종류이다.
③ 잡종 2대의 표현형은 3종류이다.
④ 잡종 2대의 흰색 꽃은 순종이다.
⑤ 잡종 2대의 흰색 꽃 완두를 자가 수분하면 보라색 꽃 완두를 얻을 수 있다.

[02~03] 그림과 같이 순종의 둥글고 노란색인 완두(RRYY)와 순종의 주름지고 초록색인 완두(rryy)를 교배하여 얻은 잡종 1대의 완두를 주름지고 초록색인 완두와 교배하였다. (단, R는 둥근 모양 대립유전자, r는 주름진 모양 대립유전자, Y는 노란색 대립유전자, y는 초록색 대립유전자이다.)

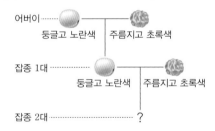

02 잡종 2대의 표현형 분리비로 옳은 것은?

	둥글고 노란색	:	둥글고 초록색	:	주름지고 노란색	:	주름지고 초록색
①	1	:	1	:	1	:	1
②	1	:	0	:	0	:	1
③	2	:	1	:	1	:	2
④	3	:	1	:	1	:	3
⑤	9	:	3	:	3	:	1

03 잡종 2대의 주름지고 노란색인 완두로부터 만들어질 수 있는 생식세포의 유전자형을 모두 쓰시오.

예제

01 그림은 순종의 둥글고 노란색인 완두(RRYY)와 순종의 주름지고 초록색인 완두(rryy)를 교배하여 잡종 1대를 얻는 과정을 나타낸 것이다. (단, R는 둥근 모양 대립유전자, r는 주름진 모양 대립유전자, Y는 노란색 대립유전자, y는 초록색 대립유전자이다.)

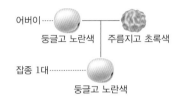

유전자 R와 r, Y와 y 중 어떤 것이 우성인지 쓰고, 그렇게 생각한 까닭을 잡종 1대의 유전자형과 관련지어 서술하시오.

Tip 대립 형질을 가진 순종의 개체끼리 교배하면 잡종 1대에서 나타나는 형질과 나타나지 않는 형질이 있다.
Key Word 표현형, 우성, 유전 인자

[설명] 순종의 어버이는 각각 RY, ry를 갖는 생식세포를 만들고, 이들이 결합하여 만들어진 잡종 1대의 완두는 RrYy의 유전자형을 갖는다. 한 형질에 대해 두 종류의 유전자를 가질 때 우성 대립유전자만 형질로 표현되므로 둥근 모양 대립유전자와 노란색 대립유전자가 우성이다.
[모범 답안] 어버이로부터 각각 RY와 ry를 물려받은 잡종 1대의 유전자형은 RrYy인데, 둥글고 노란색인 완두가 나타난 것으로 보아 둥근 모양 대립유전자(R)는 주름진 모양 대립유전자(r)에 대해 우성이고, 노란색 대립유전자(Y)는 초록색 대립유전자(y)에 대해 우성이다.

실전 연습

01 멘델은 완두를 이용한 교배 실험을 통해 유전의 기본 원리를 밝혔다. 완두가 유전 연구의 재료로 적합한 까닭을 3가지 서술하시오.

Tip 완두는 하나의 형질에 대해 뚜렷하게 구분되는 대립 형질을 갖는다.
Key Word 대립 형질, 교배, 자손의 수

_____

_____

4 사람의 유전

❶ 사람의 유전 연구

1. 사람의 여러 가지 유전 형질

〈이마선 모양〉	〈엄지 모양〉	〈보조개〉	〈혀 말기〉	〈눈꺼풀〉	〈귓불 모양〉
V자형 일자형	굽은 엄지 굽지 않은 엄지	있음 없음	가능 불가능	쌍꺼풀 외까풀	분리형 부착형

▲ 사람의 여러 가지 유전 형질(대립 형질이 뚜렷한 경우)

2. 사람의 유전 연구 방법✚

(1) 가계도✚ 조사: 가계도는 특정 형질을 가진 집안을 여러 세대에 걸쳐 조사하여 형질이 어떻게 나타나는지를 그림으로 나타낸 것이다. ➡ 특정 형질의 우열 관계, 가족 구성원의 유전자형을 판단할 수 있고, 태어날 자손의 형질을 예측할 수 있다.

(2) 쌍둥이 연구✚: 1란성 쌍둥이와 2란성 쌍둥이의 특정 형질을 비교 연구하여 유전과 환경의 영향을 연구한다.

(3) 최근의 유전 연구 방법: 통계 조사(한 집단의 유전 형질을 조사하여 통계적으로 분석함), 염색체와 DNA 분석(특정 형질에 관여하는 염색체, 유전자를 연구함) 등의 방법이 있다.

❷ 상염색체에 의한 유전

1. 상염색체 유전의 특징: 형질을 결정하는 유전자가 상염색체에 있으며, 성별에 따라 형질이 나타나는 빈도에 차이가 없다.

2. 사람의 상염색체 유전 형질

(1) 대립유전자가 2가지인 경우

① 특징: 대립 형질이 뚜렷하며, 멘델의 분리의 법칙을 따른다. 환경의 영향을 거의 받지 않는다.

② PTC 미맹, 이마선 모양, 눈꺼풀, 귓불 모양, 혀 말기, 귀지 상태 등이 있다.

> **PTC 미맹(PTC 용액✚의 쓴맛을 느끼지 못하는 형질)**
> • 한 쌍의 대립유전자에 의해 결정되며, 대립유전자의 종류는 정상과 미맹 유전자 2가지이다.
> • 정상 대립유전자(T)는 미맹 대립유전자(t)에 대해 우성이다(T>t).
>
> | 표현형 | 정상 | | 미맹 |
> |---|---|---|---|
> | 유전자형 | TT | Tt | tt |

(2) 대립유전자가 3가지인 경우(복대립 유전)

> **ABO식 혈액형**
> • 한 쌍의 대립유전자에 의해 결정되며, 대립유전자의 종류는 A, B, O 3가지이다.
> • 대립유전자 O는 대립유전자 A와 B에 대해 열성이고, 대립유전자 A와 B는 우열 관계가 없다 (A=B>O).
>
> | 표현형 | A형 | B형 | AB형 | O형 |
> |---|---|---|---|---|
> | 유전자형 | AA, AO | BB, BO | AB | OO |

✚ **사람의 유전 연구가 어려운 까닭**
• 한 세대가 길고, 자손의 수가 적다.
• 인위적인 교배가 불가능하다.
• 대립 형질이 복잡하고, 환경의 영향을 많이 받는다.

✚ **가계도에 사용되는 기호**
가계도에는 다음과 같은 특정 기호를 쓴다.

남자 ▢   ◯여자

결혼 ▢—◯

부모 ▢—◯
자손 ◯ ▢

1란성 쌍둥이   2란성 쌍둥이

✚ **1란성 쌍둥이와 2란성 쌍둥이**
• 1란성 쌍둥이: 하나의 수정란이 난할 과정에서 분리된 후 각각 발생하여 생긴 쌍둥이로, 유전자 구성이 서로 같다.
• 2란성 쌍둥이: 각기 다른 2개의 수정란이 동시에 발생하여 생긴 쌍둥이로, 유전자 구성이 서로 다르다.

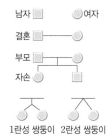

1란성 쌍둥이
수정란   2세포기   (둘로 나누어짐)

2란성 쌍둥이

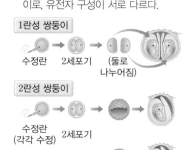

수정란 (각각 수정) 2세포기

✚ **PTC 용액**
PTC는 페닐싸이오카바마이드 (Phenylthio-carbamide)의 약자로, 정상인 경우에는 PTC 용액의 쓴맛을 느끼지만, 미맹인 사람은 맛을 느끼지 못하거나 다른 맛으로 느낀다.

기초 섭렵 문제

---

❶ 사람의 유전 연구

▶ 특정 형질을 가진 집안을 여러 세대에 걸쳐 조사하여 형질이 어떻게 나타나는지를 그림으로 나타낸 것을 □□□라고 한다.

▶ □□□ 쌍둥이와 2란성 쌍둥이의 특정 형질을 비교 연구하여 유전과 환경의 영향을 연구한다.

01 사람의 유전 연구가 어려운 까닭으로 옳은 것만을 〈보기〉에서 있는 대로 고르시오.

┤ 보기 ├

ㄱ. 대립 형질이 뚜렷하다.
ㄴ. 인위적인 교배가 불가능하다.
ㄷ. 한 세대가 길고 자손의 수가 적다.
ㄹ. 형질이 환경의 영향을 받지 않는다.

02 사람의 유전 연구에 대한 설명으로 옳은 것은 ○표, 옳지 않은 것은 ×표를 하시오.

(1) 가계도 조사를 통해 태어날 자손의 형질을 예측할 수 있다. (　　　)
(2) 쌍둥이 연구를 통해 유전과 환경이 특정 형질에 미치는 영향을 연구할 수 있다. (　　　)
(3) DNA를 분석하여 특정 형질에 관여하는 유전자를 연구할 수 있다. (　　　)
(4) 최근에는 유전 형질을 조사하여 통계적으로 분석하는 방법은 사용하지 않는다. (　　　)

❷ 상염색체에 의한 유전

▶ □□□□에 의한 유전은 성별에 따라 형질이 나타나는 빈도에 차이가 없다.

▶ PTC 미맹은 형질을 결정하는 유전자가 □□□□에 있고, □쌍의 대립유전자가 형질을 결정하며, 대립유전자의 종류가 □가지이다.

▶ ABO식 혈액형은 □쌍의 대립유전자가 형질을 결정하며, 대립유전자의 종류가 □가지이다. 대립유전자 O는 대립유전자 A와 B에 대해 □□이다.

03 오른쪽 그림은 어느 가족의 PTC 미맹 가계도를 나타낸 것이다.

(1) 미맹 형질은 우성인지 열성인지 쓰시오.
(2) 우성 대립유전자를 T, 열성 대립유전자를 t라고 할 때, 구성원 A와 B의 유전자형을 각각 쓰시오.

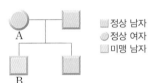

■정상 남자
●정상 여자
■미맹 남자

04 ABO식 혈액형에 대한 설명으로 옳은 것은 ○표, 옳지 않은 것은 ×표를 하시오.

(1) 남녀에 따라 형질이 나타나는 빈도에 차이가 없다. (　　　)
(2) 한 사람은 ABO식 혈액형을 결정하는 대립유전자를 2개 갖는다. (　　　)
(3) 대립유전자 A는 대립유전자 B와 대립유전자 O에 대해 우성이다. (　　　)

05 오른쪽 그림은 어느 가족의 ABO식 혈액형 가계도를 나타낸 것이다. (가)의 혈액형을 쓰시오.

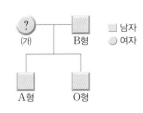

■남자
●여자

❸ 성염색체에 의한 유전

1. 사람의 성 결정 방식: 어머니와 아버지로부터 물려받은 성염색체의 조합으로 성별이 결정된다.

(1) 남자(44＋XY)는 어머니로부터 X 염색체를, 아버지로부터 Y 염색체를 물려받는다.

(2) 여자(44＋XX)는 어머니와 아버지로부터 X 염색체를 1개씩 물려받는다.

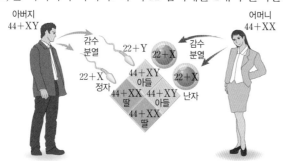

▲ 사람의 성 결정 방식

2. 반성유전(성염색체에 의한 유전)

(1) **특징:** 형질을 결정하는 유전자가 성염색체에 존재하며, 남녀에 따라 형질이 나타나는 빈도에 차이가 있다.

(2) **반성유전의 예:** 적록 색맹⁺, 혈우병⁺ 등

> **적록 색맹(붉은색과 초록색을 잘 구별하지 못하는 유전 형질)**
>
> • 형질을 결정하는 유전자가 X 염색체에 존재한다.
> • 정상 대립유전자(X)는 색맹 대립유전자(X′)에 대해 우성이다(X＞X′).
> • 여자는 색맹 대립유전자(X′)가 2개 있어야 색맹이 되지만, 남자는 색맹 대립유전자(X′)가 1개만 있어도 색맹이 되므로 색맹은 여자보다 남자에게 더 많이 나타난다.
> • 색맹 유전의 표현형과 유전자형

성염색체와 색맹 유전자	표현형과 유전자형		
	표현형	정상	색맹
🧬 정상 대립유전자(X) (정상 유전자를 가진 X 염색체) 🧬 색맹 대립유전자(X′) (색맹 유전자를 가진 X 염색체) 🧬 Y 염색체	유전자형 / 남자	X Y	X′ Y
	유전자형 / 여자	X X X X′ (보인자⁺)	X′ X′

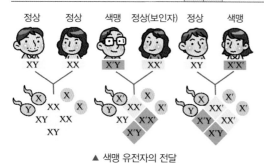

▲ 색맹 유전자의 전달

> • 아버지가 색맹(X′Y)이면 딸은 모두 색맹 대립유전자를 갖게 된다(XX′ 또는 X′X′).
> • 어머니가 색맹(X′X′)이면 아들은 항상 색맹(X′Y)이다.

✚ 색맹
망막의 시각 세포에 이상이 있어 색깔을 제대로 구별하지 못하는 유전 형질로, 붉은색과 초록색을 잘 구별하지 못하는 적록 색맹이 잘 알려져 있다.

✚ 혈우병
혈액이 잘 응고되지 않아 상처가 나면 출혈이 잘 멈추지 않는 유전병이다. 혈우병 대립유전자는 X 염색체에 존재하고, 정상 대립유전자에 대해 열성이다.

✚ 보인자
형질 유전자를 지니지만 표현형은 정상인 사람을 보인자라고 한다. 적록 색맹의 유전에서 유전자형이 XX′인 여자는 표현형은 정상이지만 색맹 대립유전자를 가진 보인자이다.

기초 섭렵 문제

❸ 성염색체에 의한 유전

▶ 남자는 성염색체로 어머니로부터 ☐ 염색체를 물려받고, 아버지로부터 ☐ 염색체를 물려받는다.

▶ 반성유전은 형질을 결정하는 유전자가 ☐염색체에 존재하며, 남녀에 따라 형질이 나타나는 ☐☐에 차이가 있다.

▶ 붉은색과 초록색을 잘 구별하지 못하는 유전 형질인 ☐☐ ☐☐은 유전자가 ☐ 염색체에 있으며, 색맹 대립유전자는 정상 대립유전자에 대해 ☐☐이다.

▶ 적록 색맹에 대한 유전자형이 XX′인 여자는 표현형은 정상이지만 색맹 대립유전자를 가지는데, 이를 ☐☐☐라고 한다.

▶ 어머니가 색맹이면 자녀 중 ☐☐은 항상 색맹이다.

06 다음은 사람의 성 결정 방식에 대한 설명이다. (   ) 안에 알맞은 말을 각각 쓰시오.

> 자녀의 성별은 어머니와 아버지로부터 물려받은 성염색체의 조합으로 결정된다. 남자는 어머니로부터 (㉠) 염색체를, 아버지로부터 (㉡) 염색체를 물려받는다. 여자는 어머니로부터 (㉢) 염색체를, 아버지로부터 (㉣) 염색체를 물려받는다.

07 반성유전에 대한 설명으로 옳은 것은 ○표, 옳지 않은 것은 ×표를 하시오.

(1) 형질을 결정하는 유전자가 상염색체에 존재한다.   (   )

(2) 남녀에 따라 형질이 나타나는 빈도에 차이가 없다.   (   )

(3) 우성 형질을 가진 아버지의 딸은 모두 우성 형질이 나타난다.   (   )

(4) 보인자는 형질이 겉으로 드러나지 않는다.   (   )

08 오른쪽 그림은 적록 색맹에 대한 유전자형이 XX′인 어머니와 X′Y인 아버지로부터 자녀에게 유전자가 전달되는 과정을 나타낸 것이다. (가)~(라) 중 색맹인 자녀를 모두 쓰시오. (단, X는 정상 대립유전자, X′는 색맹 대립유전자이다.)

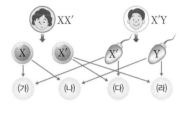

[09~10] 오른쪽 그림은 어느 가족의 적록 색맹 가계도를 나타낸 것이다. (단, X는 정상 대립유전자, X′는 색맹 대립유전자이다.)

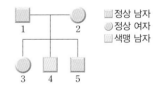

09 이에 대한 설명으로 옳은 것은 ○표, 옳지 않은 것은 ×표를 하시오.

(1) 색맹 대립유전자는 정상 대립유전자에 대해 열성이다.   (   )

(2) 2의 유전자형은 XX′이다.   (   )

(3) 유전자형을 확실히 알 수 없는 사람은 2명이다.   (   )

(4) 4의 색맹 유전자는 1로부터 물려받은 것이다.   (   )

10 5의 동생이 태어날 때, 이 아이가 색맹일 확률을 구하시오.

필수 탐구 　가계도 분석하기

목표

사람의 유전 형질에 대한 가계도를 분석하여 각 형질의 우열 관계 및 구성원의 유전자형을 분석할 수 있다.

과정

1 가계도에서 우성 형질과 열성 형질을 파악한다.
　➡ 부모에게 없던 형질이 자녀에게 나타난 경우 부모의 형질은 우성, 자녀의 형질은 열성이다.
2 유전자가 상염색체에 있는지 성염색체에 있는지 판단한다.
　➡ 우성 형질을 가진 아버지로부터 열성 형질을 가진 딸이 태어나거나, 열성 형질을 가진 어머니로부터 우성 형질을 가진 아들이 태어나면 성염색체에 의한 유전 형질이 아니다.
3 가족 구성원의 표현형, 부모와 자식 간의 관계 등을 근거로 유전자형을 분석하여 가계도에 표시한다.
　➡ 열성 형질을 가진 사람은 열성 순종이고, 열성 형질의 자녀를 둔 우성인 부모는 잡종이다.

결과 및 정리

〈PTC 미맹(상염색체에 의한 유전 형질)의 가계도 분석〉

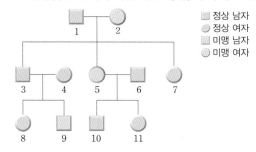

미맹은 PTC 용액의 쓴맛을 느끼지 못하는 형질로, 형질을 결정하는 유전자가 상염색체에 있다. 정상 대립유전자는 T, 미맹 대립유전자는 t로 표시한다.

1 정상인 3과 4 사이에서 미맹인 9가 나타났으므로 미맹은 열성 형질이다.
2 미맹 여자인 5에서 정상인 아들 10이 나타났으므로 미맹 유전자는 상염색체에 있다.
3 정상인 사람의 유전자형은 TT 또는 Tt이고, 미맹인 사람의 유전자형은 tt이다. 따라서 2, 5, 9의 유전자형은 tt이고, 부모와 자식 관계를 파악했을 때 1, 3, 4, 7, 10, 11은 Tt, 6, 8은 TT 또는 Tt이다.

〈적록 색맹(성염색체에 의한 유전 형질)의 가계도 분석〉

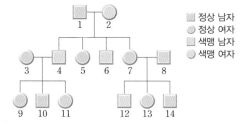

적록 색맹은 붉은색과 초록색을 잘 구별하지 못하는 형질로, 형질을 결정하는 유전자가 성염색체에 있다. 정상 대립유전자는 X, 색맹 대립유전자는 X′로 표시한다.

1 정상인 7과 8 사이에서 색맹인 12가 나타났으므로 색맹은 열성 형질이다.
2 색맹 유전자는 성염색체인 X 염색체에 있다.
3 정상 남자의 유전자형은 XY, 색맹 남자의 유전자형은 X′Y, 색맹 여자의 유전자형은 X′X′, 정상 여자의 유전자형은 XX 또는 XX′이다. 유전자형이 1, 8, 10, 14는 XY, 4, 6, 12는 X′Y, 2는 X′X′이고, 5, 7, 9, 11은 XX′, 3, 13은 XX 또는 XX′이다.

수행평가 섭렵 문제

가계도 분석하기

▶ 부모에게 없던 형질이 자녀에게 나타난 경우 부모의 형질은 □□, 자녀의 형질은 □□이다.

▶ 성염색체 유전의 경우 우성 형질을 가진 아버지로부터 □□ 형질을 가진 딸이 태어나지 않고, 열성 형질을 가진 어머니로부터 □□ 형질을 가진 아들이 태어나지 않는다.

▶ □□은 PTC 용액의 쓴맛을 느끼지 못하는 형질로, 형질을 결정하는 유전자가 □염색체에 있다.

▶ □□ □□은 붉은색과 초록색을 잘 구별하지 못하는 형질로, 형질을 결정하는 유전자가 □염색체에 있다.

[1~3] 그림은 어느 집안의 PTC 미맹 가계도를 나타낸 것이다.

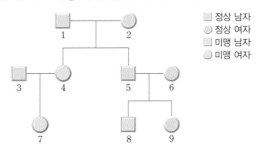

정상 남자
정상 여자
미맹 남자
미맹 여자

1 미맹 형질 대립유전자는 상염색체와 성염색체 중 어디에 있는지 쓰시오.

2 우성 대립유전자를 T, 열성 대립유전자를 t라고 할 때, 유전자형을 Tt로 확정할 수 없는 사람은?

① 1   ② 2   ③ 3
④ 6   ⑤ 9

3 3과 4 사이에서 자녀가 한 명 더 태어날 경우, 이 아이가 미맹일 확률을 구하시오.

[4~5] 그림은 어느 집안의 적록 색맹 가계도를 나타낸 것이다.

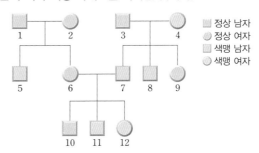

정상 남자
정상 여자
색맹 남자
색맹 여자

4 다음은 위 가계도를 분석하는 과정을 나타낸 것이다. ( ) 안에 알맞은 말을 각각 쓰시오.

> 정상인 1과 2로부터 색맹인 5가 태어난 것으로 보아 색맹 대립유전자는 정상 대립유전자에 대해 (㉠)이다. 정상 대립유전자를 X, 색맹 대립유전자를 X'라고 할 때 1, 3, 10의 유전자형은 (㉡)이고 5, 7, 8, 11의 유전자형은 (㉢)이다. 부모와 자녀 사이의 관계를 분석해 유전자형을 알아보면 보인자는 (㉣)명이다.

5 6과 7 사이에서 자녀가 한 명 더 태어날 경우, 이 아이가 정상일 확률을 구하시오.

내신 기출 문제

1 사람의 유전 연구

01 사람의 유전에 대한 설명으로 옳은 것은?

① 모든 유전자는 상염색체에 존재한다.
② 한 세대가 짧고 자손의 수가 많아 유전 연구가 용이하다.
③ 한 쌍의 대립유전자가 결정하는 형질은 멘델의 분리의 법칙을 따른다.
④ 가계도 분석은 유전과 환경의 영향을 알아보기에 가장 적합한 연구 방법이다.
⑤ 한 쌍의 대립유전자가 결정하는 형질은 대립유전자의 종류가 항상 2가지이다.

02 다음에서 설명하는 특징을 갖는 유전 연구 방법은 무엇인지 쓰시오.

집안의 가족 관계를 그림으로 나타내면 특정 유전 형질의 우열 관계를 판단할 수 있고, 이 형질이 어떻게 유전되는지 알 수 있다. 또한, 가족 구성원의 유전자형을 파악하거나 앞으로 태어날 자손의 형질을 예측할 수 있다.

2 상염색체에 의한 유전

03 오른쪽 그림은 어느 집안의 PTC 미맹 가계도를 나타낸 것이다. 이에 대한 설명으로 옳은 것은? (단, 우성 대립유전자는 T, 열성 대립유전자는 t로 표시한다.)

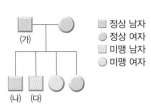

■ 정상 남자
● 정상 여자
▨ 미맹 남자
◐ 미맹 여자

① 미맹 대립유전자는 T이다.
② 정상인 사람의 유전자형은 모두 TT이다.
③ (가)와 (나)는 유전자형을 확실히 알 수 있다.
④ (다)가 만드는 생식세포는 1종류이다.
⑤ 미맹은 PTC 용액의 단맛을 느끼지 못하는 형질이다.

04 부모의 ABO식 혈액형과 자녀가 가질 수 있는 혈액형을 옳게 짝 지은 것은?

	아버지	어머니	자녀		아버지	어머니	자녀
①	A형	B형	O형	②	A형	A형	B형
③	A형	AB형	O형	④	B형	AB형	O형
⑤	O형	AB형	AB형				

3 성염색체에 의한 유전

05 다음은 유럽 왕실의 혈우병 유전에 대한 설명이다.

19세기 영국의 빅토리아 여왕의 자손들에게는 '혈우병'이라는 유전병이 있었다. ㉠빅토리아 여왕은 혈우병을 가지지 않았으나, 자녀들에게 자신이 가진 혈우병 유전자를 물려주었다. 이 자녀들이 유럽의 여러 왕족과 혼인 관계를 맺으면서 러시아와 스페인 왕실에서 혈우병을 가진 아들이 태어났다.

이에 대한 설명으로 옳은 것만을 〈보기〉에서 있는 대로 고른 것은?

보기
ㄱ. ㉠은 보인자이다.
ㄴ. 혈우병 유전자는 X 염색체에 있다.
ㄷ. 혈우병은 성별에 관계없이 나타나는 빈도가 같다.

① ㄱ　　② ㄷ　　③ ㄱ, ㄴ
④ ㄴ, ㄷ　　⑤ ㄱ, ㄴ, ㄷ

06 그림은 어느 집안의 적록 색맹 가계도를 나타낸 것이다.

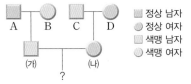

■ 정상 남자
● 정상 여자
□ 색맹 남자
○ 색맹 여자

이에 대한 설명으로 옳은 것은? (단, 정상 대립유전자는 X, 색맹 대립유전자는 X′로 표시한다.)

① 색맹 여자의 유전자형은 XX′이다.
② A와 C의 색맹 대립유전자의 개수는 같다.
③ D의 유전자형이 XX′일 확률은 100 %이다.
④ 정상 대립유전자는 색맹 대립유전자에 대해 열성이다.
⑤ (가)와 (나) 사이에서 색맹인 자녀가 태어날 확률은 50 %이다.

01

그림은 어느 집안의 곱슬머리 유전 가계도를 나타낸 것이다.

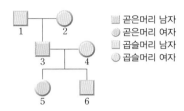

■ 곧은머리 남자
● 곧은머리 여자
▨ 곱슬머리 남자
◐ 곱슬머리 여자

이에 대한 설명으로 옳은 것은? (단, 곱슬머리 유전자는 상염색체에 있다.)

① 곧은머리는 우성 형질이다.
② 1은 순종, 2는 잡종이다.
③ 3과 4 사이에서 곱슬머리 딸이 태어날 수 있다.
④ 6의 곱슬머리 유전자는 1로부터 물려받은 것이다.
⑤ 유전자형을 확실히 알 수 없는 사람은 1명이다.

[02~03] 그림은 어느 집안의 적록 색맹 가계도를 나타낸 것이다.

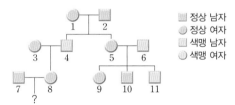

■ 정상 남자
● 정상 여자
▨ 색맹 남자
◐ 색맹 여자

02

이에 대한 설명으로 옳은 것만을 〈보기〉에서 있는 대로 고른 것은?

┤ 보기 ├
ㄱ. 5와 9는 보인자이다.
ㄴ. 7과 8 사이에서 태어난 자녀가 색맹일 확률은 25 %이다.
ㄷ. 11이 갖는 색맹 유전자는 1 → 5 → 11의 순서로 전달된 것이다.

① ㄱ   ② ㄴ   ③ ㄱ, ㄷ
④ ㄴ, ㄷ   ⑤ ㄱ, ㄴ, ㄷ

03

1~11 중 색맹에 대한 유전자형을 확실히 알 수 없는 사람의 번호를 쓰시오.

예제

01

그림은 1란성 쌍둥이와 2란성 쌍둥이의 형성 과정을, 표는 1란성 쌍둥이와 2란성 쌍둥이가 각각 동일한 환경에서 함께 자랐을 때 쌍둥이 사이에 키와 성적의 일치율을 나타낸 것이다. (가)와 (나)는 각각 1란성 쌍둥이와 2란성 쌍둥이 중 하나이며, 키는 유전의 영향을 많이 받고, 성적은 환경의 영향을 많이 받는다.

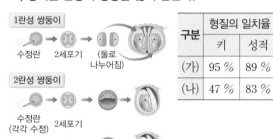

구분	형질의 일치율	
	키	성적
(가)	95 %	89 %
(나)	47 %	83 %

(가)와 (나)에 해당하는 쌍둥이가 무엇인지 각각 쓰고, 그 까닭을 서술하시오.

Tip 1란성 쌍둥이는 하나의 수정란이 둘로 나뉘어졌고, 2란성 쌍둥이는 수정란이 2개이다.
Key Word 수정란, 환경, 유전자

[설명] 1란성 쌍둥이는 유전자 구성이 동일하고, 2란성 쌍둥이는 유전자 구성이 서로 다르다. 따라서 유전의 영향이 큰 형질은 1란성 쌍둥이에서 일치율이 높고 2란성 쌍둥이에서 일치율이 낮으므로 키에서 일치율이 높은 (가)가 1란성 쌍둥이이다. 동일한 환경에서 함께 쌍둥이가 자랐다고 하였으므로, 환경의 영향을 많이 받는 성적의 경우 1란성 쌍둥이와 2란성 쌍둥이에서 차이가 크게 나타나지 않는다.
[모범 답안] 1란성 쌍둥이는 유전자 구성이 동일하고, 2란성 쌍둥이는 유전자 구성이 다르다. 따라서 유전의 영향을 많이 받는 형질인 키의 일치율이 높은 (가)가 1란성 쌍둥이, (나)가 2란성 쌍둥이이다.

실전 연습

01

적록 색맹은 망막의 시각 세포에 이상이 있어 붉은색과 초록색을 잘 구별하지 못하는 유전 형질이다. 적록 색맹의 빈도가 성별에 따라 어떻게 다른지 쓰고, 그 까닭을 성염색체와 관련지어 서술하시오.

Tip 적록 색맹 유전자는 성염색체에 존재한다.
Key Word 색맹 대립유전자, 열성, X 염색체

대단원 마무리

V. 생식과 유전

1 세포 분열

01 표는 한 변의 길이가 다른 세 개의 정육면체 (가)~(다)의 표면적과 부피를 나타낸 것이다.

정육면체	(가)	(나)	(다)
표면적(cm^2)	24	6	54
부피(cm^3)	8	1	27

이에 대한 설명으로 옳은 것만을 〈보기〉에서 있는 대로 고른 것은?

┤ 보기 ├
ㄱ. 물질의 흡수가 가장 효율적으로 일어나는 것은 (가)이다.
ㄴ. 한 변의 길이가 가장 긴 것은 (다)이다.
ㄷ. 부피에 대한 표면적의 비는 (나)가 (다)보다 크다.

① ㄱ   ② ㄱ, ㄴ   ③ ㄱ, ㄷ
④ ㄴ, ㄷ   ⑤ ㄱ, ㄴ, ㄷ

02 그림은 염색체의 구조를 나타낸 것이다.

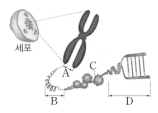

이에 대한 설명으로 옳지 <u>않은</u> 것은?

① A는 2개의 염색 분체로 구성된다.
② A는 세포 분열이 일어날 때 관찰할 수 있다.
③ 후기의 염색체는 B와 같이 풀어진 상태이다.
④ C는 단백질이다.
⑤ D는 유전 정보를 저장한다.

03 오른쪽 그림은 어떤 사람의 염색체를 나타낸 것이다. 이에 대한 설명으로 옳은 것은?

① 여성이다.
② 상염색체는 23쌍이다.
③ 22쌍의 성염색체를 갖는다.
④ 아버지로부터 물려받은 염색체는 23개이다.
⑤ 생식세포는 (가)의 염색체 2개를 모두 갖는다.

[04~05] 그림은 양파의 뿌리 끝을 재료로 현미경 표본을 만드는 과정을 순서 없이 나타낸 것이다.

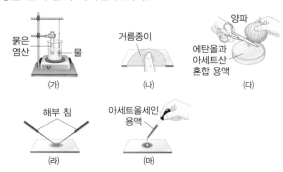

04 위 (가)~(마)를 실험 과정의 순서대로 나열하시오.

05 각 과정에 대한 설명으로 옳은 것은? (정답 2개)

① (가)는 세포의 활동을 멈추게 하는 과정이다.
② (나)는 세포를 연하게 하는 과정이다.
③ (다)에서 생장점을 포함하는 뿌리 끝을 잘라 낸다.
④ (라)는 세포 사이의 접착 물질을 녹이는 과정이다.
⑤ (마)는 핵과 염색체를 붉은색으로 염색하는 과정이다.

06 그림은 어떤 식물의 체세포 분열 과정을 순서 없이 나타낸 것이다.

(가)   (나)   (다)   (라)   (마)

각 과정에 대한 설명으로 옳지 <u>않은</u> 것은?

① (가)에서 염색체가 풀어지고 핵막이 다시 나타난다.
② (나)에서 유전 물질이 복제된다.
③ (다)에서 핵막이 사라지고 염색체가 나타난다.
④ (라)에서 상동 염색체가 분리되어 세포의 양끝으로 이동한다.
⑤ (마)에서 염색체가 세포의 중앙에 배열한다.

07 그림은 우리 몸에서 일어나는 세포 분열 방식 중 하나를 모식적으로 나타낸 것이다.

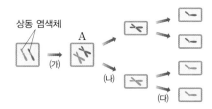

상동 염색체

(가) A (나) (다)

이에 대한 설명으로 옳은 것은?

① (가)에서 염색체 수가 2배가 된다.
② A에서 상동 염색체가 결합하여 2가 염색체를 형성한다.
③ (나) 과정에서 염색체 수는 변화가 없다.
④ (다) 과정에서 상동 염색체가 분리된다.
⑤ 식물의 생장점에서 이와 같은 분열이 일어난다.

2 사람의 발생

08 그림은 수정란의 초기 세포 분열을 나타낸 것이다.

이에 대한 설명으로 옳지 않은 것은?

① 세포 1개의 크기가 점점 감소한다.
② 분열이 진행될수록 세포의 수가 증가한다.
③ 배아의 전체 크기는 거의 변하지 않는다.
④ 일반적인 체세포 분열에 비해 분열 속도가 빠르다.
⑤ 분열이 진행될수록 세포 1개당 염색체 수는 감소한다.

09 오른쪽 그림은 사람의 생식 과정의 일부를 나타낸 것이다. 이에 대한 설명으로 옳지 않은 것은?

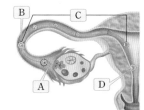

① A는 배란이다.
② B는 수정이다.
③ C는 난할이다.
④ C 과정에서 배아 전체의 크기가 점점 커진다.
⑤ D는 착상이다.

3 멘델의 유전 법칙

10 다음 (   ) 안에 알맞은 말을 각각 쓰시오.

> 씨 모양이나 꽃잎 색깔과 같이 생물이 가지고 있는 고유한 특징을 (㉠)이라고 하며, 부모의 형질을 자손에게 물려주는 현상을 (㉡)이라고 한다.

11 표는 멘델의 유전 원리에 대한 설명이다.

(가)	유전자형이 Rr인 둥근 완두의 유전자 R와 r는 생식세포가 만들어질 때 분리되어 각각의 생식세포로 나뉘어 들어간다.
(나)	순종의 둥근 완두와 순종의 주름진 완두를 교배하였더니 잡종 1대에서 우성 형질인 둥근 완두만 나타났다.
(다)	두 가지 이상의 대립 형질이 동시에 유전될 때 서로 영향을 주지 않고 독립적으로 유전된다.

(가)~(다)에 해당하는 멘델의 유전 원리를 옳게 짝 지은 것은?

	(가)	(나)	(다)
①	우열의 원리	분리의 법칙	독립의 법칙
②	우열의 원리	독립의 법칙	분리의 법칙
③	분리의 법칙	우열의 원리	독립의 법칙
④	독립의 법칙	우열의 원리	분리의 법칙
⑤	독립의 법칙	분리의 법칙	우열의 원리

12 다음은 완두의 교배 실험 과정과 결과를 나타낸 것이다.

> • 과정: ㉠흰색 꽃 완두의 씨와 ㉡보라색 꽃 완두의 씨를 각각 심어 키운다. 두 완두에서 꽃이 피면 ㉢꽃밥을 잘라 낸 보라색 꽃의 암술머리에 흰색 꽃의 꽃가루를 묻힌다.
> • 결과: 꽃이 진 후 얻은 꼬투리 속의 ㉣완두 씨를 심었더니 자라서 모두 보라색 꽃을 피웠다.

이에 대한 설명으로 옳은 것은?

① ㉠은 잡종이다.
② ㉡에서 만드는 생식세포의 종류는 2가지이다.
③ ㉢은 자가 수분이다.
④ ㉣의 유전자형은 모두 같다.
⑤ ㉡과 ㉣을 교배하면 흰색 꽃 완두를 얻을 수 있다.

13 표는 순종의 둥글고 노란색 완두(RRYY)와 순종의 주름지고 초록색 완두(rryy)를 교배하여 얻은 잡종 1대를 자가 수분하여 얻은 잡종 2대 1600개체의 표현형에 따른 개체 수를 나타낸 것이다.

잡종 2대 표현형	둥글고 노란색	둥글고 초록색	주름지고 노란색	주름지고 초록색
개체 수(개)	898	295	302	105

이에 대한 설명으로 옳지 <u>않은</u> 것은?

① 잡종 1대의 유전자형은 모두 동일하다.
② 잡종 1대에서 4종류의 생식세포가 형성된다.
③ 잡종 2대의 주름지고 초록색 완두는 모두 순종이다.
④ 잡종 2대에서 둥근 완두 : 주름진 완두＝1 : 1이다.
⑤ 완두 씨의 모양 대립유전자와 색깔 대립유전자는 독립적으로 유전된다.

④ 사람의 유전

14 다음은 어떤 유전 연구 방법에 대한 설명인가?

> 유전과 환경이 특정 형질에 미치는 영향을 알아보는 데 이용된다.

① 쌍둥이 연구   ② 통계 조사   ③ 가계도 조사
④ DNA 비교   ⑤ 염색체 분석

15 오른쪽 그림은 사람의 염색체를 나타낸 것이다. 이에 대한 설명으로 옳은 것은? (단, 이 사람은 적록 색맹이다.)

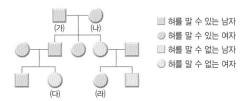

① A는 남자에게만 있는 염색체이다.
② A에 있는 유전자에 의해 결정되는 유전 형질은 성별에 따른 출현 빈도에 차이가 없다.
③ B는 Y 염색체이다.
④ B는 아들에게 전달된다.
⑤ 이 사람의 어머니는 색맹 대립유전자를 갖지 않는다.

16 사람의 여러 유전 형질에 대한 설명으로 옳은 것은?

① 미맹: 성염색체에 의한 유전이다.
② 귓불 모양: 대립 형질이 뚜렷하지 않다.
③ ABO식 혈액형: 대립유전자가 3가지이다.
④ 눈꺼풀: 남녀에 따른 출현 빈도에 차이가 있다.
⑤ 혈우병: 어머니가 보인자이면 아들은 항상 혈우병을 가진다.

17 그림은 어느 집안의 혀말기 유전에 대한 가계도를 나타낸 것이다.

■ 혀를 말 수 있는 남자
● 혀를 말 수 있는 여자
▨ 혀를 말 수 없는 남자
◎ 혀를 말 수 없는 여자

이에 대한 설명으로 옳지 <u>않은</u> 것은?

① 혀 말기 유전자는 상염색체에 존재한다.
② 혀를 말 수 있는 형질이 우성이다.
③ (가)와 (나)는 유전자형이 같다.
④ (다)와 (라)는 모두 순종이다.
⑤ (다)의 동생이 태어날 때, 이 아이가 혀를 말 수 있는 형질을 가질 확률은 75 %이다.

18 그림은 철수네 집안의 ABO식 혈액형과 적록 색맹 유전에 대한 가계도를 나타낸 것이다.

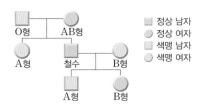

■ 정상 남자
● 정상 여자
□ 색맹 남자
○ 색맹 여자

이에 대한 설명으로 옳은 것만을 〈보기〉에서 있는 대로 고른 것은?

┤ 보기 ├
ㄱ. 철수의 ABO식 혈액형은 O형이다.
ㄴ. 가계도에서 색맹 대립유전자를 갖는 사람은 6명이다.
ㄷ. 철수의 자녀가 한 명 더 태어날 때, 이 아이가 AB형이면서 색맹일 확률은 12.5 %이다.

① ㄱ   ② ㄷ   ③ ㄱ, ㄴ
④ ㄴ, ㄷ   ⑤ ㄱ, ㄴ, ㄷ

대단원 서논술형 문제

정답과 해설 | 46쪽

01 그림은 양파의 뿌리 끝 부분을 이용하여 체세포 분열을 관찰하기 위한 실험 과정을 순서 없이 나타낸 것이다.

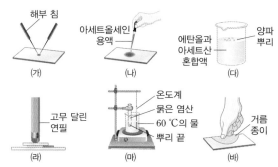

(나)와 (다) 과정을 생략할 경우 나타날 것으로 예상되는 문제점을 각각 서술하시오.

Tip 체세포 분열 관찰 실험 과정은 '고정 → 해리 → 염색 → 분리 → 압착'의 단계를 거친다.
Key Word 염색, 고정

_____

_____

02 오른쪽 그림은 어떤 동물의 세포 분열 과정에서 관찰된 어떤 세포를 나타낸 것이다. 이 세포의 분열 시기를 쓰고, 그렇게 판단한 까닭을 염색체와 관련지어 서술하시오.

Tip 상동 염색체가 결합하여 2가 염색체를 형성한다.
Key Word 2가 염색체, 감수 분열

_____

_____

03 다음은 완두를 이용한 교배 실험이다. (가)와 (나)에서 자손의 표현형 분리비가 다르게 나타난 까닭을 ㉠과 ㉡의 유전자형을 비교하여 서술하시오. (단, 완두 씨 색깔을 결정하는 대립유전자는 Y와 y이며, Y는 y에 대해 우성이다.)

> (가) ㉠노란색 완두와 초록색 완두를 교배하였더니 자손에서 모두 노란색 완두가 나타났다.
> (나) ㉡노란색 완두와 초록색 완두를 교배하였더니 자손 중 노란색 완두와 초록색 완두가 1:1의 비율로 나타났다.

Tip 열성 순종 개체와 교배하면 자손의 표현형 분리비를 통해 어버이의 유전자형을 알 수 있다.
Key Word 순종, 표현형, 분리비

_____

_____

04 그림은 어느 집안의 유전병에 대한 가계도를 나타낸 것이다.

■ 정상 남자
● 정상 여자
□ 유전병 남자
○ 유전병 여자

(1) 정상과 유전병 중 우성 형질을 쓰고, 그렇게 판단한 까닭을 서술하시오.

(2) 유전병에 대한 유전자는 상염색체와 X 염색체 중 어디에 있는지 쓰고, 그렇게 판단한 까닭을 서술하시오.

Tip 부모에게 없던 형질이 자녀에게 나타나는 경우 열성 대립유전자를 각각 물려받은 것이다.
Key Word 우성, 표현형, 상염색체, 성염색체

_____

_____

VI 에너지 전환과 보존

1 역학적 에너지 전환과 보존

❶ 위로 던져 올린 물체의 역학적 에너지 전환

1. 역학적 에너지: 물체의 위치 에너지와 운동 에너지의 합

> 역학적 에너지＝위치 에너지＋운동 에너지

2. 역학적 에너지 전환: 중력을 받아 운동하는 물체는 위치 에너지와 운동 에너지가 서로 전환되어 그 크기가 달라진다.

3. 위로 던져 올린 물체⁺**와 자유 낙하 하는 물체에서의 역학적 에너지 전환**

물체를 위로 던져 올릴 때	물체가 자유 낙하 할 때
[전환] 운동 에너지 → 위치 에너지 물체의 높이가 높아지므로 위로 갈수록 위치 에너지는 커지고, 속력이 느려지면서 운동 에너지는 작아진다.	[전환] 위치 에너지 → 운동 에너지 물체의 높이가 낮아지므로 위치 에너지는 작아지고, 속력이 빨라지면서 운동 에너지는 커진다.

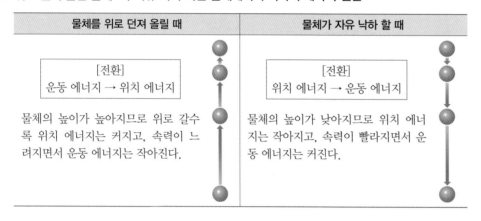

❷ 주변에서 볼 수 있는 역학적 에너지 전환

1. 역학적 에너지 전환의 예: 운동하는 물체의 높이가 변할 때 역학적 에너지 전환이 일어난다.

2. 롤러코스터의 운동에서 역학적 에너지 전환: 롤러코스터가 내려가거나 올라갈 때 역학적 에너지 전환이 일어난다.

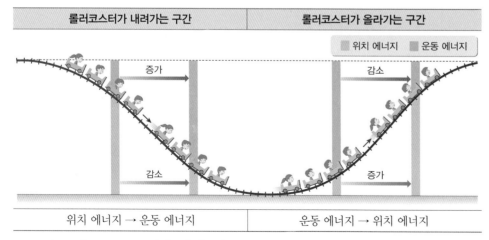

롤러코스터가 내려가는 구간	롤러코스터가 올라가는 구간
위치 에너지 → 운동 에너지	운동 에너지 → 위치 에너지

3. 그 밖의 역학적 에너지 전환⁺**:** 시계추가 흔들리며 왕복 운동을 할 때 위치 에너지와 운동 에너지가 서로 전환된다.

＋ 위로 던져 올린 물체의 운동

물체가 올라가는 동안, 물체는 운동 방향과 반대 방향으로 중력을 받으면서 운동한다. 따라서 물체가 올라가는 동안 속력이 점점 감소하다가, 가장 높은 지점에 이르는 순간 속력이 0이 된다.

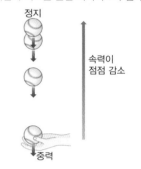

＋ 위치 에너지와 운동 에너지 전환 예

- 스키를 타고 경사면을 내려올 때 위치 에너지가 운동 에너지로 전환되어 속력이 점점 빨라진다.
- 높이뛰기 선수가 바를 넘기 위해 도약하면 운동 에너지가 위치 에너지로 전환되고, 떨어질 때에는 위치 에너지가 운동 에너지로 전환된다.
- 하프파이프에서 스노보드를 타고 운동할 때 위치 에너지와 운동 에너지가 서로 전환된다.

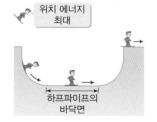

기초 섭렵 문제

❶ 위로 던져 올린 물체의 역학적 에너지 전환

▶ 물체의 위치 에너지와 운동 에너지의 합을 ☐☐☐ 에너지라고 한다.

▶ 중력을 받아 운동하는 물체는 ☐☐ 에너지와 ☐☐ 에너지가 서로 전환되어 그 크기가 달라진다.

▶ 물체를 위로 던져 올릴 때 물체의 ☐☐ 에너지는 커지고, ☐☐ 에너지는 작아진다.

▶ 물체가 자유 낙하 운동을 할 때 물체의 ☐☐ 에너지는 작아지고, ☐☐ 에너지는 커진다.

01 다음은 역학적 에너지를 나타낸 것이다. ㉠과 ㉡에 들어갈 알맞은 에너지의 종류를 쓰시오.

> 역학적 에너지=(㉠)+(㉡)

02 그림과 같이 위로 던져 올린 물체가 올라가는 동안의 역학적 에너지 전환에 대한 설명으로 옳은 것은 ○표, 옳지 않은 것은 ×표를 하시오.

(1) 운동 에너지가 위치 에너지로 전환된다. ( )
(2) 위로 올라갈수록 높이가 높아지므로 위치 에너지는 감소한다. ( )
(3) 위로 올라가는 동안 속력이 느려지므로 운동 에너지는 증가한다. ( )

03 그림과 같이 자유 낙하 운동을 하는 물체의 역학적 에너지 전환에 대한 설명으로 옳은 것은 ○표, 옳지 않은 것은 ×표를 하시오.

(1) 위치 에너지가 운동 에너지로 전환된다. ( )
(2) 자유 낙하 운동을 하는 동안 높이가 낮아지므로 위치 에너지는 감소한다. ( )
(3) 자유 낙하 운동을 하는 동안 속력이 빨라지므로 운동 에너지는 증가한다. ( )

❷ 주변에서 볼 수 있는 역학적 에너지 전환

▶ 운동하는 롤러코스터가 내려가는 구간에서는 ☐☐ 에너지가 ☐☐ 에너지로 전환된다.

▶ 운동하는 롤러코스터가 올라가는 구간에서는 ☐☐ 에너지가 ☐☐ 에너지로 전환된다.

04 그림은 롤러코스터가 레일을 따라 운동하는 것을 나타낸 것이다.

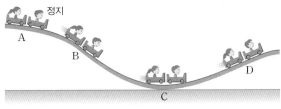

(1) A → B 구간에서 역학적 에너지 전환을 쓰시오.
(2) B → C 구간에서 역학적 에너지 전환을 쓰시오.
(3) C → D 구간에서 역학적 에너지 전환을 쓰시오.

❸ 위로 던져 올린 물체의 역학적 에너지 보존

1. 역학적 에너지 보존⁺: 물체를 위로 던져 올릴 때나 물체가 자유 낙하 할 때 공기 저항이나 마찰이 없으면 물체의 역학적 에너지는 일정하다.

$$역학적\ 에너지 = 위치\ 에너지 + 운동\ 에너지 = 일정$$
$$= 9.8mh + \frac{1}{2}mv^2$$

2. 물체를 위로 던져 올릴 때나 물체가 자유 낙하 할 때의 역학적 에너지 보존

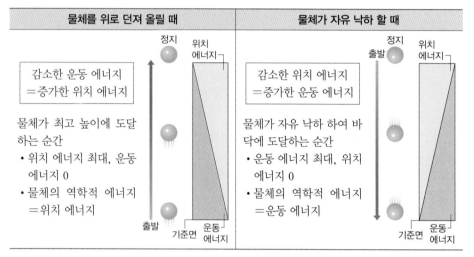

물체를 위로 던져 올릴 때	물체가 자유 낙하 할 때
감소한 운동 에너지 = 증가한 위치 에너지 물체가 최고 높이에 도달하는 순간 • 위치 에너지 최대, 운동 에너지 0 • 물체의 역학적 에너지 = 위치 에너지	감소한 위치 에너지 = 증가한 운동 에너지 물체가 자유 낙하 하여 바닥에 도달하는 순간 • 운동 에너지 최대, 위치 에너지 0 • 물체의 역학적 에너지 = 운동 에너지

3. 역학적 에너지 보존 법칙: 공기 저항이나 마찰이 없을 때 운동하는 물체의 역학적 에너지는 높이에 관계없이 항상 일정하게 보존된다.

❹ 주변에서 볼 수 있는 역학적 에너지 보존

1. 롤러코스터의 운동⁺에서 역학적 에너지 보존: 롤러코스터가 운동할 때에도 역학적 에너지의 전환이 일어나며, 레일과의 마찰 및 공기 저항이 없다면 역학적 에너지는 일정하게 보존된다.

위치	A	B	C	D
운동 에너지	0	증가	최대	감소
위치 에너지	최대	감소	0	증가
역학적 에너지	모든 지점에서 같다.			

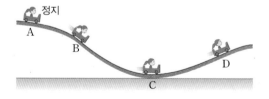

(단, C점을 기준면으로 한다.)

2. 실에 매달린 물체에서의 역학적 에너지 보존: 공기 저항이나 마찰이 없다면 역학적 에너지는 일정하게 보존된다.

위치	A	→	O	→	B
운동 에너지	0	증가	최대	감소	0
위치 에너지	최대	감소	0	증가	최대
역학적 에너지	모든 지점에서 같다.				

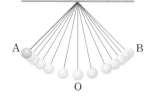

(단, O점을 기준면으로 한다.)

✚ 중력과 역학적 에너지 보존
운동하는 물체에 중력만 작용하면 역학적 에너지가 보존된다. 그러나 물체에 공기 저항이나 마찰이 작용하면 역학적 에너지가 보존되지 않는다.

✚ 롤러코스터 운동에서 공기 저항이나 마찰이 있을 때
공기 저항이나 마찰이 있으면 역학적 에너지의 일부가 열에너지 등으로 전환되므로 롤러코스터의 역학적 에너지는 보존되지 않는다. 이때 역학적 에너지와 열에너지 등을 합한 전체 에너지는 보존된다.

✚ 역학적 에너지 보존을 이용한 예측
• 공을 위로 던져 올릴 때: 물체의 처음 속력을 알면 운동 에너지를 구할 수 있고, 최고점에서의 위치 에너지가 처음 운동 에너지와 같으므로 최고점의 높이를 예측할 수 있다.
• 물체가 자유 낙하 할 때: 물체의 처음 높이를 알면 위치 에너지를 구할 수 있고, 바닥에 도달할 때의 운동 에너지가 처음 위치 에너지와 같으므로 바닥에 도달할 때의 속력을 예측할 수 있다.

❸ 위로 던져 올린 물체의 역학적 에너지 보존

▶ 공기 저항이나 마찰이 없을 때 운동하는 물체의 역학적 에너지는 높이에 관계없이 항상 일정하게 □□된다.

▶ 물체를 위로 던져 올렸을 때 감소한 □□ 에너지는 증가한 □□ 에너지와 같다.

▶ 물체가 자유 낙하 할 때 감소한 □□ 에너지는 증가한 □□ 에너지와 같다.

05 위로 던져 올린 물체가 올라갈 때의 역학적 에너지 보존에 대한 설명으로 옳은 것은 ○표, 옳지 않은 것은 ×표를 하시오. (단, 공기 저항은 무시한다.)

(1) 최고 높이에서 위치 에너지는 0이다. ( )
(2) 최고 높이에서 운동 에너지는 최대이다. ( )
(3) 운동 에너지는 감소하고 위치 에너지는 증가한다.
( )
(4) 최고 높이에서 역학적 에너지는 위치 에너지와 같다.
( )
(5) 운동 에너지의 변화량과 위치 에너지의 변화량은 같다. ( )

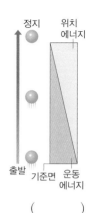

06 자유 낙하 운동을 하는 물체의 처음 최고 높이에서 위치 에너지가 **100 J**이었다. 이에 대한 설명으로 옳은 것은 ○표, 옳지 않은 것은 ×표를 하시오. (단, 공기 저항은 무시한다.)

(1) 바닥에 도달하는 순간 역학적 에너지는 100 J이다. ( )
(2) 바닥에 도달하는 순간 운동 에너지는 100 J이다. ( )
(3) 감소한 위치 에너지가 100 J이라면 증가한 운동 에너지는 0이다. ( )

❹ 주변에서 볼 수 있는 역학적 에너지 보존

▶ 롤러코스터가 운동할 때 역학적 에너지 □□이 일어나며, 공기 저항이나 마찰이 없다면 역학적 에너지는 일정하게 □□된다.

▶ 공기 저항이나 마찰이 없다면 실에 매달려 왕복 운동을 하는 물체에서도 역학적 에너지는 □□된다.

07 그림은 롤러코스터가 레일을 따라 운동하는 모습을 나타낸 것이다. 롤러코스터가 운동할 때 D점에서의 역학적 에너지가 **100 J**이라면 A, B, C점에서 역학적 에너지를 각각 구하시오. (단, 공기 저항이나 마찰은 무시한다.)

(1) A점에서 역학적 에너지
(2) B점에서 역학적 에너지
(3) C점에서 역학적 에너지

08 그림은 실에 매달린 물체가 A에서 B까지 운동하는 동안 위치 에너지와 운동 에너지, 역학적 에너지 변화를 나타낸 것이다. (단, 공기 저항이나 마찰은 무시하며, O점을 기준면으로 한다.)

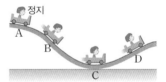

위치	A	→	O	→	B
운동 에너지	0	증가	최대	감소	㉠
위치 에너지	최대	감소	㉡	증가	최대
역학적 에너지			㉢		

㉠~㉢에 들어갈 알맞은 것을 쓰시오.

• ㉠: ( ) • ㉡: ( ) • ㉢: ( )

필수 탐구

자유 낙하 운동을 하는 물체의 역학적 에너지 전환과 보존

목표

자유 낙하 운동을 하는 물체의 역학적 에너지에 관하여 설명할 수 있다.

1회~2회 예비 실험을 하여 실험 기구 배치를 조정하고 높이를 측정할 때에는 속력 측정기의 중심을 기준으로 한다.

과정

1 전자저울을 이용하여 쇠구슬의 질량을 측정한다.
2 스탠드를 사용하여 투명한 플라스틱 관을 지면에 수직으로 세우고, 종이컵에 모래를 넣어 관 아래에 놓는다.
3 관의 끝 O점으로부터 50 cm 아래인 A점과 100 cm 아래인 B점에 속력 측정기를 설치한다.
4 속력 측정기를 켜고, O점에서 쇠구슬을 자유 낙하시켜 쇠구슬이 A점과 B점을 지날 때의 속력을 각각 측정한다. 이 과정을 5회 반복하여 그 평균값을 구한다.
5 속력 측정값을 이용하여 각 지점에서 쇠구슬의 위치 에너지, 운동 에너지, 역학적 에너지를 구한다.

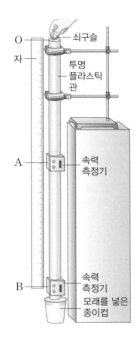

결과

1 쇠구슬의 질량, A점과 B점에서 쇠구슬의 속력은 다음과 같다.
   • 쇠구슬의 질량: 16.5 g
   • A점과 B점에서 쇠구슬의 속력

구분	쇠구슬의 속력(m/s)					
	1회	2회	3회	4회	5회	평균
A점	3.10	3.17	3.11	3.12	3.13	3.13
B점	4.41	4.45	4.44	4.42	4.43	4.43

2 쇠구슬이 자유 낙하 운동을 할 때 각 지점에서의 위치 에너지, 운동 에너지, 역학적 에너지는 다음과 같다. (단, B점을 기준면으로 한다.)

구분	위치 에너지(J)	운동 에너지(J)	역학적 에너지(J)
O점	0.16	0	0.16
A점	0.08	0.08	0.16
B점	0	0.16	0.16

공기 중에서 물체가 낙하하면 공기 저항이 작용하여 역학적 에너지가 보존되지 않는다. 그러나 낙하 거리가 짧고 속력이 비교적 느린 경우에는 공기 저항을 무시하고 중력만 작용한다고 볼 수 있다.

정리

1 O점에서 A점까지 낙하하는 동안 위치 에너지 감소량과 운동 에너지 증가량은 같다.
   ➡ 위치 에너지 감소량은 0.08 J이고, 운동 에너지 증가량도 0.08 J이다.
2 O점에서 B점까지 낙하하는 동안 위치 에너지 감소량과 운동 에너지 증가량은 같다.
   ➡ 위치 에너지 감소량은 0.16 J이고, 운동 에너지 증가량도 0.16 J이다.
3 쇠구슬이 자유 낙하 운동을 할 때 위치 에너지는 감소하고, 운동 에너지는 증가한다. 그러나 위치 에너지와 운동 에너지의 합인 역학적 에너지는 일정하다.

수행평가 섭렵 문제

자유 낙하 운동을 하는 물체의 역학적 에너지 전환과 보존

▶ 물체가 자유 낙하 운동을 하면 □□가 점점 낮아지므로 위치 에너지는 점점 □□한다.

▶ 물체가 자유 낙하 운동을 하면 □□이 점점 빨라지므로 운동 에너지는 점점 □□한다.

▶ 자유 낙하 운동을 하는 물체의 위치 에너지와 운동 에너지의 합인 역학적 에너지는 □□하다.

▶ 물체가 자유 낙하 운동을 할 때 □□ 에너지의 증가량과 □□ 에너지의 감소량은 같다.

[1~2] 그림과 같이 속력 측정기를 투명한 관의 위쪽과 아래쪽에 설치하고 쇠구슬의 질량과 O, A, B점의 높이를 측정하였다. 그런 다음 쇠구슬을 관 안쪽으로 가만히 떨어뜨려 쇠구슬이 A점과 B점을 지날 때의 속력을 측정하였다. (단, 공기 저항이나 마찰은 무시하고, B점을 기준면으로 한다.)

1 이 실험에서 A점과 B점 사이에서 감소한 위치 에너지와 같은 값은?

① O점에서의 위치 에너지
② B점에서의 운동 에너지
③ A점과 B점 사이에서 증가한 운동 에너지
④ A점과 B점 사이에서 감소한 역학적 에너지
⑤ A점과 B점 사이에서 증가한 역학적 에너지

2 이 실험 과정에서 오차를 줄이려는 방법으로 적절하지 않은 것은?

① B점은 지면 가까이 설치한다.
② 쇠구슬은 정확히 O점에서 떨어뜨린다.
③ O, A, B점의 높이를 정확하게 측정한다.
④ 속력은 여러 번 측정하여 평균값을 구한다.
⑤ 쇠구슬이 관의 안쪽 벽에 닿지 않도록 한다.

3 높이가 10 m인 곳에서 어떤 물체를 가만히 놓아 떨어뜨렸더니 5 m인 지점을 지날 때의 위치 에너지가 49 J이었다. 이 물체의 5 m 높이에서의 운동 에너지와 역학적 에너지를 각각 구하시오. (단, 공기 저항은 무시한다.)

(1) 5 m 높이에서 운동 에너지
(2) 5 m 높이에서 역학적 에너지

[4~5] 그림과 같이 질량이 5 kg인 물체가 A점에서 B점으로 낙하할 때, A점에서 운동 에너지는 120 J이고, B점에서 운동 에너지는 267 J이다. (단, 공기 저항은 무시한다.)

4 A점과 B점 사이에서 감소한 위치 에너지를 쓰시오.

5 A점에서 역학적 에너지가 490 J이라고 할 때 B점에서 위치 에너지를 쓰시오.

내신 기출 문제

1 위로 던져 올린 물체의 역학적 에너지 전환

01 역학적 에너지에 대한 설명으로 옳지 <u>않은</u> 것은? (단, 공기 저항이나 마찰은 무시한다.)

① 위치 에너지와 운동 에너지의 합이다.

② 자유 낙하 운동을 하는 물체의 역학적 에너지는 일정하게 보존된다.

③ 공이 수평면을 굴러가는 동안 위치 에너지가 운동 에너지로 전환된다.

④ 물체가 자유 낙하 운동을 하는 동안 위치 에너지가 운동 에너지로 전환된다.

⑤ 물체가 위로 올라가는 동안 감소한 운동 에너지만큼 위치 에너지가 증가한다.

02 그림은 공중에서 가만히 떨어뜨린 야구공의 운동을 일정한 시간 간격으로 나타낸 것이다. 야구공이 A에서 B로 떨어지는 동안 역학적 에너지의 변화에 대한 설명으로 옳은 것만을 〈보기〉에서 있는 대로 고른 것은? (단, 공기 저항은 무시한다.)

| 보기 |

ㄱ. 위치 에너지가 점점 감소한다.

ㄴ. 운동 에너지는 점점 증가한다.

ㄷ. 운동 에너지가 위치 에너지로 전환된다.

① ㄴ   ② ㄷ   ③ ㄱ, ㄴ

④ ㄱ, ㄷ   ⑤ ㄱ, ㄴ, ㄷ

03 그림은 위로 던져 올린 물체의 운동 모습을 일정한 시간 간격으로 나타낸 것이다. 물체가 최고 높이까지 올라가는 동안 위치 에너지와 운동 에너지의 변화를 옳게 짝 지은 것은?

	위치 에너지	운동 에너지
①	일정하다.	일정하다.
②	일정하다.	점점 감소한다.
③	점점 증가한다.	일정하다.
④	점점 증가한다.	점점 감소한다.
⑤	점점 감소한다.	점점 증가한다.

04 그림은 제자리 높이뛰기를 할 때의 모습을 나타낸 것이다.

이에 대한 설명으로 옳지 <u>않은</u> 것은? (단, C는 최고 높이일 때이다.)

① C에서 속력이 0이다.

② C에서 위치 에너지는 0이다.

③ 운동하는 동안 역학적 에너지 전환이 일어난다.

④ A와 C 사이에서 운동 에너지가 위치 에너지로 전환된다.

⑤ C와 D 사이에서 위치 에너지가 운동 에너지로 전환된다.

2 주변에서 볼 수 있는 역학적 에너지 전환

05 그림은 롤러코스터가 A에서 출발하여 B, C, D로 운동하는 모습을 나타낸 것이다. 롤러코스터가 운동하는 동안 운동 에너지에서 위치 에너지로의 전환만 일어나는 구간은?

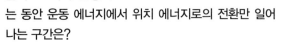

① A → B 구간   ② A → C 구간

③ B → C 구간   ④ B → D 구간

⑤ C → D 구간

06 그림은 A점과 B점 사이에서 운동하는 추를 일정한 시간 간격으로 찍은 사진을 나타낸 것이다. 위치 에너지가 운동 에너지로 전환되는 구간만을 〈보기〉에서 있는 대로 고르시오.

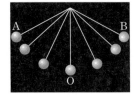

| 보기 |

ㄱ. A → O 구간   ㄴ. O → B 구간

ㄷ. B → O 구간   ㄹ. O → A 구간

❸ 위로 던져 올린 물체의 역학적 에너지 보존

중요
07 그림과 같이 공을 위로 던져 올렸다. 이 공이 위로 올라가는 동안에 대한 설명으로 옳지 <u>않은</u> 것은? (단, 공기 저항은 무시한다.)

① 속력이 느려진다.
② 위치 에너지가 커진다.
③ 운동 에너지가 작아진다.
④ 역학적 에너지는 점점 감소한다.
⑤ 운동 에너지가 위치 에너지로 전환된다.

중요
08 그림은 연직 위로 던져 올린 물체가 운동하는 모습을 나타낸 것이다. 〈보기〉에서 값이 같은 것들끼리 옳게 짝 지은 것은? (단, 공기 저항은 무시한다.)

| 보기 |
ㄱ. A 지점에서의 운동 에너지
ㄴ. B 지점에서의 위치 에너지
ㄷ. C 지점에서의 운동 에너지
ㄹ. D 지점에서의 역학적 에너지
ㅁ. E 지점에서의 위치 에너지

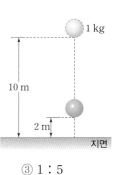

① ㄱ, ㄷ   ② ㄴ, ㅁ   ③ ㄴ, ㄷ
④ ㄱ, ㄹ, ㅁ   ⑤ ㄴ, ㄹ, ㅁ

09 그림과 같이 지면으로부터 10 m 높이에서 질량이 1 kg인 물체를 가만히 놓아 떨어뜨렸다. 물체가 2 m 지점을 지날 때 물체의 운동 에너지와 위치 에너지의 비는? (단, 공기 저항은 무시한다.)

① 1 : 1   ② 1 : 4   ③ 1 : 5
④ 4 : 1   ⑤ 5 : 1

[10~11] 그림은 높은 곳에서 가만히 놓아 떨어뜨린 공의 운동과 높이에 따른 에너지 변화를 나타낸 것이다. (단, 공기 저항은 무시한다.)

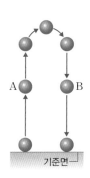

10 그림에서 ㉠과 ㉡이 의미하는 것을 옳게 짝 지은 것은?

	㉠	㉡
①	위치 에너지	운동 에너지
②	운동 에너지	위치 에너지
③	위치 에너지	역학적 에너지
④	운동 에너지	역학적 에너지
⑤	역학적 에너지	역학적 에너지

중요
11 그림으로부터 알 수 있는 사실은?

① 위치 에너지는 점점 증가한다.
② 운동 에너지는 점점 감소한다.
③ 역학적 에너지는 점점 증가한다.
④ 운동 에너지가 위치 에너지로 전환된다.
⑤ 감소한 위치 에너지와 증가한 운동 에너지는 같다.

중요
12 그림은 위로 던져 올린 물체가 다시 떨어질 때까지의 모습을 나타낸 것이다. 기준면으로부터 높이가 같은 A와 B에서 같은 값을 갖는 것만을 〈보기〉에서 있는 대로 고른 것은? (단, 공기 저항은 무시한다.)

| 보기 |
ㄱ. 물체의 운동 에너지
ㄴ. 물체의 위치 에너지
ㄷ. 물체의 역학적 에너지

① ㄱ   ② ㄴ   ③ ㄱ, ㄷ
④ ㄴ, ㄷ   ⑤ ㄱ, ㄴ, ㄷ

내신 기출 문제

13 그림과 같이 높이가 20 m인 곳에서 물체를 가만히 놓아 떨어뜨렸더니 10 m인 지점을 지날 때의 위치 에너지가 49 J이었다. 이에 대한 설명으로 옳지 <u>않은</u> 것은? (단, 공기 저항은 무시한다.)

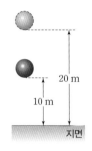

① 처음 운동 에너지는 0 J이다.
② 처음 위치 에너지는 98 J이다.
③ 바닥에 도달할 때의 운동 에너지는 49 J이다.
④ 10 m인 지점을 지날 때 운동 에너지는 49 J이다.
⑤ 10 m인 지점을 지날 때 역학적 에너지는 98 J이다.

14 그림과 같이 절벽의 같은 높이에서 동일한 공 A, B를 A는 자유 낙하 시키고, B는 연직 위로 던져 올렸다. A, B가 지면에 닿는 순간의 운동 에너지와 역학적 에너지의 크기를 비교한 것으로 옳은 것은? (단, 공기 저항은 무시한다.)

	운동 에너지	역학적 에너지
①	A=B	A=B
②	A>B	A>B
③	A>B	A=B
④	A<B	A<B
⑤	A<B	A=B

④ 주변에서 볼 수 있는 역학적 에너지 보존

15 그림은 실에 매달린 물체가 A와 B 사이를 왕복 운동하는 모습을 나타낸 것이다. 이에 대한 설명으로 옳지 <u>않은</u> 것은? (단, 공기 저항이나 마찰은 무시한다.)

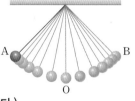

① A의 높이가 B보다 높다.
② A와 O에서 역학적 에너지는 같다.
③ A에서 O로 운동할 때 운동 에너지는 증가한다.
④ O에서 B로 운동할 때 운동 에너지는 감소한다.
⑤ A에서 O로 운동할 때 위치 에너지가 감소한 만큼 운동 에너지는 증가한다.

16 그림은 쇠구슬이 레일 위에서 운동하는 모습을 나타낸 것이다. 쇠구슬은 점 A, B, C를 지나 점 D에 이르면 정지한다.

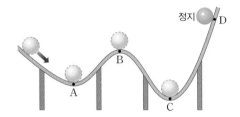

쇠구슬이 운동하는 동안 역학적 에너지의 크기를 옳게 설명한 것은? (단, 공기 저항이나 마찰은 무시하며, C점을 기준면으로 한다.)

① A에서 역학적 에너지가 가장 크다.
② D에서 역학적 에너지가 가장 크다.
③ A에서 역학적 에너지는 B에서보다 작다.
④ A에서 역학적 에너지는 C에서보다 크다.
⑤ B와 D에서 역학적 에너지의 크기는 같다.

[17~18] 그림은 마찰이 없는 빗면에서 왕복 운동하는 구슬의 모습을 나타낸 것이다. (단, 공기 저항은 무시하며, C점을 기준면으로 한다.)

17 이에 대한 설명으로 옳지 <u>않은</u> 것은?

① A와 E의 높이는 같다.
② 구슬의 역학적 에너지는 보존된다.
③ C에서 역학적 에너지가 가장 작다.
④ D에서 E로 갈 때 운동 에너지는 감소하고 위치 에너지는 증가한다.
⑤ 구슬이 A에서 B로 갈 때 감소한 위치 에너지는 증가한 운동 에너지와 같다.

18 A → C 구간에서 감소한 위치 에너지가 100 J일 때, C에서 운동 에너지와 역학적 에너지를 옳게 짝 지은 것은?

	운동 에너지	역학적 에너지
①	50 J	100 J
②	100 J	100 J
③	100 J	200 J
④	200 J	100 J
⑤	200 J	200 J

정답과 해설 | 49쪽

01 다음은 공기 저항과 마찰을 무시할 때 공의 자유 낙하 운동에서 역학적 에너지 보존에 대해 설명한 것이다.

> 질량이 m인 공이 높이 h_1에서 h_2로 떨어지는 동안 속력이 v_1에서 v_2로 증가하면 공의 (㉠) 에너지가 감소한 만큼 (㉡) 에너지가 증가한다.
> (㉢)=(㉣)
> 이 식을 정리하면 다음과 같이 나타낼 수 있다.
> $9.8mh_1+\frac{1}{2}mv_1{}^2=9.8mh_2+\frac{1}{2}mv_2{}^2=$(㉤)

㉠~㉤에 들어갈 말이 옳지 않은 것은?

① ㉠ 위치
② ㉡ 운동
③ ㉢ $9.8mh_1-9.8mh_2$
④ ㉣ $\frac{1}{2}mv_1{}^2-\frac{1}{2}mv_2{}^2$
⑤ ㉤ 일정

02 그림과 같이 속력 측정기를 투명한 관의 위쪽과 아래쪽에 설치하고 질량이 2 kg인 쇠구슬을 가만히 떨어뜨려 쇠구슬이 A점과 B점을 지날 때의 속력을 측정하였다. A점에서의 속력이 2 m/s이고 B점에서의 속력이 3 m/s이면, A점과 B점 사이의 감소한 위치 에너지는 얼마인가? (단, 마찰과 공기 저항은 무시한다.)

① 4 J   ② 5 J   ③ 9 J
④ 13 J   ⑤ 14 J

03 달에서 질량이 2 kg인 물체를 4 m/s의 속력으로 던져 올렸다. 이에 대한 설명으로 옳지 않은 것을 모두 고르면? (단, 공기 저항은 무시한다.) (정답 2개)

① 지구에서보다 높이 올라간다.
② 지구에서보다 역학적 에너지가 크다.
③ 운동 에너지가 위치 에너지로 전환된다.
④ 최고 높이에서 위치 에너지는 지구에서보다 크다.
⑤ 운동하는 동안 역학적 에너지는 일정하게 보존된다.

정답과 해설 | 49쪽

예제

01 그림과 같이 높이가 10 m인 지점에서 질량이 0.5 kg인 물체를 가만히 놓았다. 물체가 지면에 닿기 직전 물체가 가지는 운동 에너지가 얼마인지 쓰고, 그렇게 생각한 까닭을 풀이 과정을 포함하여 서술하시오. (단, 공기 저항과 모든 마찰은 무시한다.)

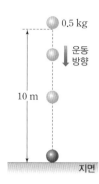

Tip 공기 저항을 무시하면 감소한 위치 에너지와 증가한 운동 에너지는 같다.
Key Word 운동 에너지, 위치 에너지, 역학적 에너지 보존

[설명] 공기 저항을 무시하면 역학적 에너지는 보존되므로 처음 높이에서 위치 에너지가 지면에 닿기 직전의 운동 에너지로 모두 전환된다.
[모범 답안] 지면에 닿기 직전 물체가 가지는 운동 에너지=9.8×0.5×10=49(J)이다. 지면에 닿기 직전 물체가 가지는 운동 에너지가 10 m 높이에서 물체가 가지는 위치 에너지와 크기가 같기 때문이다.

실전 연습

01 그림은 물체를 위로 던져 올렸을 때 각 높이에서의 위치 에너지와 운동 에너지를 표현한 것이다.

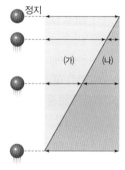

(1) 그림에서 (가)와 (나)가 의미하는 것을 쓰고, 그 까닭을 서술하시오.

_____

_____

(2) 그림으로부터 역학적 에너지 전환 및 보존과 관련하여 알 수 있는 사실 두 가지를 서술하시오. (단, 공기 저항은 무시한다.)

Tip 공의 높이에서 (가) 부분의 길이가 위치 에너지이고, (나) 부분의 길이가 운동 에너지이다. 또 (가)와 (나) 부분을 합한 길이가 역학적 에너지이다.
Key Word 위로 던져 올린 물체, 위치 에너지, 운동 에너지, 역학적 에너지

_____

_____

2 전기 에너지의 발생과 전환

1 전기 에너지의 발생과 전환

1. 전류의 발생[+]
(1) **원리**: 코일에 자석을 가까이 하거나 코일에서 자석을 멀리 하면 코일에 전류가 흐른다.
(2) **에너지 전환**: 자석의 역학적 에너지가 전기 에너지로 전환된다.

2. 발전과 발전기
(1) **발전**: 운동 에너지나 위치 에너지 등 다른 에너지를 전기 에너지로 전환하는 것
(2) **발전기**: 역학적 에너지를 이용하여 전기를 만드는 장치
  ① **원리**: 자석 사이에서 코일이 회전하면 코일에 전류가 흐른다.
  ② **에너지 전환**: 발전기에서는 역학적 에너지가 전기 에너지로 전환된다.

발전기의 코일이 자석 사이에서 회전한다.

역학적 에너지가 전기 에너지로 전환되어 전류가 흐른다.

3. 전기 에너지의 전환
(1) **열에너지**: 전기난로, 전기밥솥, 토스터, 전기주전자, 전기다리미 등
(2) **빛에너지**: 전구, 텔레비전, 컴퓨터 모니터, 휴대 전화의 화면 등
(3) **운동 에너지**: 선풍기, 세탁기, 진공청소기, 에어컨 등
(4) **화학 에너지**: 배터리 등

4. 에너지 보존 법칙: 에너지는 한 형태에서 다른 형태로 전환되거나 한 곳에서 다른 곳으로 이동할 수 있지만 새로 생성되거나 소멸되지 않는다.

2 전기 에너지의 양

1. 소비 전력[+]: 전기 기구가 1초 동안 소비하는 전기 에너지의 양
(1) **단위**: W(와트), kW(킬로와트) 등
  • 1 W는 전기 기구가 1초 동안 1 J의 전기 에너지를 소비하는 것이다.
(2) 소비 전력은 전기 에너지를 사용한 시간으로 나누어 구한다.

정격 전압: 220V
소비 전력: 1200W

$$소비\ 전력(W) = \frac{전기\ 에너지(J)}{시간(s)}$$

2. 전력량: 전기 기구가 어느 시간 동안 사용한 전기 에너지의 양
(1) **단위**: Wh(와트시), kWh(킬로와트시) 등
  • 1 Wh는 1 W의 전력을 1시간 동안 사용했을 때의 전력량이다.
(2) 전력량은 전기 기구의 소비 전력과 사용한 시간을 곱하여 구한다.

$$전력량(Wh) = 소비\ 전력(W) \times 시간(h)$$

+ 전자기 유도와 유도 전류
자석이나 코일을 움직여 코일을 통과하는 자기장이 변하면 코일에 전류가 흐르게 되는데, 이 현상을 전자기 유도라고 한다. 그리고 이때 흐르는 전류를 유도 전류라고 한다.

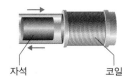

자석   코일

+ 전류가 발생하지 않는 경우
자석을 코일 속에 넣은 채로 가만히 있으면 검류계 바늘은 움직이지 않는다.

+ 소비 전력과 에너지 전환
같은 목적으로 사용하더라도 사용 과정에서 불필요하게 낭비되는 열에너지가 많은 전기 기구일수록 소비 전력이 크다. 즉, 소비 전력은 전기 기구가 전기 에너지를 얼마나 효율적으로 사용하는지를 알 수 있는 기준이 되기도 한다.

+ 전기 기구의 소비 전력
220 V−25 W로 표시되어 있는 LED 전구는 220 V의 전원에 연결할 때 1초 동안에 25 J의 전기 에너지를 사용한다는 뜻이다.

기초 섭렵 문제

❶ 전기 에너지의 발생과 전환

▶ 코일에 자석을 가까이 하면 코일에 □□가 흐른다. 이때 자석의 □□□ 에너지가 전기 에너지로 전환된다.

▶ 발전기에서는 역학적 에너지가 □□ 에너지로 전환된다.

▶ 전기난로, 전기밥솥, 전기주전자 등에서 전기 에너지가 □에너지로 전환된다.

01 그림과 같은 장치에서 전류의 발생에 대한 설명으로 옳은 것은 ○표, 옳지 **않은** 것은 ×표를 하시오.

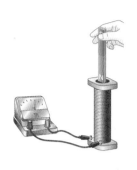

(1) 코일에 자석을 가까이 하면 코일에 전류가 흐른다.
( )

(2) 코일에서 자석을 멀리 하면 코일에 전류가 흐른다.
( )

(3) 자석의 역학적 에너지가 전기 에너지로 전환된다.
( )

(4) 자석을 코일 속에 넣고 가만히 있어도 전류가 흐른다. ( )

02 다음의 전기 기구에서 전기 에너지가 어떤 에너지로 전환되는지 쓰시오.

(1) 에어컨	(2) 선풍기	(3) 전등	(4) 전기다리미	(5) 스피커

❷ 전기 에너지의 양

▶ □□ □□은 전기 기구가 1초 동안 소비하는 전기 에너지의 양이다.

▶ 전기 기구가 1초 동안 1 J의 전기 에너지를 소비할 때의 소비 전력은 □□이다.

▶ □□□은 전기 기구가 어느 시간 동안 사용한 전기 에너지의 양이다.

03 다음 설명 중 소비 전력에 대한 것은 **A**, 전력량에 대한 것은 **B**로 표시하시오.

(1) 전기 에너지를 사용한 시간으로 나누어 구한다. ( )
(2) 단위는 Wh(와트시), kWh(킬로와트시) 등을 사용한다. ( )
(3) 전기 기구가 1초 동안 소비하는 전기 에너지의 양이다. ( )
(4) 전기 기구가 어느 시간 동안 사용한 전기 에너지의 양이다. ( )

04 그림과 같이 220 V－1500 W인 전기난로가 있다.

(1) 전기난로의 소비 전력을 쓰시오.
(2) 전기난로를 1초 동안 사용했을 때 소비되는 전기 에너지의 양을 쓰시오.
(3) 전기난로를 10초 동안 사용했을 때 소비되는 전기 에너지의 양을 쓰시오.
(4) 전기난로를 1시간 동안 사용했을 때의 전력량을 쓰시오.

필수 탐구

가전제품의 소비 전력 비교하기

목표

다양한 가전제품의 소비 전력을 알아보고, 가전제품에서 일어나는 에너지 전환을 소비 전력과 관련지어 설명할 수 있다.

가전제품 소비 전력 띠를 칠판에 붙일 수 있도록 크게 만들어 준비하면 학생들이 발표할 때나 학급 전체의 활동 결과를 정리할 때 유용하게 사용할 수 있다.

어떤 전기 기구에 '정격 전압 220 V, 정격 소비 전력 10 W'라고 표시되어 있다면, 이것은 전기 기구를 220 V의 전압까지만 연결해야 하며, 220 V에 연결할 때 전기 기구가 10 W의 전력을 소비함을 뜻한다.

과정

1 가정에서 사용하는 가전제품을 쓰고, 각 가전제품에서 일어나는 에너지 전환과 주로 전환되는 에너지의 종류 및 소비 전력을 조사한다.

2 가전제품별로 소비 전력만큼 색칠하여 소비 전력 띠를 만든다. 이때 주로 전환되는 에너지의 종류를 쓰고, 같은 에너지는 같은 색으로 칠한다.

결과

가전제품	소비 전력	주로 전환되는 에너지	에너지 전환
진공청소기	900 W	운동 에너지	운동 에너지, 소리 에너지, 열에너지
텔레비전	200 W	빛에너지	빛에너지, 소리 에너지, 열에너지
헤어드라이어	1600 W	열에너지	열에너지, 운동 에너지, 소리 에너지
선풍기	40 W	운동 에너지	운동 에너지, 소리 에너지, 열에너지
형광등	35 W	빛에너지	빛에너지, 열에너지
전기밥솥	1060 W	열에너지	열에너지, 빛에너지, 소리 에너지

정리

1 가전제품별 소비 전력

진공청소기/운동 에너지	
텔레비전/빛에너지	
헤어드라이어/열에너지	
선풍기/운동 에너지	
형광등/빛에너지	
전기밥솥/열에너지	

2 가전제품의 소비 전력이 큰 것부터 순서대로 나열하면 다음과 같다.

헤어드라이어/열에너지	
전기밥솥/열에너지	
진공청소기/운동 에너지	
텔레비전/빛에너지	
선풍기/운동 에너지	
형광등/빛에너지	

3 소비 전력이 가장 큰 것은 헤어드라이어이고, 가장 작은 것은 형광등이다.

4 헤어드라이어, 전기밥솥 등 전기 에너지를 주로 열에너지로 전환하는 가전제품의 소비 전력이 크다.

수행평가 섭렵 문제

가전제품의 소비 전력 비교하기

▶ 전기 기구가 1초 동안 소비하는 전기 에너지를 □□ □□이라고 한다.

▶ 1초 동안 1 J의 전기 에너지를 소비할 때 소비 전력은 □ □이다.

▶ 진공청소기에서는 전기 에너지가 주로 □□ 에너지로 전환된다.

▶ 헤어드라이어에서는 전기 에너지가 주로 □에너지로 전환된다.

▶ 전기 에너지를 주로 □에너지로 전환하는 가전제품의 소비 전력이 크다.

1 가전제품에서 주로 일어나는 에너지 전환을 나타낸 것으로 옳지 않은 것은?

① 선풍기: 전기 에너지 → 열에너지
② 모니터: 전기 에너지 → 빛에너지
③ 전기난로: 전기 에너지 → 열에너지
④ 세탁기: 전기 에너지 → 운동 에너지
⑤ 에어컨: 전기 에너지 → 운동 에너지

2 헤어드라이어의 소비 전력은 1600 W이고, 선풍기의 소비 전력은 40 W이다. 헤어드라이어를 10분 동안 사용할 때 소비되는 전기 에너지로 선풍기는 얼마나 사용할 수 있는가?

① 25분   ② 50분   ③ 100분
④ 200분   ⑤ 400분

[3~4] 표는 가전제품의 소비 전력과 그 가전제품에서 주로 전환되는 에너지를 나타낸 것이다.

가전제품	소비 전력	주로 전환되는 에너지
진공청소기	900 W	(㉠)
텔레비전	200 W	빛에너지
헤어드라이어	1600 W	열에너지
형광등	35 W	빛에너지
전기밥솥	1060 W	열에너지

3 위 표의 ㉠에 들어갈 알맞은 에너지의 종류를 쓰시오.

4 위 표의 가전제품에서 1초 동안 소비하는 전기 에너지가 (가)가장 큰 것과 (나)가장 작은 것을 옳게 짝 지은 것은?

	(가)	(나)		(가)	(나)
①	형광등	헤어드라이어	②	텔레비전	형광등
③	전기밥솥	형광등	④	전기밥솥	헤어드라이어
⑤	헤어드라이어	형광등			

5 다음은 가전제품이 일정 시간 동안 소비한 전기 에너지를 나타낸 것이다. 소비 전력이 큰 것부터 차례대로 나열하시오.

> (가) 1분 동안 2400 J의 전기 에너지를 소비하는 선풍기
> (나) 2분 동안 4200 J의 전기 에너지를 소비하는 형광등
> (다) 10초 동안 2000 J의 전기 에너지를 소비하는 텔레비전
> (라) 1초 동안 1600 J의 전기 에너지를 소비하는 헤어드라이어

내신 기출 문제

1 전기 에너지의 발생과 전환

01 중요

그림과 같이 코일과 검류계를 연결한 후 자석을 코일에 가까이 가져갔더니 검류계의 바늘이 움직였다. 이 실험에 대한 설명으로 옳은 것만을 〈보기〉에서 있는 대로 고른 것은?

┤보기├
ㄱ. 자석의 역학적 에너지가 전기 에너지로 전환된다.
ㄴ. 자석을 코일에서 멀리 하면 검류계 바늘이 움직인다.
ㄷ. 자석이 코일 속에 정지해 있으면 검류계 바늘은 움직이지 않는다.

① ㄱ ② ㄷ ③ ㄱ, ㄴ
④ ㄴ, ㄷ ⑤ ㄱ, ㄴ, ㄷ

02

그림은 발전기의 구조를 나타낸 것이다. 발전기의 손잡이를 돌렸더니 전구에 불이 들어왔다. 이때 에너지 전환 과정을 옳게 나타낸 것은?

① 열에너지 → 빛에너지 → 전기 에너지
② 빛에너지 → 전기 에너지 → 운동 에너지
③ 전기 에너지 → 운동 에너지 → 빛에너지
④ 운동 에너지 → 전기 에너지 → 빛에너지
⑤ 운동 에너지 → 화학 에너지 → 전기 에너지

03 중요

다음 〈보기〉의 가전제품에서 주로 일어나는 에너지 전환이 같은 것끼리 옳게 짝 지은 것은?

┤보기├
ㄱ. 토스터 ㄴ. 전기밥솥 ㄷ. 선풍기
ㄹ. 전기주전자 ㅁ. 텔레비전 ㅂ. 세탁기

① ㄱ, ㄷ ② ㄴ, ㅁ ③ ㄹ, ㅂ
④ ㄱ, ㄴ, ㄹ ⑤ ㄷ, ㅁ, ㅂ

2 전기 에너지의 양

04 중요

소비 전력과 전력량에 대한 설명으로 옳은 것은?

① 전력량의 단위로 W(와트)를 사용한다.
② 1시간 동안 사용한 전기 에너지의 양을 소비 전력이라고 한다.
③ 전기 에너지를 사용 시간으로 나눈 값을 전력량이라고 한다.
④ 가전제품의 소비 전력이 클수록 같은 시간 동안 더 많은 전기 에너지를 소비한다.
⑤ 어떤 전구가 1초 동안 5 J의 빛에너지를 방출했다면, 이 전구의 소비 전력은 5 Wh이다.

05 중요

그림은 선풍기에 표시된 일부분을 확대하여 나타낸 것이다. 선풍기의 (가) 소비 전력과 선풍기를 (나)1시간 동안 사용할 때 소비하는 전기 에너지의 양을 옳게 짝 지은 것은?

선풍기
SIF–14MHQ
교류 220 V – 60 Hz
44 W

	(가)	(나)		(가)	(나)
①	44 W	44 Wh	②	44 W	60 Hz
③	60 Hz	44 W	④	60 Hz	44 Wh
⑤	220 V	44 W			

06

그림과 같은 전구를 10분 동안 사용하였더니 전구에서 일어난 전기 에너지 전환이 다음과 같았다.

• 빛에너지로의 전환: 3600 J
• 열에너지로의 전환: 4800 J

이에 대한 설명으로 옳은 것은?

① 전구의 소비 전력은 14 W이다.
② 전구가 1초 동안 소비하는 전기 에너지의 양은 20 J이다.
③ 전구가 1분 동안 소비하는 전기 에너지의 양은 360 J이다.
④ 전구가 10분 동안 소비하는 전기 에너지의 양은 4800 J이다.
⑤ 전구를 1시간 사용하면 소비하는 전기 에너지의 양은 20 Wh이다.

01 그림은 손잡이를 돌리면 전등에 불이 켜지는 자가발전 손전등을 나타낸 것이다. 이에 대한 설명으로 옳은 것만을 〈보기〉에서 있는 대로 고른 것은?

┤ 보기 ├
ㄱ. 손전등에는 유도 전류가 흐른다.
ㄴ. 화학 에너지가 전기 에너지로 전환된다.
ㄷ. 전자기 유도에 의해 전류가 발생한다.
ㄹ. 코일 속에서 자석이 움직여 전류가 발생한다.

① ㄱ, ㄴ   ② ㄱ, ㄷ   ③ ㄴ, ㄹ
④ ㄱ, ㄷ, ㄹ   ⑤ ㄴ, ㄷ, ㄹ

02 다음은 여러 가전제품의 정격 전압과 소비 전력을 나타낸 것이다.

(가) 백열등: 220 V − 60 W
(나) 냉장고: 220 V − 100 W
(다) 전기다리미: 220 V − 600 W
(라) 전자레인지: 220 V − 1300 W
(마) 헤어드라이어: 220 V − 1100 W

정격 전압에 연결했을 때 단위 시간당 소비하는 전기 에너지가 많은 것부터 순서대로 나열하시오.

03 그림과 같은 전기주전자를 정격 전압에 연결하여 사용하였다.

품명: 무선 전기주전자
정격 전압: AC 220 V, 60 Hz
정격 소비 전력: 1800 W

전기주전자가 (가)10초 동안 소비하는 전기 에너지의 양과 (나)10분 동안 소비하는 전기 에너지의 양을 옳게 짝 지은 것은?

	(가)	(나)		(가)	(나)
①	1800 J	300 Wh	②	1800 J	18000 Wh
③	18000 J	30 Wh	④	18000 J	300 Wh
⑤	18000 J	18000 Wh			

예제

01 그림은 손잡이를 계속 누르면 불을 켤 수 있는 자가발전 손전등이다. 다음에 주어진 단어를 모두 이용하여 자가발전 손전등에 불이 켜지는 원리를 서술하시오.

전구
코일
자석

자석, 코일, 전류, 전기 에너지, 운동 에너지, 빛에너지

Tip 코일을 자석 주변에서 움직이면 전자기 유도에 의해 유도 전류가 발생한다. 즉, 자가발전 손전등에서는 운동 에너지가 전기 에너지로 전환된다.
Key Word 자석, 코일, 전류의 발생, 전기 에너지, 자가발전 손전등

[설명] 발전기 내부에는 자석과 코일이 있다. 코일이 자석 주변에서 움직이면 전류가 발생하고, 전구에서는 전기 에너지가 빛에너지로 전환된다.
[모범 답안] 손잡이를 누르면 코일이 자석 주변에서 움직이면서 전류가 발생한다. 이때 자석의 운동 에너지가 전기 에너지로 전환되고, 전기 에너지가 빛에너지로 전환되어 손전등에 불이 켜진다.

실전 연습

01 그림은 에어컨과 선풍기를 각각 정격 전압에 연결했을 때 에어컨과 선풍기의 소비 전력을 나타낸 것이다.

에어컨 1대
1600 W

선풍기 1대
80 W

에어컨 1대를 1시간 사용할 수 있는 전기 에너지로 선풍기는 1시간 동안 몇 대를 사용할 수 있는지 쓰고, 그 까닭을 서술하시오.

Tip 소비 전력은 전기 기구가 1초 동안 사용하는 전기 에너지로 소비 전력이 클수록 소비하는 전기 에너지의 양도 많다.
Key Word 에어컨, 선풍기, 소비 전력

_____

_____

1 역학적 에너지 전환과 보존

01 위로 던져 올린 물체의 역학적 에너지 전환과 보존에 대한 설명으로 옳지 **않은** 것은? (단, 공기 저항은 무시한다.)

① 최고 높이에서 운동 에너지는 최대이다.
② 물체가 올라가고 내려오면서 같은 높이를 지날 때의 운동 에너지는 같다.
③ 최고 높이에서의 위치 에너지는 역학적 에너지와 같다.
④ 올라갈 때와 내려갈 때의 역학적 에너지 전환은 반대로 일어난다.
⑤ 최고 높이에서의 위치 에너지는 지면에 도달하는 순간의 운동 에너지와 같다.

[02~03] 그림과 같이 공을 위로 던져 올렸더니 공이 위로 올라갔다가 다시 떨어졌다. (단, A와 E는 기준면으로 같은 높이이며, 공기 저항은 무시한다.)

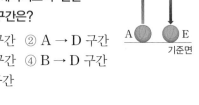

02 공이 운동하는 동안 운동 에너지에서 위치 에너지로의 전환만 일어나는 구간은?

① A → C 구간 ② A → D 구간
③ A → E 구간 ④ B → D 구간
⑤ C → E 구간

03 공이 운동하는 동안 에너지의 크기에 대한 설명으로 옳은 것은?

① C에서 운동 에너지는 최대이다.
② A와 E에서의 운동 에너지는 같다.
③ B와 E에서의 위치 에너지는 같다.
④ A에서의 운동 에너지가 C에서의 위치 에너지보다 크다.
⑤ B에서의 운동 에너지가 D에서의 운동 에너지보다 크다.

04 질량이 2 kg인 물체를 4 m/s의 속력으로 위로 던져 올렸다. 물체가 최고 높이에 도달했을 때 물체가 가지는 중력에 의한 위치 에너지는? (단, 공기 저항은 무시한다.)

① 0 J   ② 2 J   ③ 8 J
④ 16 J   ⑤ 32 J

05 그림과 같이 A점에서 공을 가만히 놓았다. 공이 낙하하는 동안 역학적 에너지에 대한 설명으로 옳지 **않은** 것은? (단, 공기 저항은 무시한다.)

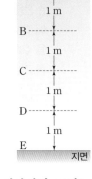

① A점에서 위치 에너지는 최대이다.
② E점에서 운동 에너지는 최대이다.
③ D점에서 운동 에너지는 위치 에너지보다 작다.
④ C점에서 위치 에너지와 운동 에너지의 크기는 같다.
⑤ B점에서 운동 에너지는 D점에서 운동 에너지보다 작다.

06 달 표면으로부터 2 m 높이에서 질량이 2 kg인 물체를 가만히 놓았다. 이에 대한 설명으로 옳은 것만을 〈보기〉에서 있는 대로 고른 것은?

┤ 보기 ├
ㄱ. 위치 에너지가 운동 에너지로 전환된다.
ㄴ. 낙하하는 동안 역학적 에너지는 일정하게 보존된다.
ㄷ. 운동하는 동안 역학적 에너지의 크기는 지구와 같다.
ㄹ. 지면에 도달하는 순간 운동 에너지는 지구에서보다 크다.

① ㄱ, ㄴ   ② ㄱ, ㄷ   ③ ㄱ, ㄹ
④ ㄴ, ㄷ   ⑤ ㄴ, ㄹ

07 그림과 같이 질량이 2 kg인 물체를 지면으로부터 10 m 높이에서 가만히 떨어뜨렸더니 지면에서 5 m 높이를 지날 때의 위치 에너지가 98 J이었다. 이때 (가) 물체가 가지는 운동 에너지와 (나) 역학적 에너지를 쓰시오. (단, 공기 저항은 무시한다.)

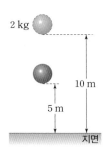

08 높은 곳에서 물체를 가만히 놓았을 때, 낙하 거리에 따른 역학적 에너지의 변화를 나타낸 그래프로 옳은 것은? (단, 공기 저항은 무시한다.)

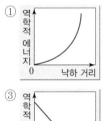
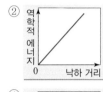

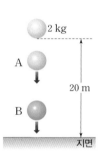

09 그림과 같이 20 m 높이에서 질량이 2 kg인 물체를 가만히 놓았다. A 지점에서 물체의 위치 에너지와 운동 에너지의 비가 4 : 1이었고, B 지점에서 위치 에너지와 운동 에너지의 비가 1 : 4이었다. A 지점과 B 지점의 지면으로부터의 높이는? (단, 공기 저항은 무시한다.)

	A 지점	B 지점		A 지점	B 지점
①	4 m	16 m	②	5 m	15 m
③	10 m	10 m	④	15 m	5 m
⑤	16 m	4 m			

10 그림은 질량이 2 kg인 공을 잡고 있다가 가만히 놓아 떨어뜨리는 모습을 나타낸 것이다. 공이 10 m만큼 낙하했을 때 운동 에너지는? (단, 공기 저항은 무시한다.)

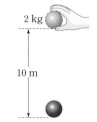

① 9.8 J ② 19.6 J
③ 49 J ④ 98 J
⑤ 196 J

[11~12] 그림은 쇠구슬이 레일 위에서 운동하는 모습을 나타낸 것이다. 쇠구슬은 A, B, C 지점을 지나 D 지점에 이르면 정지한다. (단, 공기 저항이나 모든 마찰은 무시한다.)

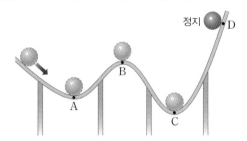

11 쇠구슬이 운동하는 동안 위치 에너지에서 운동 에너지로의 전환만 일어나는 구간은?

① A → B 구간 ② A → C 구간
③ B → C 구간 ④ B → D 구간
⑤ C → D 구간

12 쇠구슬이 운동하는 동안 에너지에 대한 설명으로 옳은 것은?

① D 지점에서 운동 에너지는 0이다.
② D 지점에서 역학적 에너지가 가장 크다.
③ A 지점과 C 지점에서의 운동 에너지는 같다.
④ A 지점에서의 운동 에너지와 D 지점에서의 위치 에너지는 같다.
⑤ B 지점에서 위치 에너지와 운동 에너지의 크기는 같다.

13 그림은 공기 저항이나 마찰을 무시할 때 선수가 스케이트보드를 타는 모습을 나타낸 것이다.

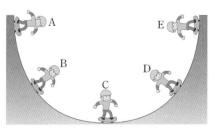

선수가 운동하는 동안 역학적 에너지가 가장 큰 지점은?

① C ② D ③ A와 E
④ B와 D ⑤ A, B, C, D, E 모두 같다.

2 전기 에너지 발생과 전환

[14~15] 그림과 같이 자석, 코일, 발광 다이오드로 간이 발전기를 만들었다.

14 발광 다이오드에 불이 켜지는 경우만을 〈보기〉에서 있는 대로 고른 것은?

┤ 보기 ├
ㄱ. 자석이 코일에서 나올 때
ㄴ. 자석이 코일 속으로 들어갈 때
ㄷ. 자석이 코일 속에 멈추어 있을 때

① ㄱ　　　　② ㄷ　　　　③ ㄱ, ㄴ
④ ㄴ, ㄷ　　　⑤ ㄱ, ㄴ, ㄷ

15 간이 발전기를 흔들어 발광 다이오드에 불이 켜지는 과정에서 일어나는 에너지 전환으로 옳은 것은?

① 빛에너지 → 전기 에너지
② 화학 에너지 → 전기 에너지
③ 전기 에너지 → 화학 에너지
④ 역학적 에너지 → 전기 에너지
⑤ 전기 에너지 → 역학적 에너지

16 다음은 가정에서 일어나는 에너지 전환에 대한 여러 가지 예들이다.

(가) 스마트기기 배터리를 충전한다.
(나) 실내가 추워서 전기난로를 켠다.
(다) 더러워진 옷을 세탁기에 넣고 빤다.

각각의 경우 전기 에너지가 주로 전환되는 에너지를 옳게 짝 지은 것은?

	(가)	(나)	(다)
①	빛에너지	운동 에너지	열에너지
②	열에너지	운동 에너지	화학 에너지
③	운동 에너지	열에너지	운동 에너지
④	화학 에너지	열에너지	운동 에너지
⑤	운동 에너지	화학 에너지	빛에너지

17 가전제품들 중 전기 에너지를 주로 운동 에너지로 전환하는 것은?

① 　　② 　　③

토스터　　　진공청소기　　　전기난로

④ 　　⑤

전등　　　전기밥솥

18 표는 가전제품과 그 가전제품에서 주로 전환되는 에너지를 나타낸 것이다.

가전제품	소비 전력	주로 전환되는 에너지
헤어드라이어	1600 W	열에너지
선풍기	40 W	A
전기밥솥	1060 W	열에너지

이에 대한 설명으로 옳지 않은 것은?

① A는 운동 에너지이다.
② 열로 전환되는 가전제품의 소비 전력이 크다.
③ 전기밥솥은 1초에 1060 J의 전기 에너지를 소비한다.
④ 1초 동안 소비하는 전기 에너지의 양이 가장 많은 것은 전기밥솥이다.
⑤ 헤어드라이어를 1초 동안 사용하는 전기 에너지로 선풍기를 40초 동안 사용할 수 있다.

19 220 V−22 W로 표시된 LED 전구가 있다. 이에 대한 설명으로 옳지 않은 것은?

① 전구의 소비 전력은 22 W이다.
② 전구가 1초 동안 소비하는 전기 에너지의 양은 22 J이다.
③ 전구에서 전기 에너지는 주로 빛에너지로 전환된다.
④ 전구를 2개 사용하면 소비하는 전기 에너지의 양도 2배가 된다.
⑤ 전구를 하루 동안 사용하면 소비한 전기 에너지의 양은 22 Wh이다.

대단원 서논술형 문제

01 그림은 공기 저항과 마찰을 무시할 때 스케이트보드를 타는 선수의 모습을 나타낸 것이다.

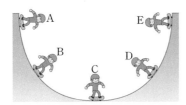

(1) A → B → C 구간과 C → D → E 구간에서 역학적 에너지의 전환을 서술하시오.

Tip 물체의 높이가 낮아지면 위치 에너지는 감소하고, 속력이 빨라지면 운동 에너지는 증가한다.
Key Word 위치 에너지, 운동 에너지, 역학적 에너지 전환

(2) 각각의 위치에서 역학적 에너지의 크기를 비교하고, 그 까닭을 설명하시오.

Tip 공기 저항이나 마찰이 없으면 감소한 위치 에너지만큼 운동 에너지가 증가한다.
Key Word 역학적 에너지, 보존

02 그림과 같이 높이가 20 m인 지점에서 질량이 0.1 kg인 물체를 가만히 놓았다. 지면으로부터 높이가 5 m인 곳을 지나는 순간 물체가 가지는 운동 에너지는 위치 에너지의 몇 배인지 풀이 과정과 함께 구하시오. (단, 공기 저항이나 마찰은 무시한다.)

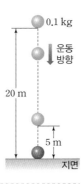

Tip 물체가 낙하 할 때 위치 에너지는 높이에 비례하고, 운동 에너지는 낙하한 거리에 비례한다.
Key Word 위치 에너지, 운동 에너지, 위치 에너지와 운동 에너지의 비

03 다음은 코일과 자석으로 전류를 만드는 과정이다.

검류계는 회로에 전류가 흐르는지를 측정하는 장치이다. 코일에 검류계를 연결하고 자석을 코일에 가까이 하거나 멀리 할 때 바늘의 움직임을 관찰한다.

(1) 실험 결과로부터 알 수 있는 사실을 서술하시오.

Tip 검류계 바늘이 움직인다는 것은 전류가 흐른다는 것이다.
Key Word 검류계, 자석, 코일

(2) 자석을 움직이는 방법 이외에 코일에 전류를 발생시킬 수 있는 방법을 서술하시오.

Tip 실험에서는 역학적 에너지가 전기 에너지로 전환된다. 자석 외에 움직일 수 있는 것은 코일이다.
Key Word 자석, 코일, 전류의 발생

04 그림은 밝기가 같은 두 전구 (가), (나)가 1초 동안 방출하는 빛에너지와 열에너지를 나타낸 것이다.

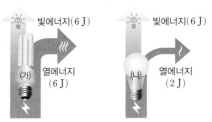

(가), (나) 중 소비 전력이 더 큰 전구를 쓰고, 그렇게 생각한 까닭을 서술하시오. (단, 빛에너지와 열에너지 외의 다른 에너지로의 전환은 없다.)

Tip 소비 전력은 전기 기구가 1초 동안 사용하는 전기 에너지의 양이다. 따라서 소비하는 전기 에너지의 양이 많을수록 소비 전력도 크다.
Key Word 전구, 소비 전력, 빛에너지, 열에너지

VII 별과 우주

1 별의 특성

❶ 연주 시차와 별의 거리

1. 시차: 관측자가 떨어져 있는 두 지점에서 같은 물체를 바라보았을 때, 두 관측 지점과 물체가 이루는 각

(1) 물체는 관측 지점에 따라 멀리 있는 배경을 기준으로 위치가 달라 보인다.
　　예 A와 B에서 나무를 보면 배경이 되는 건물이 달라진다.

A 위치에서 본 나무　　시차　　B 위치에서 본 나무
▲ 시차 측정

(2) 시차는 관측 지점과 물체 사이의 거리가 가까울수록 커지고, 관측 지점과 물체 사이의 거리가 멀수록 작아진다.

2. 연주 시차

(1) 지구에서 볼 때 별들은 같은 거리에 있는 것처럼 보이지만 실제 거리는 제각각 다르다.

(2) **연주 시차⁺:** 지구에서 별을 6개월 간격으로 측정한 시차의 $\frac{1}{2}$로, 단위는 ″(초)⁺이다.

① 지구에서 가까이 있는 별을 6개월 간격으로 관측하면 더 먼 별을 배경으로 위치가 달라 보인다.

② 별 S는 지구가 A에 있을 때에는 S₁에 있는 것처럼 보이지만, 6개월 후 지구가 B에 있을 때에는 S₂에 있는 것처럼 보인다.

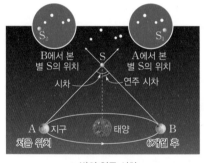

B에서 본 별 S의 위치 S A에서 본 별 S의 위치
시차　　연주 시차
A 지구　　태양　　B
처음 위치　　6개월 후
▲ 별의 연주 시차

(3) **연주 시차가 나타나는 까닭:** 지구가 공전하기 때문이다.

3. 연주 시차와 별까지의 거리

(1) 별까지의 거리는 연주 시차에 반비례한다.

$$별의\ 거리(pc) = \frac{1}{연주\ 시차(″)}$$

예 그림에서 연주 시차는 별 X > 별 Y이고, 별까지의 거리는 별 X < 별 Y이다.⁺

지구
별 X의 연주 시차
별 Y의 연주 시차
태양　　별 X　별 Y
X₁ Y₁ Y₂ X₂
▲ 별의 연주 시차와 거리

(2) 연주 시차가 1″인 별까지의 거리를 1 pc⁺(파섹)이라고 한다.

✚ 연주 시차를 측정하기 어려운 까닭
지구가 공전한다는 사실이 알려지자 과학자들은 별의 연주 시차를 측정하려고 노력했다. 하지만 연주 시차는 수백 년이 지나서야 측정되었다. 그 이유는 별까지의 거리가 매우 멀어 성능 좋은 망원경이 있어야만 측정할 수 있기 때문이다.

✚ 1″(초)의 크기
1°(도)=60′(분)=3600″(초)

✚ 연주 시차를 이용해 별까지의 거리 비교하기
그림은 서로 다른 두 별 A와 B를 6개월 간격으로 촬영한 것이다.

A B
↓ 6 개월 후
B A

➡ 연주 시차가 A > B이므로, 별까지의 거리는 A < B이다.

✚ 1 pc의 거리
1 pc ≒ 3 × 10¹³ km
　　≒ 3.26광년
　　≒ 206265 AU

✚ 연주 시차의 한계
거리가 매우 먼 별들은 연주 시차가 너무 작아서 측정하기 어렵다. 따라서 연주 시차로 거리를 구할 수 있는 별은 약 100 pc 이내에 있는 별들이다.

기초 섭렵 문제

❶ 연주 시차와 별의 거리

▶ 두 관측 지점과 물체가 이루는 각을 □□라고 한다.

▶ 관측 지점과 물체 사이의 거리가 멀어질수록 시차는 □□진다.

▶ 지구에서 가까운 별을 6개월 간격으로 관측하면 더 □ 별을 배경으로 위치가 조금씩 달라져 보인다.

▶ 지구에서 별을 6개월 간격으로 측정한 시차의 $\frac{1}{2}$을 □□ □□라고 한다.

▶ 연주 시차는 별까지의 거리에 □비례한다.

01 시차에 대한 설명으로 옳은 것은 ○표, 옳지 <u>않은</u> 것은 ×표를 하시오.

(1) 별의 시차는 시간의 차이를 의미한다. ( )
(2) 물체의 위치가 멀리 있는 배경을 기준으로 달라진다. ( )
(3) 관측 지점과 관측하는 물체 사이의 거리가 멀어질수록 시차는 커진다.
( )
(4) 한쪽 눈을 번갈아 감으면서 물체를 볼 때도 시차가 발생한다. ( )

02 그림 (가)의 모습은 (나)의 A~C 중 어느 곳에서 바라본 모습인지 고르시오.

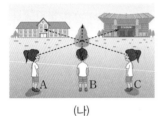

(가)   (나)

03 연주 시차에 대한 설명으로 옳은 것은 ○표, 옳지 <u>않은</u> 것은 ×표를 하시오.

(1) 연주 시차는 1달 간격으로 측정한다. ( )
(2) 멀리 있는 별일수록 연주 시차가 크다. ( )
(3) 연주 시차는 별까지의 거리에 반비례한다. ( )

04 그림은 지구에서 가까이 있는 별 X, Y를 관측한 모습을 나타낸 것이다.

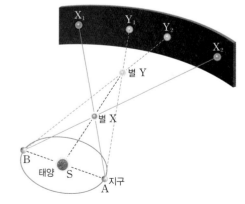

별 X와 별 Y의 연주 시차로 알맞은 각을 선으로 연결하시오.

(1) 별 X의 연주 시차 •   • ㉠ ∠AXS
(2) 별 Y의 연주 시차 •   • ㉡ ∠AYS

② 별의 밝기

1. 빛을 내는 물체의 밝기에 영향을 주는 요소: 방출하는 빛의 양과 거리에 따라 달라진다.

(1) 방출하는 빛의 양에 따른 손전등의 밝기: (가)와 같이 두 손전등이 같은 거리에 있다면 방출하는 빛의 양이 많은 손전등이 더 밝게 비춘다.

(2) 거리에 따른 손전등의 밝기: (나)와 같이 두 손전등이 방출하는 빛의 양이 같다면 거리가 가까운 손전등이 더 밝게 비춘다.

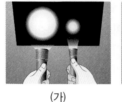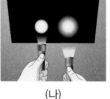
(가)   (나)
▲ 손전등의 밝기 비교

2. 별의 밝기와 거리

(1) 별까지의 거리가 2배, 3배, ……로 멀어지면 별빛이 비치는 면적은 2^2배, 3^2배, ……로 늘어난다. 따라서 같은 면적에서 받는 별빛의 양은 $\frac{1}{2^2}$배, $\frac{1}{3^2}$배, ……로 줄어든다.

(2) 별까지의 거리가 2배, 3배, ……로 멀어지면 별의 밝기는 $\frac{1}{2^2}$배, $\frac{1}{3^2}$배, ……로 어두워진다.

$$별의 밝기 \propto \frac{1}{(별까지의 거리)^2}$$

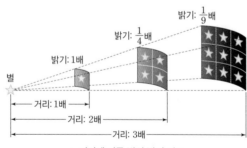
▲ 거리에 따른 별의 밝기 비교

3. 별의 밝기와 등급

(1) 고대 그리스의 과학자 히파르코스⁺는 맨눈으로 관측한 별들을 밝기에 따라 구분하여 가장 밝게 보이는 별들을 1등급, 가장 어둡게 보이는 별들을 6등급으로 정하였다.

(2) 별의 등급⁺: 밝은 별일수록 등급이 작고, 어두운 별일수록 등급이 크다.

① 1등급보다 밝은 별: 0등급, −1등급, …… 등으로 나타낸다.

② 6등급보다 어두운 별: 7등급, 8등급, …… 등으로 나타낸다.

③ 각 등급 사이의 밝기를 갖는 별: 소수점을 사용하여 나타낸다. ⓓ 2.1등급

(3) 별의 등급과 밝기 차: 1등급인 별은 6등급인 별보다 약 100배(≒2.5^5배) 밝다.

➡ 1등급 차이마다 밝기는 약 2.5배의 차이가 있다.⁺

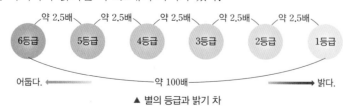
▲ 별의 등급과 밝기 차

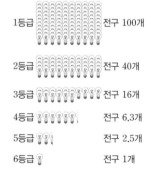

기초 섭렵 문제

정답과 해설 | 54쪽

❷ 별의 밝기

▶ 빛을 내는 물체의 밝기에 영향을 주는 요소는 방출하는 빛의 양과 □□이다.

▶ 거리가 멀어질수록 별의 밝기는 □□□진다.

▶ 별의 밝기를 처음으로 숫자로 구분한 사람은 □□□□□이다.

▶ 별의 등급을 나타내는 숫자의 크기가 □수록 어두운 별이다.

▶ 별의 등급이 □등급 차이가 나면 밝기는 약 2.5배 차이가 난다.

05

별의 밝기와 거리의 관계에 대한 설명으로 옳은 것은 ○표, 옳지 않은 것은 ×표를 하시오.

(1) 밤하늘의 별들은 거의 같은 거리에 있다. ( )

(2) 별까지의 거리가 멀수록 별은 어두워 보인다. ( )

(3) 별의 거리와 밝기는 비례 관계이다. ( )

06

그림은 별의 밝기와 거리의 관계를 나타낸 것이다.

별
1배
2배
3배

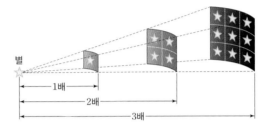

(1) 별에서부터의 거리가 2배 멀어지면 별빛이 비추어야 하는 면적은 몇 배가 되는지 쓰시오.

(2) 별에서부터의 거리가 2배 멀어지면 별의 밝기는 몇 배가 되는지 쓰시오.

07

별의 밝기와 등급에 대한 설명으로 옳은 것은 ○표, 옳지 않은 것은 ×표를 하시오.

(1) 등급이 클수록 밝은 별이다. ( )

(2) 1등급보다 밝으면 0등급, −1등급 ……으로 표시한다. ( )

(3) 1등급 차이마다 밝기는 약 2.5배의 차이가 난다. ( )

(4) 1등급의 별은 6등급의 별보다 약 100배 밝다. ( )

08

오른쪽 그림은 별의 등급에 따른 별의 밝기를 전구의 개수로 표현한 것이다. 6등급인 별 몇 개가 있어야 1등급인 별의 밝기와 같은지 쓰시오.

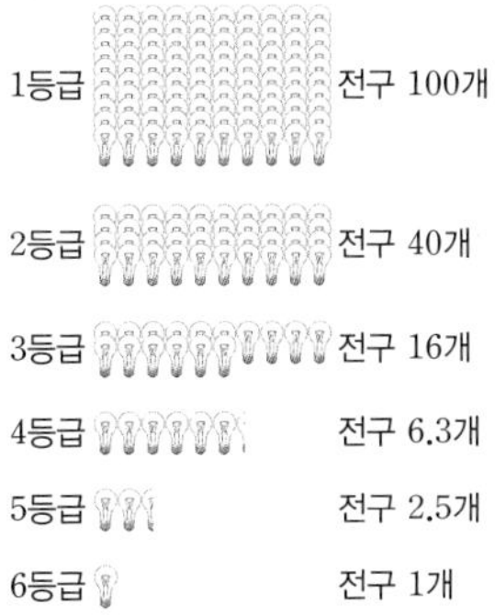

1등급 전구 100개
2등급 전구 40개
3등급 전구 16개
4등급 전구 6.3개
5등급 전구 2.5개
6등급 전구 1개

❸ 겉보기 등급과 절대 등급

1. 겉보기 등급⁺: 우리 눈에 보이는 별의 밝기 등급
  (1) 겉보기 등급이 작은 별일수록 우리 눈에 밝게 보인다.
  (2) 별의 밝기는 거리에 따라 달라지므로, 겉보기 등급으로는 별의 실제 밝기를 비교할 수 없다.

2. 절대 등급: 별들이 모두 같은 거리인 10 pc에 있다고 가정했을 때의 별의 밝기 등급
  (1) 절대 등급이 작을수록 실제로 밝은 별이다.
  (2) 별까지의 거리를 같다고 가정하였으므로, 절대 등급을 비교하면 별의 실제 밝기를 비교할 수 있다.

3. 별의 등급과 거리 관계
  (1) 별의 겉보기 등급과 절대 등급을 비교하면 별까지의 거리를 판단할 수 있다.
    ① 겉보기 등급<절대 등급: 지구에서 10 pc보다 가까이 있는 별이다.(A)
    ② 겉보기 등급=절대 등급: 지구에서 10 pc에 있는 별이다.(B)
    ③ 겉보기 등급>절대 등급: 지구에서 10 pc보다 멀리 있는 별이다.(C)

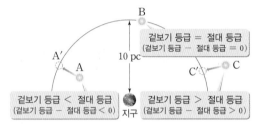

▲ 별의 등급과 거리

  (2) (겉보기 등급−절대 등급) 값이 작을수록 지구에서 가까이 있는 별이고, (겉보기 등급−절대 등급) 값이 클수록 지구에서 멀리 있는 별이다.

❹ 별의 색과 표면 온도

1. 별은 표면 온도에 따라 색이 다르게 나타난다.⁺

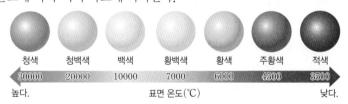

2. 표면 온도가 낮은 별일수록 붉은색을 띠고, 표면 온도가 높은 별일수록 파란색을 띤다.
  ㉑ 오리온자리의 리겔은 표면 온도가 높아 청백색을 띠고, 베텔게우스는 표면 온도가 낮아 적색을 띤다.

▲ 오리온자리

+ 겉보기 등급과 절대 등급

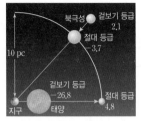

태양은 지구로부터 가까이 있어 밝게 보이지만, 태양을 10 pc의 거리에 있다고 가정하면 절대 등급이 4.8등급으로 실제로는 어두운 별에 해당한다. 지구에서 멀리 떨어져 있는 북극성은 태양에 비해 훨씬 어둡게 보이지만, 절대 등급은 −3.7등급으로 실제로는 태양보다 훨씬 밝은 별이다.

+ 몇 가지 별의 등급

별	겉보기 등급	절대 등급
태양	−26.8	4.8
북극성	2.1	−3.7
베텔게우스	0.5	−5.1
데네브	1.3	−8.7
시리우스	−1.5	1.4

+ 물체의 온도와 색

전열기는 온도에 따라 색이 달라지고, 붉은색 용암은 식으면서 검은색이 된다. 이렇듯 물체는 온도에 따라 다른 색을 방출한다.

▲ 전열기의 색

❸ 겉보기 등급과 절대 등급
▶ 우리 눈에 보이는 별의 밝기를 등급으로 나타낸 것이 □□□ 등급이다.

▶ 모든 별들이 10 pc의 거리에 있다고 가정할 때의 별의 밝기 등급을 □□□□이라고 한다.

▶ 겉보기 등급은 등급의 숫자가 작을수록 밝기가 □□.

09 겉보기 등급과 절대 등급에 대한 설명으로 옳은 것은 ○표, 옳지 <u>않은</u> 것은 ×표를 하시오.

(1) 겉보기 등급은 모든 별이 같은 거리에 있다고 가정할 때의 별의 밝기 등급이다.
(   )
(2) 겉보기 등급이 1등급인 별은 2등급인 별보다 밝기가 밝다. (   )
(3) 절대 등급이 작으면 실제 밝기가 밝다. (   )
(4) 10 pc의 거리에 위치한 별은 겉보기 등급과 절대 등급이 같다. (   )

10 오른쪽 그림은 몇 가지 별의 겉보기 등급과 절대 등급을 나타낸 것이다.

(1) 눈으로 볼 때 가장 밝게 보이는 별의 이름을 쓰시오.
(2) 실제로 가장 밝은 별의 이름을 쓰시오.

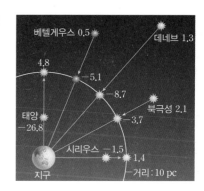

11 별의 색에 대한 설명으로 옳은 것은 ○표, 옳지 <u>않은</u> 것은 ×표를 하시오.

(1) 밤하늘의 별은 모두 흰색이다. (   )
(2) 별의 색은 별의 거리에 의해 결정된다. (   )
(3) 청색 별은 비교적 표면 온도가 높은 별이다. (   )
(4) 황색 별은 백색 별보다 표면 온도가 높다. (   )

❹ 별의 색과 표면 온도
▶ 별의 색은 별의 □□ □□와 관련이 있다.

▶ 파란색 별은 붉은색 별보다 표면 온도가 □□.

12 그림은 오리온자리의 베텔게우스와 리겔을 나타낸 것이다.

베텔게우스와 리겔 중 표면 온도가 더 높은 별의 이름을 쓰시오.

필수 탐구 — 시차 측정하기

목표

시차가 생기는 원리를 이해하고, 물체의 거리와 시차의 관계를 설명할 수 있다.

숫자 사이의 간격이 일정하도록 숫자를 쓴다.

과정

1 칠판에 1에서 8까지의 숫자를 쓰고, 책상 위에 나무 모형 (가), (나)를 놓는다.
2 나무 모형 (가)를 왼쪽 눈을 감고 오른쪽 눈으로만 보았을 때 어느 숫자와 겹쳐 보이는지 기록한다.
3 오른쪽 눈을 감고 왼쪽 눈으로만 보았을 때 나무 모형 (가)가 어느 숫자와 겹쳐 보이는지 기록한다.
4 나무 모형 (나)를 왼쪽 눈을 감고 오른쪽 눈으로만 보았을 때 어느 숫자와 겹쳐 보이는지 기록한다.
5 오른쪽 눈을 감고 왼쪽 눈으로만 보았을 때 나무 모형 (나)가 어느 숫자와 겹쳐 보이는지 기록한다.

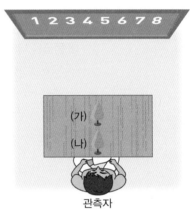

관측자

결과

1 [과정 2]~[과정 5]에서 나무 모형과 겹쳐 보이는 숫자는 다음과 같다.

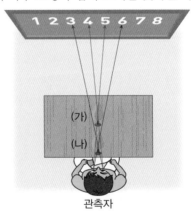

관측자

2 왼쪽 눈만 뜨고 볼 때와 오른쪽 눈만 뜨고 볼 때 배경에 대한 물체의 위치가 달라보인다.
3 관측자와 나무 모형 사이의 거리가 멀 때보다 관측자와 나무 모형 사이의 거리가 가까울 때 배경의 숫자 차이가 더 크다.
➡ 나무 모형 (가)와 나무 모형 (나) 중 나무 모형 (나)의 시차가 더 크다.

시차는 두 관측 지점과 물체가 이루는 각이다.

정리

시차는 관측자와 물체 사이의 거리가 멀수록 작아지고, 관측자와 물체 사이의 거리가 가까울수록 커진다.
➡ 시차는 관측자와 물체 사이의 거리에 반비례한다.

수행평가 섭렵 문제

시차 측정하기

▶ 시차는 두 관측 지점과 물체가 이루는 □이다.

▶ 시차는 관측 지점과 물체 사이의 거리에 □□□한다.

[1~2] 그림과 같이 책상 위 (가)와 (나) 위치에 나무 모형을 각각 올려놓고 칠판의 숫자를 바라보았다.

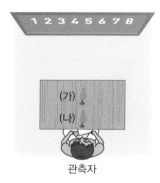

관측자

1 A와 B 중 (나) 위치에 있는 나무 모형을 오른쪽 눈을 감고 왼쪽 눈으로만 본 모습을 고르시오.

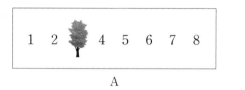

A

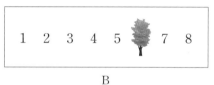

B

2 다음은 위 실험에 대한 설명이다. (   ) 안에 들어갈 알맞은 말을 고르시오.

> 관측자와 나무 모형 사이의 거리가 멀 때보다 관측자와 나무 모형 사이의 거리가 가까울 때 시차가 더 (크다 / 작다).

3 그림과 같이 칠판에 숫자를 쓰고 손에 연필을 쥔 후 칠판을 향해 팔을 뻗는다. 왼쪽 눈과 오른쪽 눈을 번갈아 감고 각각 연필을 본다. 그 후 팔을 굽혀 왼쪽 눈과 오른쪽 눈을 번갈아 감고 각각 연필을 본다.

왼쪽 눈과 오른쪽 눈으로만 각각 연필을 볼 때, 연필의 배경이 되는 숫자의 차이가 큰 것은 팔을 굽힐 때와 팔을 펼 때 중 어느 것인지 쓰시오.

4 오른쪽 그림은 별 A와 B를 6개월 간격으로 촬영한 모습이다. 별 A와 B 중에서 지구에 더 가까운 별의 기호를 쓰시오.

내신 기출 문제

① 연주 시차와 별의 거리

01 그림과 같이 서로 다른 위치 A와 B에서 나무를 관찰하였다.

시차

A와 B에서 관찰한 모습을 〈보기〉에서 순서대로 고른 것은?

┤ 보기 ├

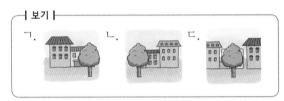

ㄱ.   ㄴ.   ㄷ.

① ㄱ, ㄴ   ② ㄱ, ㄷ   ③ ㄴ, ㄱ
④ ㄴ, ㄷ   ⑤ ㄷ, ㄱ

02 그림은 서로 다른 두 별 A와 B를 6개월 간격으로 촬영한 모습이다.

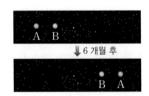

A B

↓6개월 후

B A

이에 대한 설명으로 옳은 것은?

① 별 A와 B는 주변 별보다 매우 먼 별이다.
② 별 A와 B는 주변 별보다 크기가 매우 큰 별이다.
③ 별 A의 표면 온도가 B보다 낮다.
④ 별 A는 B보다 거리가 더 가까운 별이다.
⑤ 이러한 현상은 지구의 자전에 의해 발생한다.

03 다음 중 지구에서 가장 멀리 있는 별은?

① 1 pc에 위치한 별
② 연주 시차가 1″인 별
③ 3.26광년에 위치한 별
④ 6개월 간의 시차가 2″인 별
⑤ 지구-별-태양이 이루는 각이 0.5″인 별

04 〈중요〉 그림은 지구에서 6개월 간격으로 별 S를 관측한 결과를 나타낸 것이다.

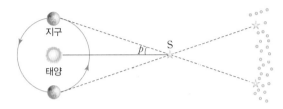

지구
태양
p
S

별 S의 연주 시차에 대한 설명으로 옳지 <u>않은</u> 것은?

① 별 S의 연주 시차는 $\frac{p}{2}$이다.
② 별 S보다 가까운 별은 p의 값이 더 커진다.
③ 별 S까지의 거리가 멀수록 p의 값은 작아진다.
④ 연주 시차를 이용하여 별까지의 거리를 구할 수 있다.
⑤ 별 S의 연주 시차가 1″라면, 별 S보다 2배 멀리 떨어진 별의 연주 시차는 0.5″이다.

05 표는 여러 별의 연주 시차를 나타낸 것이다.

별	A	B	C	D	E
연주 시차	0.17″	0.37″	0.01″	0.07″	0.2″

별 A~E 중 지구로부터 가장 가까이 있는 별은?

① A   ② B   ③ C
④ D   ⑤ E

06 그림은 지구가 태양 주위를 공전할 때 지구의 위치를 나타낸 것이다.

별 X

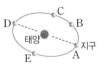

D   C
     B
태양   지구
E   A

별 X의 시차가 가장 크게 관측되는 지구의 두 위치를 옳게 짝 지은 것은?

① A, B   ② A, C   ③ A, D
④ B, E   ⑤ C, E

❷ 별의 밝기

07 별의 밝기 표시에 대한 설명으로 옳은 것은?

① 등급이 클수록 밝은 별이다.
② 가장 어두운 별은 6등급이다.
③ 별의 등급은 항상 0보다 큰 값을 가진다.
④ 1등급의 별보다 밝은 별은 존재하지 않는다.
⑤ 히파르코스는 맨눈으로 보았을 때 가장 밝은 별을 1등급으로 하였다.

08 거리와 밝기의 관계를 나타낸 그래프로 옳은 것은?

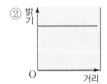

09 그림은 도로 위의 가로등을 나타낸 것이다.

관측자의 위치에서 가로등까지의 거리와 가로등의 밝기의 관계로 옳은 것만을 〈보기〉에서 있는 대로 고른 것은?

┤ 보기 ├
ㄱ. 가로등의 밝기는 거리에 비례한다.
ㄴ. 가로등까지의 거리가 멀어지면 밝기가 밝아진다.
ㄷ. 가로등까지의 거리가 3배로 멀어지면 밝기는 $\frac{1}{9}$배로 어두워진다.

① ㄱ   ② ㄷ   ③ ㄱ, ㄴ
④ ㄴ, ㄷ   ⑤ ㄱ, ㄴ, ㄷ

10 그림은 별의 밝기와 거리의 관계를 나타낸 것이다.

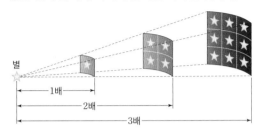

겉보기 밝기가 1등급인 별의 거리가 10배 가까워진다면, 이 별의 겉보기 밝기 등급은 얼마가 되겠는가?

① −5등급   ② −4등급   ③ −2등급
④ 0등급   ⑤ 5등급

11 그림은 별의 등급과 밝기 차를 나타낸 것이다.

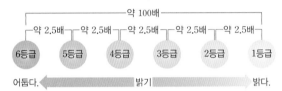

이에 대한 설명으로 옳은 것만을 〈보기〉에서 있는 대로 고른 것은?

┤ 보기 ├
ㄱ. 2등급 별은 1등급 별보다 약 2.5배 밝다.
ㄴ. 3등급 별보다 약 100배 어두운 별은 8등급이다.
ㄷ. 1등급 별 1개는 6등급 별 100개와 같은 밝기이다.

① ㄱ   ② ㄷ   ③ ㄱ, ㄴ
④ ㄴ, ㄷ   ⑤ ㄱ, ㄴ, ㄷ

❸ 겉보기 등급과 절대 등급

12 겉보기 등급에 대한 설명으로 옳은 것만을 〈보기〉에서 있는 대로 고른 것은?

┤ 보기 ├
ㄱ. 별의 실제 밝기를 알 수 있다.
ㄴ. 눈에 보이는 별의 밝기이다.
ㄷ. 별까지의 거리를 고려하지 않은 등급이다.

① ㄱ   ② ㄷ   ③ ㄱ, ㄴ
④ ㄴ, ㄷ   ⑤ ㄱ, ㄴ, ㄷ

13 그림은 몇 가지 별의 밝기를 나타낸 것이다.

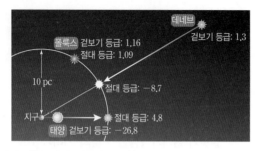

이에 대한 설명으로 옳은 것은?

① 태양의 연주 시차는 0.1″보다 작다.
② 폴룩스가 데네브보다 먼 별이다.
③ 실제로는 데네브가 폴룩스보다 밝다.
④ 눈으로 보기에 폴룩스가 태양보다 밝다.
⑤ 눈으로 보기에 데네브가 폴룩스보다 밝다.

14 표는 몇 가지 별의 겉보기 등급과 절대 등급을 나타낸 것이다.

별 이름	겉보기 등급	절대 등급
시리우스	−1.5	1.4
아크투루스	−0.1	−0.3
프로키온	0.4	2.7
북극성	2.1	−3.7

위 별들 중 지구로부터의 거리가 10 pc 이내에 있는 별의 이름을 모두 쓰시오.

15 그림은 지구에서 관측할 수 있는 별 A, B, C의 위치를, 표는 별 A, B, C의 겉보기 등급을 나타낸 것이다.

별	겉보기 등급
A	3.5
B	3.5
C	1.5

이 자료에 대한 해석으로 옳은 것만을 〈보기〉에서 있는 대로 고르시오.

┤ 보기 ├
ㄱ. 별 A와 B는 같은 밝기로 보인다.
ㄴ. 세 별 중 C가 가장 밝게 보인다.
ㄷ. 별 B는 C보다 약 100배 밝게 보인다.
ㄹ. 별 A가 B의 위치에 있다면 더 어둡게 보인다.

4 별의 색과 표면 온도

16 다음은 별의 색과 표면 온도, 태양에 대한 설명을 나타낸 것이다.

과학자들은 현재 황색을 띠는 태양이 수십억 년 후에는 표면 온도가 낮아질 것이라고 한다.

현재 태양의 온도와 수십억 년 후 태양의 색에 가장 가까운 것을 옳게 짝 지은 것은?

① 약 3500 ℃, 적색   ② 약 6000 ℃, 적색
③ 약 6000 ℃, 백색   ④ 약 10000 ℃, 청백색
⑤ 약 20000 ℃, 청색

17 오른쪽 그림은 오리온자리의 별인 베텔게우스와 리겔을 나타낸 것이다. 이것으로 알 수 있는 것으로 옳은 것은?

① 베텔게우스의 질량이 더 크다.
② 별의 크기가 큰 별은 리겔이다.
③ 시차는 베텔게우스가 더 클 것이다.
④ 실제로 더 밝은 별은 베텔게우스이다.
⑤ 표면 온도가 낮은 별은 베텔게우스이다.

18 그림은 밤하늘에 보이는 몇 가지 별을 나타낸 것이다.

▲ 스피카   ▲ 시리우스   ▲ 아크투루스

별의 표면 온도를 비교한 것으로 옳은 것은?

① 스피카 > 시리우스 > 아크투루스
② 스피카 > 아크투루스 > 시리우스
③ 시리우스 > 스피카 > 아크투루스
④ 시리우스 > 아크투루스 > 스피카
⑤ 아크투루스 > 스피카 > 시리우스

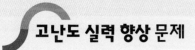

정답과 해설 | 56쪽

01
표는 지구에서 관측한 별 X와 Y의 특징을 나타낸 것이다.

별	X	Y
특징	연주 시차 1″	지구에서 10 pc의 거리에 있는 별

행성의 공전 궤도 반지름이 목성은 지구의 약 5배, 토성은 지구의 약 10배일 때 목성에서 관측한 별 X와 토성에서 관측한 별 Y의 연주 시차를 순서대로 나타낸 것은?

① 5″, 1″   ② 5″, 10″
③ 0.2″, 1″   ④ 0.2″, 10″
⑤ 10″, 5″

02
표는 어느 별의 특징을 나타낸 것이다.

지구로부터의 거리	25 pc
겉보기 등급	3등급
별의 색	백색

이 별의 절대 등급을 구하시오.

03
표는 별 A, B, C의 특징을 나타낸 것이다.

별	거리(pc)	절대 밝기(태양=1)
A	10	1
B	100	100
C	100	100

이에 대한 설명으로 옳은 것만을 〈보기〉에서 있는 대로 고른 것은?

> **보기**
> ㄱ. 연주 시차는 별 A가 B보다 크다.
> ㄴ. 별 A와 B의 겉보기 등급은 같다.
> ㄷ. 별 C는 겉보기 등급과 절대 등급이 같다.

① ㄱ   ② ㄷ   ③ ㄱ, ㄴ
④ ㄴ, ㄷ   ⑤ ㄱ, ㄴ, ㄷ

서논술형 유형 연습

정답과 해설 | 56쪽

예제

01
그림은 1월과 7월에 밤하늘의 같은 위치를 촬영한 모습을 나타낸 것이다.

1월   7월

다른 별은 위치가 달라지지 않았는데 별 S만 이동한 이유를 서술하시오.

Tip 지구의 공전에 따른 시차가 큰 별은 배경에 대한 위치가 달라진다.
Key Word 시차

[설명] 지구에 가까이 있는 별은 시차가 나타나지만, 멀리 있는 별은 시차가 아주 작아 거의 움직이지 않는 것처럼 보인다.
[모범 답안] 별 S는 다른 별들보다 지구에서 상대적으로 가까이 있는 별이기 때문이다.

실전 연습

01
그림은 오리온자리를 나타낸 것이다.

베텔게우스와 리겔의 표면 온도를 비교하고, 그렇게 비교한 이유를 서술하시오.

Tip 별의 색은 별의 표면 온도와 관련이 있다.
Key Word 청백색 별, 적색 별

② 은하와 우주

① 우리은하

1. 은하: 수많은 별과 성단, 성운 등이 모여 있는 거대한 집단

2. 우리은하: 태양계가 속해 있는 은하

모습	• 옆에서 본 모습: 중심부가 약간 볼록한 원반 모양 • 위에서 본 모습: 중심부는 막대 모양, 막대 끝에 소용돌이치는 나선 모양의 팔이 있다.
크기	지름이 약 30000 pc(약 10만 광년)
태양계 위치	우리은하 중심에서 약 8500 pc(약 3만 광년) 떨어진 나선팔에 있다.

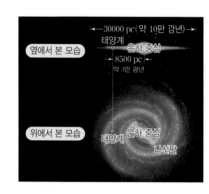

3. 은하수⁺: 밤하늘을 가로지르는 희미한 띠 모양의 별의 집단

(1) 우리은하의 일부를 지구에서 본 모습이다.

(2) 궁수자리 방향이 가장 넓고 밝게 보이며, 우리나라(북반구)에서는 겨울철보다 여름철에 더 밝고 두껍게 관측된다.

② 성운과 성단

1. 성간 물질: 별과 별 사이의 넓은 공간에 퍼져 있는 가스와 먼지 등

2. 성운⁺: 성간 물질이 모여 구름처럼 보이는 천체

구분	방출 성운	반사 성운	암흑 성운
모습			
정의	성간 물질이 주변의 별빛을 흡수하여 가열되면서 스스로 빛을 내는 성운	성간 물질이 주변의 별빛을 반사하여 밝게 보이는 성운	성간 물질이 뒤쪽에서 오는 별빛을 차단하여 어둡게 보이는 성운

3. 성단: 수많은 별들이 모여 있는 집단

구분	산개 성단	구상 성단
모습		
정의	수십~수만 개의 별들이 엉성하게 모여 있는 성단	수만~수십만 개의 별들이 빽빽하게 공 모양으로 모여 있는 성단
분포 위치	주로 나선팔	은하의 중심부, 은하 주변
별의 색과 표면 온도	청색, 고온	적색, 저온

✛ 은하수의 모습

별들이 가장 많이 분포하는 은하의 중심 방향이 궁수자리 방향이기 때문에 궁수자리 쪽이 가장 넓고 밝게 보인다. 북반구의 겨울철에는 지구가 우리은하의 중심과 반대 방향을 향하기 때문에 은하수가 희미하게 보이고, 여름철에는 지구가 우리은하의 중심 방향을 향하기 때문에 은하수가 더 진하게 잘 관측된다.

✛ 성운의 종류

성운은 별빛을 반사하거나 차단하거나 흡수한 후 재방출한다. 이러한 빛에 대한 특징에 따라 모습이 달라진다.

▲ 방출 성운

▲ 반사 성운

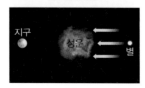

▲ 암흑 성운

기초 섭렵 문제

2. 은하와 우주 ● 217

❶ 우리은하

▶ 수많은 별, 성단, 성운 등이 모인 거대한 집단을 □□라고 한다.

▶ 태양계가 속한 은하를 □□□□라고 한다.

▶ 우리은하는 중심에 □□ 모양의 구조가 있다.

▶ 밤하늘을 가로지르는 희미한 띠 모양의 별의 집단은 □□□이다.

01 우리은하에 대한 설명으로 옳은 것은 ○표, 옳지 <u>않은</u> 것은 ×표를 하시오.

(1) 우리은하는 별, 성운, 성단을 포함한다. ( )
(2) 태양계는 우리은하의 중심부에 위치한다. ( )
(3) 우리은하는 중심부가 볼록한 원반 모양이다. ( )
(4) 우리은하의 지름은 약 30000 pc이다. ( )

02 그림은 밤하늘을 가로지르는 띠 모양의 은하수이다.

우리나라에서 은하수의 폭이 가장 넓고 밝게 관측되는 계절은?

① 봄 ② 여름 ③ 가을
④ 늦가을 ⑤ 겨울

❷ 성운과 성단

▶ 별과 별 사이의 공간에 있는 가스와 먼지를 □□ □□이라고 한다.

▶ 성간 물질이 모여 구름처럼 보이는 것을 □□이라고 한다.

▶ 수십~수만 개의 별들이 엉성하게 모여 있는 것을 □□ □□이라고 한다.

03 그림 (가)~(다)는 성운의 모습을 나타낸 것이다.

(가) (나) (다)

(가)~(다)는 어떤 종류의 성운인지 각각 쓰시오.

04 성단에 대한 설명으로 옳은 것은 ○표, 옳지 <u>않은</u> 것은 ×표를 하시오.

(1) 성단은 먼지와 가스의 집합이다. ( )
(2) 구상 성단은 별들이 불규칙적으로 엉성하게 모여 있다. ( )
(3) 산개 성단보다 구상 성단을 이루는 별의 수가 더 많다. ( )
(4) 구상 성단은 주로 적색을 띠는 별들로 이루어져 있다. ( )

❸ 외부 은하

1. 외부 은하: 우리은하 밖의 은하

2. 외부 은하의 분류

구분	타원 은하	정상 나선 은하	막대 나선 은하	불규칙 은하
모습	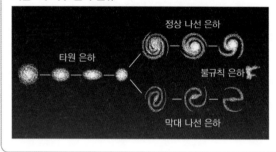			
특징	나선팔이 없고, 구형이나 타원 모양	은하 중심에서 나선팔이 휘어져 나온 모양	은하의 중심부에 막대 모양이 있고, 그 끝에서 나선팔이 휘어져 나온 모양	규칙적인 모양이 없다.

허블⁺의 외부 은하 분류

정상 나선 은하

타원 은하

불규칙 은하

막대 나선 은하

• 허블은 외부 은하를 관측하고 외부 은하를 형태에 따라 타원 은하, 정상 나선 은하, 막대 나선 은하, 불규칙 은하로 분류하였다.
• 모양에 따른 분류에서 우리은하는 막대 나선 은하에 해당한다.⁺

❹ 우주 팽창

1. 팽창하는 우주

(1) 허블은 외부 은하가 멀어지고 있음을 발견하였다.
(2) 은하들은 우주가 팽창함에 따라 서로 멀어지고 있다.
(3) 멀리 떨어져 있는 은하일수록 더 빨리 멀어지고 있다.
(4) 팽창하는 우주에 특별한 중심은 없다.
(5) 우주가 팽창한다는 것은 과거로 갈수록 우주가 점점 작아짐을 의미한다.

2. 빅뱅(대폭발) 이론⁺

(1) 우주는 약 138억 년 전에 모든 물질과 에너지가 모인 한 점에서 대폭발로 생겨났다.
(2) 대폭발 이후 계속 팽창하여 현재의 우주가 만들어졌다.

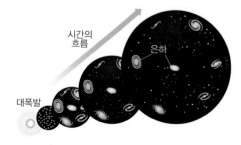

시간의 흐름

은하

대폭발

▲ 우주 팽창

➕ 허블(1889~1953)
미국의 천문학자로 우주의 크기를 측정하고, 멀리 떨어져 있는 은하일수록 더욱 빨리 멀어짐을 알아내 대폭발 우주론의 근거를 제시하였다.

➕ 은하의 모양에 따른 우리은하 분류
예전에는 우리은하가 정상 나선 은하로 알려졌다. 하지만 2005년 스피처 우주 망원경이 은하 중심부에 막대 구조의 별의 집단이 있음을 발견하였고 우리은하가 막대 나선 은하임을 알게 되었다.

➕ 빅뱅
대폭발 이론은 빅뱅(Big Bang) 이론이라고도 한다. 빅뱅은 크게 쾅 터진다는 의미로 우주가 한 점에서 대폭발과 함께 시작되었음을 뜻한다.

기초 섭렵 문제

❸ 외부 은하

▶ 우리은하 밖에 분포하는 은하를 □□ □□라고 한다.

▶ 외부 은하를 처음 분류한 사람은 □□이다.

▶ 모양에 따른 은하 분류에서 우리은하는 □□ 나선 은하에 해당한다.

05 외부 은하에 대한 설명으로 옳은 것은 ○표, 옳지 않은 것은 ×표를 하시오.

(1) 성단과 성운은 외부 은하에서 관측한 것이다. ( )

(2) 외부 은하는 주로 우리은하의 나선팔에 분포한다. ( )

(3) 외부 은하는 모양에 따라 타원 은하, 정상 나선 은하, 막대 나선 은하, 불규칙 은하로 분류한다. ( )

06 그림 (가)～(다)는 외부 은하의 모습을 나타낸 것이다.

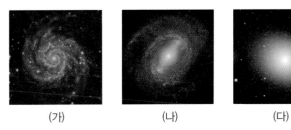

(가)   (나)   (다)

모양에 따라 분류하면 (가)～(다)는 어떤 은하에 해당하는지 쓰시오.

❹ 우주 팽창

▶ 은하들은 우주가 □□함에 따라 서로 멀어지고 있다.

▶ 멀리 떨어져 있는 은하일수록 더 □□ 멀어지고 있다.

07 그림은 허블의 은하 분류를 나타낸 것이다.

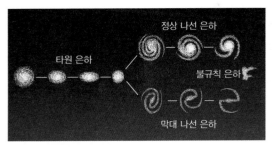

이 분류에서 우리은하는 어디에 속하는지 쓰시오.

08 다음은 대폭발 이론에 대한 설명이다. ( ) 안에 알맞은 말을 쓰시오.

> 우주는 약 138억 년 전에 모든 물질과 에너지가 모인 한 ( )에서 대폭발로 생겨났다. 대폭발 이후 계속 팽창하여 오늘날과 같은 모습이 되었다.

❺ 우주 탐사

1. 우주 탐사의 장비⁺

구분	특징
지상 망원경	지표면에서 우주를 관측한다.
우주 망원경	우주 공간에서 천체를 관측하여 우주의 선명한 영상을 제공한다.
인공위성	지구 주위를 일정한 궤도를 따라 돌도록 만든 인공적인 장치이다.
우주 탐사선	천체 주위를 돌거나 착륙하여 관측한다.

2. 우주 탐사의 성과

1950년대	최초의 인공위성인 스푸트니크 1호가 발사되면서 경쟁적인 우주 탐사가 시작되었다.
1960년대	아폴로 11호가 달에 착륙하여 인간이 최초로 달을 탐사하였다.
1970년대	탐사선에 의해 행성 탐사가 활발하게 이루어졌다.
1980년대	우주 정거장, 우주 왕복선 등으로 탐사를 하게 되었다.
1990년대	허블 우주 망원경, 소호 위성 등 다양한 장비가 발사되었다.
2000년대	• 화성 탐사 로봇, 국제 우주 정거장 등이 사용되고 있다. • 2013년에 우리나라 최초 로켓(나로호)의 발사가 성공하였다.

3. 우주 탐사의 의의와 우주 탐사가 인류에게 미치는 영향

(1) 우주와 지구에 대해 이해할 수 있다.
(2) 기술의 발전으로 다양한 직업, 학문, 산업 분야가 생성된다.
(3) 우주 탐사를 위해 개발된 첨단 기술이 일상생활에 적용된다.
(4) 우주 탐사 과정에서 생긴 우주 쓰레기⁺로 피해를 입을 수 있다.

4. 인공위성의 활용

(1) 기상 위성으로 일기 예보를 위한 정보를 얻는다.
(2) 통신 위성으로 방송, 통신 정보를 전달한다.
(3) 위성을 이용해 자신의 위치를 알 수 있다.

5. 우주 탐사 과정에서 얻은 우주 기술이 일상생활에 활용된 예

구분	특징
에어쿠션 운동화	우주의 무중력 상태에서 관절 보호를 위해 신발 바닥에 공기를 넣어 만든 신발로 농구 선수 운동화에 적용하였다.
휴대용 진공 청소기	달 표면 등의 암석을 채취하기 위해 무선으로 작동하도록 개발된 것으로 소형 청소기로 이용한다.
정수기	우주인의 식수 문제를 해결하기 위해 개발된 것으로 마시는 물을 얻기 위해 이용한다.
형상 기억 합금⁺	인공위성 안테나로 사용하기 위해 개발된 것으로 치아 교정기, 안경테 등에 이용한다.
화재 경보기	우주 정거장인 스카이랩에 설치된 것으로 연기를 감지하는 경보 장치로 이용한다.

+ 여러 가지 우주 탐사 장비

▲ 지상 망원경

▲ 우주 망원경

▲ 인공위성

▲ 우주 탐사선

+ 우주 쓰레기

발사 로켓의 하단부, 인공위성의 발사나 폐기 과정에서 생긴 파편 등 우주 공간을 떠도는 인공적인 물체이다. 탐사선이나 유영하는 우주인 등과 충돌할 수도 있고, 지표로 떨어져 인명이나 재산 피해를 줄 수 있다.

+ 형상 기억 합금

일정한 조건이 되면 원래의 모양으로 되돌아오는 합금으로, 탄력성이 좋고 쉽게 모양이 변하지 않는다.

기초 섭렵 문제

❺ 우주 탐사

▶ 우주 공간에서 천체를 관측하는 망원경은 □□ 망원경이다.

▶ 지구 밖 다른 행성이나 천체를 탐사하기 위해 보낸 장치를 □□ □□□이라고 한다.

▶ 2013년 국내 최초로 발사에 성공한 로켓은 □□□이다.

09 우주 탐사에 대한 설명으로 옳은 것은 ○표, 옳지 <u>않은</u> 것은 ×표를 하시오.

(1) 우주 탐사로 인한 기술의 발전으로 다양한 직업, 학문, 산업이 생성된다. ( )

(2) 많은 우주 탐사로 인해 우주 쓰레기가 발생하기도 하였다. ( )

(3) 휴대용 진공 청소기, 에어쿠션 운동화는 우주 탐사로 개발된 기술이 일상생활에 적용된 사례이다. ( )

(4) 인류는 아직 화성 표면을 관찰하지 못했다. ( )

10 오른쪽 그림과 같이 지구 주위를 일정한 궤도를 따라 돌도록 만든 인공적인 장치를 무엇이라고 하는지 쓰시오.

11 오래전부터 인류는 우주에 대한 호기심을 가지고 우주 탐사를 해 왔다. 이러한 우주 탐사의 성과에서 (가) <u>최초로 발사된 인공위성</u>과 (나) <u>인류가 최초로 지구 밖 다른 천체에 착륙한 유인 탐사선</u>의 이름을 옳게 짝 지은 것은?

	(가)	(나)
①	바이킹 1호	아폴로 15호
②	보스토크호	나로호
③	스푸트니크 1호	아폴로 11호
④	스푸트니크 1호	큐리오시티
⑤	우리별 1호	아폴로 11호

12 인공위성에 대한 설명으로 옳은 것은 ○표, 옳지 <u>않은</u> 것은 ×표를 하시오.

(1) 기상 위성으로 일기 예보를 위한 정보를 얻는다. ( )

(2) 통신 위성으로 방송, 통신 정보를 전달한다. ( )

(3) 다른 행성 표면에 착륙하여 탐사한다. ( )

(4) 버스 위치 확인과 같이 위치에 대한 정보를 얻는다. ( )

필수 탐구

우주 팽창 실험하기

목표

우주 팽창 모형을 이용하여 우주가 팽창하고 있음을 설명할 수 있다.

과정

1 고무풍선에 바람을 조금 불어 넣은 후 숫자가 적힌 붙임딱지 3개를 고무풍선에 붙인다.
2 붙임딱지 ★과 ② 사이의 거리와 ②와 ★ 사이의 거리를 각각 줄자로 잰다.
3 고무풍선에 바람을 더 불어 넣은 후 붙임딱지 ①과 ② 사이의 거리와 ②와 ③ 사이의 거리를 다시 각각 줄자로 잰다.
4 [과정 2]와 [과정 3]의 결과를 바탕으로 붙임딱지 사이의 거리가 각각 얼마나 변하였는지 계산한다.

붙임딱지는 은하에 해당한다. 고무풍선에 사인펜으로 점을 찍어서 실험하면 고무풍선을 불 때 사인펜으로 찍은 점의 크기가 커진다. 이는 은하의 크기가 커진다는 의미가 된다. 따라서 고무풍선을 불어도 은하를 표현한 모형의 크기가 변하지 않도록 붙임딱지를 붙여 실험한다.

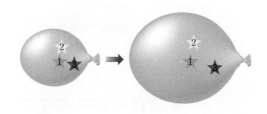

결과

[과정 2]~[과정 4]의 결과는 다음과 같다.

구분	붙임딱지 ①과 ② 사이의 거리	붙임딱지 ②와 ★ 사이의 거리
과정 2	3 cm	5 cm
과정 3	6 cm	10 cm
과정 4	3 cm 증가	5 cm 증가

정리

1 고무풍선 표면은 우주, 붙임딱지는 은하에 해당한다.
2 고무풍선이 커지면서 붙임딱지 사이의 거리가 서로 멀어진다.
  ➡ 우주가 팽창함에 따라 은하 사이의 거리가 서로 멀어진다.
3 붙임딱지 사이의 거리가 멀수록 거리 변화가 크다.
  ➡ 멀리 떨어져 있는 은하일수록 더 빨리 멀어진다.
4 붙임딱지(은하)가 서로 멀어지므로 우주 팽창의 중심은 정할 수 없다.
  ➡ 팽창하는 우주에는 중심이 없다.
5 우주 팽창 실험과 실제 우주 팽창의 비교

우주 팽창 실험(고무풍선 실험)	실제 우주 팽창
고무풍선 표면	우주
붙임딱지	은하
붙임딱지 사이의 거리가 멀어진다.	은하 사이의 거리가 멀어진다.
붙임딱지 사이의 거리가 멀수록 거리 변화가 크다.	먼 거리에 있는 은하일수록 더 빠르게 멀어진다.
고무풍선이 커져도 붙임딱지의 크기는 일정하다.	우주가 팽창해도 은하 자체의 크기는 일정하다.

수행평가 섭렵 문제

우주 팽창 실험하기

우주 팽창 실험하기

▶ 이 실험에서 고무풍선은 □□에 해당한다.

▶ 이 실험에서 붙임딱지는 □□에 해당한다.

[1~2] 그림 (가)는 대폭발 이론을, (나)는 고무풍선을 더 크게 불었을 때 붙임딱지의 위치 변화 실험을 나타낸 것이다.

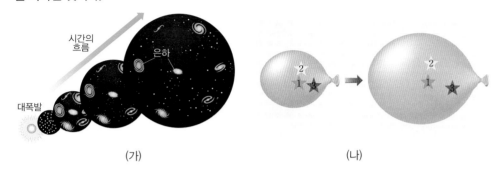

1 (나) 실험이 (가)를 의미하는 것일 때 고무풍선이 커진다는 것은 시간이 지났다는 것인지 아니면 시간을 거꾸로 돌렸다는 것인지 쓰시오.

2 다음은 (나) 실험에 대한 설명이다. ( ) 안에 알맞은 말을 쓰시오.

> 고무풍선이 부풀수록 붙임딱지 사이의 거리가 멀어진다는 것으로 보아 우주가 팽창하면 은하들은 서로 ( )는 것을 알 수 있다.

[3~4] 표는 고무풍선에 붙임딱지를 붙이고 우주 팽창 실험을 한 결과를 나타낸 것이다.

구분	붙임딱지 A와 B 사이의 거리	붙임딱지 B와 C 사이의 거리	붙임딱지 A와 C 사이의 거리
풍선을 작게 불 때	3 cm	5 cm	6 cm
풍선을 크게 불 때	6 cm	10 cm	㉠
증가량	3 cm 증가	5 cm 증가	

3 풍선을 크게 불 때 ㉠에 들어갈 거리를 구하시오.

4 위 실험에서 고무풍선을 우주, 붙임딱지를 은하라고 하면 실험 결과로 보아 가까이 있는 은하와 멀리 있는 은하 중 멀어지는 속도가 더 빠른 것을 쓰시오.

내신 기출 문제

1 우리은하

01 오른쪽 그림은 우리은하를 나타낸 것이다. 이에 대한 설명으로 옳은 것만을 〈보기〉에서 있는 대로 고른 것은?

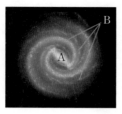

| 보기 |
ㄱ. A에는 막대 모양의 구조가 있다.
ㄴ. B에는 구상 성단보다는 산개 성단이 더 많다.
ㄷ. B는 먼지와 가스가 많고 별은 거의 존재하지 않는 영역이다.

① ㄱ ② ㄷ ③ ㄱ, ㄴ
④ ㄴ, ㄷ ⑤ ㄱ, ㄴ, ㄷ

02 그림은 우리은하 속에서 태양의 위치와 태양을 공전하고 있는 지구의 위치를 나타낸 것이다.

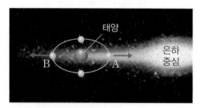

이에 대한 설명으로 옳은 것은?

① 태양은 은하의 중심에 위치한다.
② 은하수는 항상 같은 모습으로 관측된다.
③ 지구가 A에 위치할 때 우리나라의 계절은 봄이다.
④ 지구가 B에 위치할 때 우리나라의 계절은 여름이다.
⑤ 은하수는 B 위치보다 A 위치에서 뚜렷하게 보인다.

03 오른쪽 그림은 우리은하의 모습을 나타낸 것이다. (가) 태양계의 위치와 (나) 은하 중심에서 태양계까지의 거리를 옳게 짝 지은 것은?

	(가)	(나)		(가)	(나)
①	A	약 3만 광년	②	A	약 10만 광년
③	B	약 3만 광년	④	B	약 5만 광년
⑤	C	약 5만 광년			

04 우리은하에 대한 설명으로 옳은 것만을 〈보기〉에서 있는 대로 고른 것은?

| 보기 |
ㄱ. 지름이 약 3만 광년이다.
ㄴ. 중심부에 막대 구조가 있다.
ㄷ. 성간 물질, 산개 성단은 주로 은하의 중심부에 분포한다.
ㄹ. 위에서 보면 소용돌이치는 모양으로 나선팔이 휘감고 있다.

① ㄱ, ㄴ ② ㄱ, ㄷ ③ ㄴ, ㄷ
④ ㄴ, ㄹ ⑤ ㄷ, ㄹ

05 그림은 2000년대 초반까지 사용한 우리은하의 모형이다.

현재의 우리은하 모형과 다른 점은?

① 은하의 지름이 현재 모형보다 길다.
② 은하 중심의 모양이 현재 모형과 다르다.
③ 구상 성단의 위치가 현재 모형과 다르다.
④ 산개 성단의 위치가 현재 모형과 다르다.
⑤ 나선팔이 휘어진 방향이 현재 모형과 다르다.

2 성운과 성단

06 그림과 같이 주변의 별로부터 에너지를 흡수한 후 스스로 빛을 방출하는 천체는?

① 방출 성운 ② 반사 성운 ③ 암흑 성운
④ 외부 은하 ⑤ 구상 성단

07 다음에서 설명하는 천체는 무엇인가?

- 가스와 티끌로 이루어진 성간 물질이 모인 천체이다.
- 뒤쪽의 별빛을 차단하여 매우 어둡게 보인다.

① 구상 성단　② 산개 성단　③ 방출 성운
④ 반사 성운　⑤ 암흑 성운

08 그림은 어느 성단을 나타낸 것이다.

이 성단에 대한 설명으로 옳지 <u>않은</u> 것은?

① 청색을 띠는 별이 많이 있다.
② 별들이 비교적 엉성하게 모여 있다.
③ 수십 개 정도의 별로 이루어져 있다.
④ 상대적으로 저온의 별들이 분포한다.
⑤ 주로 우리은하의 나선팔에 위치하고 있다.

09 그림은 우리은하를 이루는 성단을 나타낸 것이다.

이 성단에 대한 설명으로 옳은 것만을 〈보기〉에서 있는 대로 고른 것은?

┤ 보기 ├
ㄱ. 산개 성단이다.
ㄴ. 주로 적색을 띠는 별들로 이루어져 있다.
ㄷ. 수만에서 수십만 개의 별들이 모인 것이다.

① ㄱ　　② ㄴ　　③ ㄱ, ㄷ
④ ㄴ, ㄷ　　⑤ ㄱ, ㄴ, ㄷ

10 그림과 같은 원리로 보이는 천체의 특징을 옳게 설명한 것은?

① 주변의 별빛을 반사하여 밝게 보인다.
② 성간 물질이 불에 타면서 밝게 보인다.
③ 뒤쪽의 별빛을 가로막아 어둡게 보인다.
④ 별들이 공 모양으로 빽빽하게 모여 있다.
⑤ 적색을 띠는 별들이 비교적 듬성듬성 모여 있다.

③ 외부 은하

11 외부 은하에 대한 설명으로 옳은 것만을 〈보기〉에서 있는 대로 고른 것은?

┤ 보기 ├
ㄱ. 외부 은하는 모양에 따라 분류한다.
ㄴ. 불규칙 은하는 일정한 모양이 없다.
ㄷ. 타원 은하는 막대 모양의 구조가 있다.
ㄹ. 우리은하 밖에 존재하는 은하이다.

① ㄱ, ㄴ　　② ㄱ, ㄷ　　③ ㄷ, ㄹ
④ ㄱ, ㄴ, ㄹ　　⑤ ㄴ, ㄷ, ㄹ

12 그림 (가)~(라)는 허블이 분류한 외부 은하의 모습을 나타낸 것이다.

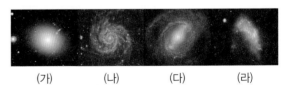

(가)　　(나)　　(다)　　(라)

우리은하와 종류가 같은 은하의 기호와 이름을 옳게 짝 지은 것은?

① (가) – 타원 은하
② (나) – 정상 나선 은하
③ (다) – 타원 은하
④ (다) – 막대 나선 은하
⑤ (라) – 불규칙 은하

④ 우주 팽창

중요

13 오른쪽 그림과 같이 고무풍선에 붙임딱지를 붙인 후 고무풍선을 더 크게 불었다. 이에 대한 설명으로 옳은 것은?

① 붙임딱지 사이의 간격은 줄어든다.
② 모든 붙임딱지 사이의 간격은 멀어진다.
③ 한 개의 붙임딱지를 중심으로 고무풍선이 팽창한다.
④ 고무풍선은 은하, 붙임딱지는 별에 비유할 수 있다.
⑤ 붙임딱지 1과 2 사이가 늘어나는 간격이 붙임딱지 2와 3 사이가 늘어나는 간격보다 크다.

14 그림은 거리에 따라 멀어지는 은하의 속력을 나타낸 것이다.

이에 대한 설명으로 옳은 것은?

① 은하가 팽창한다.
② 우주 팽창의 중심은 지구이다.
③ 은하는 한쪽 방향으로 이동한다.
④ 가까운 은하일수록 빠르게 이동한다.
⑤ B에서 A를 볼 때 A가 멀어지고 있다.

⑤ 우주 탐사

15 우주 탐사에 대한 설명으로 옳지 <u>않은</u> 것은?

① 행성에 착륙하여 관측을 하기도 한다.
② 우리나라도 인공위성, 로켓 발사를 하였다.
③ 아폴로 계획을 통해 최초로 인공위성이 발사되었다.
④ 우주인을 태운 아폴로 11호가 최초로 달 표면에 착륙하였다.
⑤ 지구 이외의 장소에서 생명체의 유무, 물의 존재 등을 찾고 있다.

16 그림 (가)와 (나)는 서로 다른 종류의 망원경을 나타낸 것이다.

(가)   (나)

이에 대한 설명으로 옳지 <u>않은</u> 것은?

① (가)는 지상에 설치하여 천체를 관측한다.
② (가)는 맨눈보다 천체를 자세히 관측할 수 있다.
③ (나)는 지구 주위를 공전한다.
④ (나)는 (가)보다 유지 보수가 어렵다.
⑤ (가)와 (나) 모두 날씨에 의한 영향을 받는다.

17 그림은 나로호와 화성을 탐사한 오퍼튜니티를 나타낸 것이다.

나로호   오퍼튜니티

이에 대한 설명으로 옳은 것만을 〈보기〉에서 있는 대로 고른 것은?

보기

ㄱ. 나로호는 우리나라 최초의 로켓이다.
ㄴ. 스마트폰으로 지도나 위치 정보를 찾을 때 나로호의 정보를 활용한다.
ㄷ. 오퍼튜니티는 인공위성이다.

① ㄱ   ② ㄷ   ③ ㄱ, ㄴ
④ ㄴ, ㄷ   ⑤ ㄱ, ㄴ, ㄷ

정답과 해설 | 58쪽

정답과 해설 | 58쪽

01 오른쪽 그림은 지구를 중심으로 둥근 하늘과 은하수를 나타내었다. 이에 대한 설명으로 옳은 것만을 〈보기〉에서 있는 대로 고른 것은?

┤ 보기 ├

ㄱ. 은하수는 남반구에서 볼 수 없다.
ㄴ. 우리나라에서는 A가 여름철에 더 잘 보인다.
ㄷ. 지구의 자전축은 은하면(은하의 옆모습)에 대해 비스듬히 기울어져 있다.

① ㄱ   ② ㄴ   ③ ㄱ, ㄷ
④ ㄴ, ㄷ   ⑤ ㄱ, ㄴ, ㄷ

02 그림은 은하를 구분하는 기준을 나타낸 것이다.

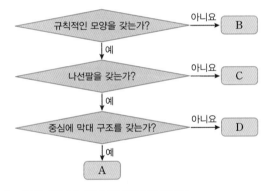

A~D의 종류가 옳게 짝 지어진 것은?

① A – 불규칙 은하
② A – 정상 나선 은하
③ B – 나선 은하
④ C – 타원 은하
⑤ D – 막대 나선 은하

03 과학자 허블은 외부 은하를 관측하여 오른쪽 그림과 같은 결과를 얻었다. 이에 대한 설명으로 옳은 것만을 〈보기〉에서 있는 대로 고르시오.

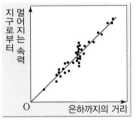

┤ 보기 ├

ㄱ. 외부 은하의 거리는 다양하다.
ㄴ. 관측한 모든 은하는 지구로부터 멀어진다.
ㄷ. 먼 은하일수록 지구로부터 빨리 멀어진다.

---

01 만약 우리은하의 모습이 그림과 같고 태양계가 그 중심에 위치한다면 은하수는 어떻게 보일지 서술하시오.

Tip 구에서 보는 은하면이 은하수이다.
Key Word 별, 분포

[설명] 그림의 은하는 구형이며 모든 방향으로 별이 골고루 분포한다.
[모범 답안] 별들이 골고루 분포하여 특정 방향의 은하수는 보이지 않는다.

01 그림 (가)와 (나)는 서로 다른 두 종류의 성운을 나타낸 것이다.

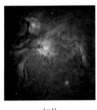 

(가)   (나)

두 성운의 종류를 각각 쓰고, 성운이 밝게 보이는 이유를 비교하여 서술하시오.

Tip 주변 별빛은 성운에서 반사 또는 흡수된다.
Key Word 별빛, 반사, 흡수

① 별의 특성

01 다음은 몇 백 년 전에 지구의 공전에 대한 학자들의 대화이다.

> A: 지구가 회전한다고?
> B: 그래. 태양이 중심에 있고 지구가 그 주위를 도는 것이지.
> A: 그렇다면 지구의 위치가 꽤 많이 움직이겠군.
> B: 그렇지.
> A: 그렇다면 밤하늘의 그 많은 별들 중에서 지구의 위치가 변함에 따라 시차가 발생하는 별이 왜 없지? 즉, 지구가 움직이지 않으니까 별의 시차가 발생하지 않는 것이야.
> B: ((가)   )

(가)에 들어갈 내용으로 적당한 것은?

① 그건 별의 온도가 높기 때문이지.
② 그건 별의 수가 너무 많기 때문이지.
③ 그건 별의 크기가 너무 작기 때문이지.
④ 그건 별까지의 거리가 모두 같기 때문이지.
⑤ 그건 별까지의 거리가 너무 멀기 때문이지.

02 그림은 시차에 대해 나타낸 것이다.

이에 대한 설명으로 옳은 것은?

① 시차는 물체의 모양을 의미한다.
② 물체와의 거리가 멀수록 시차는 작아진다.
③ 관측 지점의 거리를 좁히면 시차가 커진다.
④ 관측 지점에 관계없이 배경에 대한 물체의 위치는 동일하게 보인다.
⑤ 별의 시차에 비유할 때 두 관측 지점은 1년 간격의 지구의 위치에 해당한다.

03 연주 시차 1″인 별의 겉보기 등급이 1등급이었다. 이 별의 절대 등급을 구하시오.

04 그림은 별의 연주 시차를 나타낸 것이다.

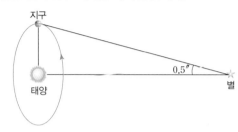

지구-별-태양이 이루는 각도가 0.5″라면 지구에서 별까지의 거리는?

① 0.1 pc   ② 0.5 pc   ③ 1 pc
④ 2 pc   ⑤ 10 pc

05 그림 (가)는 밝기가 다른 전등을 같은 거리에서 비추는 실험을, (나)는 밝기가 같은 전등을 다른 거리에서 비추는 실험을 나타낸 것이다.

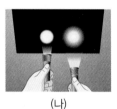

(가)   (나)

이에 대한 설명으로 옳은 것은?

① (가)와 (나) 모두 시차에 대한 실험이다.
② (가)와 (나) 모두 별의 색에 대한 실험이다.
③ (가) 실험은 별의 밝기인 절대 등급에 대한 실험이다.
④ (나) 실험은 별의 표면 온도에 대한 실험이다.
⑤ (나) 실험에서 거리가 멀수록 별이 커지는 것을 알 수 있다.

06 다음은 세 별의 특징을 나타낸 것이다.

별	겉보기 등급	색	시차
A	1	황색	0.1
B	2	백색	0.2
C	3	적색	0.3

가장 멀리 있는 별과 표면 온도가 가장 높은 별을 순서대로 옳게 나열한 것은?

① A, B   ② A, C   ③ B, A
④ B, C   ⑤ C, A

07 그림은 광원과의 거리에 따라 빛이 퍼지는 면적을 나타낸 것이다.

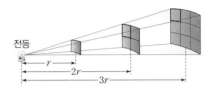

이에 대한 설명으로 옳은 것은?

① 전등의 밝기는 거리의 제곱에 반비례한다.
② $3r$에서 본 전등은 r에서 본 밝기보다 9배 밝다.
③ 거리에 관계없이 전등의 밝기는 일정하게 보인다.
④ 빛이 비추는 면적은 전등과의 거리에 반비례한다.
⑤ r의 거리에서 본 전등은 $2r$에서 본 밝기보다 2배 밝다.

08 오른쪽 그림은 별의 등급과 밝기를 전구를 통해 나타낸 것이다. 6등급의 별을 전구 1개에 비유한다면 2등급 별과 1등급 별에 해당하는 전구의 개수를 순서대로 옳게 나열한 것은?

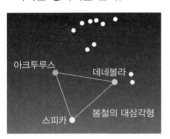

① 25개, 50개
② 25개, 100개
③ 40개, 60개
④ 40개, 100개
⑤ 50개, 150개

09 표는 여러 별의 겉보기 등급과 절대 등급을 나타낸 것이다.

별	겉보기 등급	절대 등급
북극성	2.1	−3.7
직녀성	0.0	0.0
데네브	1.3	−8.7
시리우스	−1.5	1.4

이에 대한 설명으로 옳은 것만을 〈보기〉에서 있는 대로 고른 것은?

┤ 보기 ├
ㄱ. 별까지의 거리가 10 pc인 별은 직녀성이다.
ㄴ. 별의 실제 밝기가 가장 밝은 별은 데네브이다.
ㄷ. 눈으로 볼 때 가장 밝은 별은 시리우스이다.

① ㄱ
② ㄷ
③ ㄱ, ㄴ
④ ㄴ, ㄷ
⑤ ㄱ, ㄴ, ㄷ

10 그림은 봄철의 별자리로 아크투루스는 주황색, 데네볼라는 청색, 스피카는 청백색을 띤다.

세 별의 색이 서로 다른 원인으로 옳은 것은?

① 별의 질량
② 별의 밀도
③ 별까지의 거리
④ 별의 표면 온도
⑤ 별을 구성하는 물질의 종류

2 은하와 우주

11 그림 (가)는 1899년에 촬영한 모습으로 안드로메다 성운으로 불렸으며 나중에 안드로메다 은하로 바뀌었다. (나)는 안드로메다 은하를 최근 촬영한 모습이다.

(가)　　　　　(나)

이에 대한 설명으로 옳은 것만을 〈보기〉에서 있는 대로 고른 것은?

┤ 보기 ├
ㄱ. 안드로메다 은하는 타원 은하에 해당한다.
ㄴ. 과거에 안드로메다는 성간 물질이 뭉친 것으로 생각했다.
ㄷ. 과거에 안드로메다는 우리은하 내부에 있을 것으로 생각했다.

① ㄱ
② ㄴ
③ ㄱ, ㄷ
④ ㄴ, ㄷ
⑤ ㄱ, ㄴ, ㄷ

12 우리은하에 대한 설명으로 옳은 것만을 〈보기〉에서 있는 대로 고른 것은?

┤ 보기 ├
ㄱ. 우리은하는 타원 은하이다.
ㄴ. 지름이 약 10만 광년이다.
ㄷ. 태양계는 우리은하의 중심에 위치한다.
ㄹ. 옆에서 보면 중심부가 볼록한 원반 모양이다.

① ㄱ, ㄴ　　② ㄱ, ㄷ　　③ ㄴ, ㄹ
④ ㄱ, ㄷ, ㄹ　　⑤ ㄴ, ㄷ, ㄹ

13 그림 (가)와 (나)는 서로 다른 두 종류의 성단을 나타낸 것이다.

(가)　　　　(나)

이에 대한 설명으로 옳은 것은?

① (가)는 적색의 별이 많이 있다.
② (가)는 주로 은하 중심에 분포한다.
③ (가)는 구상 성단, (나)는 산개 성단이다.
④ (나)는 (가)보다 구성하는 별의 수가 적다.
⑤ (나)는 (가)보다 별들의 표면 온도가 낮다.

14 그림 (가)~(다)는 서로 다른 종류의 천체를 나타낸 것이다.

(가)　　　　(나)　　　　(다)

이에 대한 설명으로 옳은 것은?

① (가)의 크기가 (다)보다 크다.
② (나)의 거리가 (가)보다 멀다.
③ (나)는 주로 우리은하 바깥에 분포한다.
④ (가)는 많은 수의 별이 둥근 모양으로 뭉쳐 있다.
⑤ (가), (나), (다) 모두 먼지와 가스의 집단으로 이루어져 있다.

15 그림은 팽창하는 우주의 모습을 나타낸 것이다.

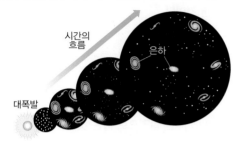

우주의 팽창과 빅뱅 이론에 대한 설명으로 옳은 것은?

① 우주의 크기는 항상 일정하다.
② 우주는 점점 작아져 사라질 것이다.
③ 팽창하는 우주의 중심은 우리은하이다.
④ 우주에 있는 은하 사이의 간격은 일정하다.
⑤ 우주는 한 점에서 폭발과 함께 탄생하였다.

16 다음이 설명하는 것은 무엇인가?

• 이름: 아리랑 3A호
• 발사일: 2015년 3월 26일
• 중량: 1100 kg
• 크기: 2 m×3.8 m×26.3 m
• 카메라: 고해상도 카메라와 적외선 센서가 탑재
• 역할: 기후 관측, 산불 감시, 재난 감시 등 정밀 지구 관측

① 로켓　　② 인공위성　　③ 우주 망원경
④ 행성 탐사선　　⑤ 우주 정거장

17 다음은 인터넷 게시판에 올린 학생들의 질문이다.

Q. 은하는 무엇인가?
A. 수많은 별, 성운 등이 모인 것이지요.
Q. 외계인은 없나요, 있나요?
A. 있을 수도 있고 없을 수도 있는데 아직 모르죠.

이러한 질문으로 알 수 있는 우주 탐사의 목적은?

① 우주 탐사 기술의 발달
② 우주에 대한 호기심 해결
③ 일상생활에 우주 기술 적용
④ 행성 탐사를 통한 지구의 이해
⑤ 우주 탐사와 관련된 새로운 직업의 탄생

대단원 서논술형 문제

정답과 해설 | 60쪽

01 그림은 별 S를 6개월 간격으로 관측한 모습이다.

별의 위치가 달라지는 이유를 별의 거리, 지구의 공전과 관련지어 서술하시오.

Tip 별의 거리는 다양하며 지구는 태양 주위를 공전한다.
Key Word 지구 공전, 시차

02 오른쪽 그림은 태양계 행성의 공전 궤도를 나타낸 것이다. 화성 에서 측정한 어떤 별 의 연주 시차는 지구 에서 측정한 것과 비

교하여 어떤 차이가 있는지 그 이유와 함께 서술하시오.

Tip 공전 궤도 반지름은 화성이 지구보다 길다.
Key Word 공전 궤도, 연주 시차

03 그림과 같이 종이컵에 사각형 구멍을 뚫고 휴대전화 램 프에서 나오는 빛을 모눈종이에 비추었다.

1칸을 비출 때　　　　　4칸을 비출 때

휴대전화 램프에서부터 모눈종이까지의 거리와 모눈종이 에 비치는 빛의 면적은 어떤 관계가 있는지 서술하시오.

Tip 빛이 비추는 면적은 거리가 멀수록 넓어진다.
Key Word 거리, 비례

04 그림 (가)와 (나)는 서로 다른 두 종류의 성단을 나타낸 것이다.

(가)　　　　　　　(나)

두 성단의 차이점을 표면 온도와 별의 색, 우리은하에서 의 위치를 중심으로 서술하시오.

Tip 표면 온도가 낮은 별일수록 적색을 띠고, 표면 온도가 높은 별 일수록 청색을 띤다.
Key Word 청색, 적색, 은하 중심부, 나선팔

05 그림은 고무풍선에 붙임딱지를 붙이고 고무풍선을 더 크게 불었을 때 붙임딱지의 위치 변화를 관찰한 실험을 나타낸 것이다.

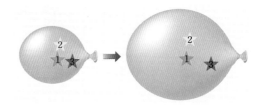

고무풍선을 우주, 붙임딱지를 은하라고 했을 때, 위 실 험을 통해 알 수 있는 은하 사이의 거리 변화와 그 이유 를 서술하시오.

Tip 고무풍선이 커지면 붙임딱지 사이의 거리는 멀어진다.
Key Word 우주 팽창

VIII

과학기술과
인류 문명

1 과학과 인류 문명

1 과학과 인류 문명

❶ 인류 문명 발달에 영향을 미친 과학 원리의 발견

1. 과학 원리⁺: 사람들이 세상을 이해하는 방식을 변화시켰다. ➡ 과학기술 발달의 원동력

(1) **불의 이용:** 불을 이용하여 금속을 제련⁺하는 기술이 발달하면서 철제 무기, 철제 농기구 생산으로 인류의 생활 수준이 크게 향상되었다.

(2) **태양 중심설(1543년):** 코페르니쿠스가 태양이 우주의 중심이고, 지구는 태양의 주위를 도는 천체 중 하나라는 이론을 주장하였다.

① 망원경⁺으로 천체를 관측하여 태양 중심설의 증거를 발견하였다.

② 지구가 우주 중심이라고 생각했던 중세의 우주관이 바뀌기 시작하였다.

▲ 태양 중심설

(3) **세포의 발견(1655년):** 훅이 현미경⁺을 이용하여 최초로 생물의 세포를 발견하였다.

① 생물체를 작은 세포들이 모여 이루어진 존재로 인식하게 되었다. ➡ 생물체 인식 관점의 변화

(4) **만유인력 법칙(1687년):** 뉴턴은 질량을 가지고 있는 모든 물체는 서로 끌어당기는 힘이 작용한다는 법칙을 주장하였다.

① 자연 현상을 이해하고 그 변화를 예측할 수 있게 하여, 과학 발전의 토대가 되었다.

(5) **전자기 유도 법칙(1831년):** 패러데이는 코일 속에서 자석을 움직이면 코일에 유도 전류가 흐른다는 법칙을 주장하였다.

① 발전기가 만들어지고 전기를 생산하고 활용할 수 있게 되었다.

❷ 인류 문명 발달에 영향을 미친 과학기술

1. 과학기술의 발달

(1) **인쇄 분야:** 금속 활자를 이용한 활판 인쇄술이 전파되면서 책의 대량 생산이 가능해졌다.

① 독일의 구텐베르크는 금속 활자를 이용한 인쇄술을 개발하였다.

② 책이나 신문을 통해 대량의 지식과 정보를 쉽게 접할 수 있고 빠르게 확산되었다.

▲ 금속 활자

③ 지식과 정보의 유통이 활발해지면서 신학 중심에서 과학과 인간 중심의 사회로 변하였다. ➡ 오늘날에는 전자책이 출판 보급되어 보관과 휴대가 편리해졌다.

(2) **교통 분야:** 산업 혁명 이후 여러 분야에서 증기 기관을 이용한 기계를 사용하였다.

① 제품을 대량 생산할 수 있게 되어 인류의 삶이 편해졌다.

② 공업과 제조업이 발달하면서 도시가 확대되는 등 사회 모습이 바뀌었다.

③ 증기 기관을 이용한 증기 기관차와 철도, 증기선이 개발되어 교통수단이 매우 발달하게 되었다. ➡ 항해술의 발달: 바다를 사이에 둔 대륙 간의 이동이 가능해지면서, 새로운 물자를 주고받는 교역이 활발해져 인류 생활이 크게 향상되었다.

✚ 과학 원리의 발견

인류가 합리적이고 실험적인 방법을 중요하게 생각하도록 하여 인류 문명이 발달하는 데 큰 역할을 하였다.

✚ 금속의 제련

불을 이용하여 자연으로부터 구리, 철 등의 금속을 얻는 방법으로 생활에 필요한 철제 농기구, 철제 무기 등을 제작하였다.

✚ 망원경

1610년 갈릴레이가 망원경을 개량하여 목성의 위성, 금성 등을 관측하여 태양 중심설의 증거를 발견하였다.

✚ 현미경

로버트 훅은 자신이 직접 설계하고 제작한 현미경으로 생물의 세포를 발견하였다. 하지만, 당시 훅이 관찰한 것은 세포 자체가 아니라 식물의 세포벽이었다.

기초 섭렵 문제

❶ **인류 문명 발달에 영향을 미친 과학 원리의 발견**

▶ □□ □□□은 태양이 우주의 중심이고 지구는 태양의 주위를 도는 천체 중 하나라는 이론이다.

▶ 훅이 현미경을 이용하여 최초로 생물체를 이루는 □□를 발견하였다.

▶ 뉴턴이 주장한 □□□□ □□은 질량을 가지고 있는 모든 물체는 서로 끌어당기는 힘이 작용한다는 법칙이다.

▶ 발전기를 만드는 원리이며, 전기의 생산에 크게 기여한 과학 원리는 □□ □ □□ □□이다.

❷ **인류 문명 발달에 영향을 미친 과학기술**

▶ □□ □□를 이용한 인쇄술이 전파되면서 책의 대량 생산이 가능해졌다.

▶ 산업 혁명 이후 여러 분야에서 □□ □□을 이용한 기계를 사용함으로써 제품을 대량 생산할 수 있게 되었다.

▶ □□□의 발달로 바다를 사이에 둔 대륙 간의 이동이 가능해지면서 교역이 활발해졌다.

01 과학 원리의 발견에 대한 설명으로 옳은 것은 ○표, 옳지 <u>않은</u> 것은 ×표를 하시오.

(1) 사람들이 세상을 이해하는 방식을 변화시켰다. ( )
(2) 과학기술 발달의 원동력이 되었다. ( )
(3) 경험 중심의 과학적 사고를 중요시하게 되었다. ( )

02 태양 중심설에 대한 설명으로 옳은 것은 ○표, 옳지 <u>않은</u> 것은 ×표를 하시오.

(1) 지구가 우주의 중심이라는 이론이다. ( )
(2) 지구는 태양의 주위를 도는 천체 중의 하나라는 이론이다. ( )
(3) 망원경으로 천체를 관측하여 태양 중심설의 증거를 발견하였다. ( )
(4) 사람들이 중세의 우주관을 계속 믿게 하는 계기가 되었다. ( )

03 다음은 어떤 법칙에 대한 설명인지 쓰시오.

> 1831년에 패러데이가 주장하였으며, 코일 속에서 자석이 움직이면 코일 내부의 자기장이 변하며, 이때 코일에 전류가 흐른다는 법칙이다.

04 다음은 인류 문명의 발달에 영향을 미친 어떤 과학기술에 대한 설명이다. ( ) 안에 알맞은 말을 쓰시오.

> 독일의 구텐베르크는 (㉠)를 이용한 (㉡)을 개발하였으며, 이 기술이 전파되면서 책의 대량 생산이 가능해졌으며, 지식과 정보의 유통이 활발해지면서 과학기술이 더욱 발전하게 되었다.

05 인류 문명에 영향을 미친 과학기술에 대한 설명으로 옳은 것은 ○표, 옳지 <u>않은</u> 것은 × 표를 하시오.

(1) 증기 기관을 이용한 증기 기관차와 증기선의 개발로 교통수단이 매우 발달하게 되었다. ( )
(2) 항해술의 발달로 대륙 간의 이동은 활발해졌지만, 물자를 주고받는 교역은 이루어지지 않았다. ( )
(3) 항해술이 발달하여 먼 대륙으로 이동하면서 새로운 작물이 도입되어 인류의 생활이 크게 향상되었다. ( )

(3) **의료 분야**: 백신과 항생제 등을 통해 인류의 수명을 늘리는 데 큰 역할을 하였다.

① **백신⁺**: 소아마비, 콜레라, 파상풍 등과 같은 질병을 예방

② **항생제⁺**: 결핵 등과 같은 세균 감염 질병을 치료

③ 원격 의료 기술이 발달하여 장소에 관계없이 의료 지원을 받을 수 있게 되었다.

(4) **농업 분야**

① **암모니아 합성법**: 질소 비료를 대량으로 생산할 수 있게 되었다.

② **생명 공학 기술**: 해충에 강한 품종 개량, 지능형 농장으로 농산물의 생산성과 품질이 향상되었다.

(5) **정보 통신 분야**

① 인공위성을 이용한 원거리 통신이 가능하고, 인터넷을 통해 전 세계적인 정보 공유가 가능하다.

② 사물 인터넷과 인공 지능의 발달로 인류의 문명과 생활이 크게 변하였다.

2. 과학기술 발달의 의의

(1) 다양한 분야에 영향을 주어 인류 문명을 크게 변화시켰다.

(2) 인류의 사고방식을 변화시키고, 인류의 생활을 편리하고 풍요롭게 만들었다.

❸ 과학기술과 공학적 설계

1. 미래 사회에 활용할 수 있는 과학기술

(1) **나노 기술**: 나노미터⁺ 크기의 작은 물질을 이용하여 다양한 소재나 제품을 만드는 기술 ➡ 제품의 소량화, 경량화가 가능해짐 예 나노 로봇, 휘어지는 디스플레이 등

(2) **생명 공학 기술**: 생물체의 특성과 기능을 활용하거나 생물체를 인위적으로 조작하여 이용하는 기술 ➡ 식량 문제 해결, 유용한 의약품 개발, 질병 치료 방법 개발 등

① **유전자 재조합 기술**: 특정 생물의 유용한 유전자를 다른 생물의 DNA에 재조합하는 기술 예 유전자 변형 작물(GMO): 황금 쌀(바이타민 A 강화 쌀), 무르지 않는 토마토 등

② **세포 융합 기술**: 서로 다른 특징을 가진 두 종류의 세포를 융합하여 하나의 세포로 만드는 기술 예 포마토⁺(토마토＋감자), 무추(무＋배추), 오렌지＋귤

2. 공학적 설계: 과학 원리나 과학기술을 활용하여 새로운 제품이나 시스템을 개발하거나 기존 제품을 개선하는 창의적인 설계 과정으로, 새로운 제품을 만들 때 공학적 설계 과정을 거친다. ➡ 경제성, 안전성, 편리성, 환경적 요인, 외형적 요인을 고려하여 제품을 만듦

문제점 인식 및 목표 설정하기 ➡ 정보 수집하기 ➡ 다양한 해결책 탐색하기 ➡ 해결책 분석 및 결정하기 ➡ 설계도 작성하기 ➡ 제품 제작하기 ➡ 평가 및 개선하기

예 전기 자동차를 개발하는 경우

경제성	배터리 교체 비용 절감을 위해 수명이 긴 배터리 사용
안정성	보행자 접근을 알 수 있는 경보음 장치 설치
편리성	한 번 충전으로 장거리 운전 가능한 큰 배터리 사용
환경적 요인	환경 오염을 유발하는 배기가스를 배출하지 않도록 설계
외형적 요인	소비자층의 취향을 고려한 아름다운 외형 설계

➕ 백신

인위적으로 병원성을 제거하거나 약하게 만든 병원체 등을 뜻한다. 백신 주사를 몸에 투입하면 그 병원체에 저항할 수 있는 항체를 만들어내므로 나중에 동일한 병원체에 감염되었을 때 대항할 수 있도록 면역력을 갖게 된다.

➕ 항생제

세균을 죽게 만들거나 생장을 억제하는 물질로 최초의 항생제는 영국의 플레밍이 1928년 푸른곰팡이에서 발견한 페니실린이다. 페니실린은 1940년대에 다른 과학자들에 의해 대량 생산할 수 있게 되어 여러 질병의 치료가 가능해지면서 세균감염 치료에 혁명을 일으켰다.

➕ 나노미터

나노는 10억분의 1을 나타내는 단위로, 1나노미터는 성인 머리카락 굵기의 10만분의 1에 해당된다.

➕ 포마토(토감)

토마토와 감자를 접붙이기해서 만들어진 새로운 식물이다.

기초 섭렵 문제

❷ 인류 문명 발달에 영향을 미친 과학기술

▶ 합성된 □□□□로 만든 질소 비료는 인류 식량 생산 증대에 크게 기여하였다.

▶ 과학기술의 발달로 □□□□을 통한 원거리 통신이 가능하고, □□□을 통해 전 세계적으로 정보 공유가 가능해졌다.

❸ 과학기술과 공학적 설계

▶ 세포 융합 기술도 □□ □□ 기술에 하나이다.

▶ □□ □□ □□의 발달로 인류는 세계를 연결하는 통신망을 만들고, 많은 정보를 쉽게 찾을 수 있게 되었다.

▶ 생활이 편리하도록 만드는 여러 가지 새로운 제품은 □□□ □□ 과정을 거친다.

06 다음은 의료 분야의 과학기술에 대한 설명이다. ( ) 안에 알맞은 말을 쓰시오.

> (㉠)이 개발되면서 소아마비, 콜레라, 파상풍 등과 같은 질병을 예방할 수 있게 되었고, (㉡)의 개발을 통해 결핵과 같은 세균 감염 질병을 치료할 수 있게 되어, 인류의 (㉢)을 연장하는 데 큰 역할을 하였다.

07 과학기술에 대한 설명으로 옳은 것은 ○표, 옳지 않은 것은 ×표를 하시오.

(1) 인쇄, 교통, 농업, 의료, 정보 통신 등 다양한 분야에 영향을 주었다.
( )

(2) 인류의 생활을 편리하게 바꾸었지만. 인류의 사고방식을 바꾸지는 못했다.
( )

(3) 인류가 다양한 정보를 공유할 수 있게 하였고, 문화생활을 누릴 수 있게 하였다.
( )

08 다음은 어떤 과학기술에 대한 설명인지 쓰시오.

> 나노미터 크기로 작아진 물질을 이용하여 다양한 소재나 제품을 만드는 기술로, 제품의 소량화와 경량화가 가능해졌다.

09 생명 공학 기술에 대한 설명으로 옳은 것은 ○표, 옳지 않은 것은 ×표를 하시오.

(1) 생물체의 특성과 기능을 이용하는 기술이다. ( )
(2) 식량 문제를 해결하고 유용한 의약품을 개발할 수 있게 한다. ( )
(3) 포마토, 무추 등의 작물을 만들 수 있다. ( )

10 다음을 읽고, ( ) 안에 알맞은 말을 쓰시오.

> (㉠)란 과학 원리나 (㉡)을 활용하여 새로운 제품이나 시스템을 개발하거나 기존 제품을 개선하는 (㉢)인 설계 과정을 뜻한다.

내신 기출 문제

1 인류 문명 발달에 영향을 미친 과학 원리의 발견

중요
01 인류 문명에 영향을 미친 과학 원리에 대한 설명으로 옳은 것만을 〈보기〉에서 있는 대로 고른 것은?

┤ 보기 ├
ㄱ. 코페르니쿠스가 주장한 태양 중심설은 우주에 관한 사람들의 생각을 변화시켰다.
ㄴ. 패러데이가 전자기 유도 법칙을 발견하여 전기를 생산하고 활용할 수 있게 되었다.
ㄷ. 불을 이용하여 금속을 제련하는 기술이 발달하면서 철제 농기구, 철제 무기의 생산으로 생활 수준이 향상되었다.

① ㄱ   ② ㄷ   ③ ㄱ, ㄴ
④ ㄴ, ㄷ   ⑤ ㄱ, ㄴ, ㄷ

02 세포의 발견이 인류에게 미친 영향으로 옳은 것만을 〈보기〉에서 있는 대로 고른 것은?

┤ 보기 ├
ㄱ. 생물체를 인식하는 관점이 변화되었다.
ㄴ. 인류의 교통수단 발달에 큰 영향을 미쳤다.
ㄷ. 지구 중심의 우주관이 바뀌는 계기가 되었다.

① ㄱ   ② ㄴ   ③ ㄱ, ㄷ
④ ㄴ, ㄷ   ⑤ ㄱ, ㄴ, ㄷ

2 인류 문명 발달에 영향을 미친 과학기술

중요
03 과학기술이 인류 문명의 발달에 미친 영향으로 옳은 것만을 〈보기〉에서 있는 대로 고른 것은?

┤ 보기 ├
ㄱ. 증기 기관차와 증기선의 개발로 교통이 편해졌다.
ㄴ. 항생제의 개발로 세균 감염 질병을 치료할 수 있게 되었다.
ㄷ. 지능형 농장을 통해 농산물의 생산성과 품질이 향상되었다.

① ㄱ   ② ㄷ   ③ ㄱ, ㄴ
④ ㄴ, ㄷ   ⑤ ㄱ, ㄴ, ㄷ

중요
04 ( ) 안에 들어갈 알맞은 말을 옳게 짝 지은 것은?

(㉠)를 합성하는 기술을 통해 개발된 (㉡) 비료는 농산물의 생산량을 늘려 (㉢)을 증대하는 데 큰 역할을 하였다.

	㉠	㉡	㉢
①	탄소	질소	식량
②	탄소	염소	약품
③	암모니아	질소	식량
④	암모니아	염소	식량
⑤	암모니아	질소	약품

3 과학기술과 공학적 설계

05 나노 기술이 사용되지 않은 제품은 무엇인가?

① 포마토   ② 나노 로봇
③ 나노 반도체   ④ 나노 표면 소재
⑤ 휘어지는 디스플레이

06 다음은 어떤 과학기술을 설명하고 있다. 공통적으로 설명하고 있는 과학기술을 쓰시오.

• 제초제에 내성을 가진 콩이나 무르지 않는 토마토 등을 생산하는 데 이용한 기술이다.
• 오렌지와 귤의 세포를 융합하여 당도가 높은 작물을 만드는 기술이다.

중요
07 공학적 설계에 대한 내용으로 옳지 않은 것은?

① 과학 원리나 기술을 활용한다.
② 일상생활에서의 불편한 점은 고려하지 않는다.
③ 기존의 제품을 개선할 때도 적용되는 과정이다.
④ 새로운 제품이나 시스템을 개발하는 창의적인 과정이다.
⑤ 경제성, 안전성, 편리성 등 여러 가지 조건을 고려하여 제품을 만들어야 한다.

01 ( ) 안에 공통으로 들어갈 알맞은 말을 쓰시오.

> • ( )을 이용한 증기 기관차와 증기선의 개발로 사람과 물자가 이동할 수 있는 교통수단이 매우 발달하게 되었다.
> • 여러 분야에서 ( )을 이용한 기계를 사용하여 제품을 대량 생산할 수 있게 되어 인류의 삶이 편리해졌다.

02 다음은 생명 공학 기술의 하나를 설명하고 있다.

> 특정 생물의 유용한 유전자를 다른 생물의 DNA에 재조합하는 기술이다.

(가) 위의 생명 공학 기술의 명칭과 (나) 이러한 과학기술로 생산된 작물을 〈보기〉에서 모두 골라 옳게 짝 지은 것은?

┤ 보기 ├
ㄱ. 포마토   ㄴ. 무추
ㄷ. 황금 쌀   ㄹ. 제초제에 강한 콩
ㅁ. 무르지 않는 토마토

	(가)	(나)
①	나노 기술	ㄴ, ㄷ
②	세포 융합 기술	ㄱ, ㄴ
③	세포 융합 기술	ㄷ, ㄹ, ㅁ
④	유전자 재조합 기술	ㄱ, ㄴ
⑤	유전자 재조합 기술	ㄷ, ㄹ, ㅁ

03 공학적 설계 과정을 통해 전기 자동차를 개발할 때, 고려해야 하는 요인이 옳게 연결된 것만을 〈보기〉에서 있는 대로 고른 것은?

┤ 보기 ├
ㄱ. 경제성─ 배기가스가 배출되지 않도록 설계한다.
ㄴ. 편리성─ 한 번 충전으로 먼 거리를 주행할 수 있도록 설계한다.
ㄷ. 환경적 요인─ 주요 소비자층의 취향을 분석하여 설계에 반영한다.
ㄹ. 외형적 요인─ 배터리의 교체 비용을 줄이기 위해 수명이 긴 배터리를 사용한다.

① ㄴ   ② ㄱ, ㄷ   ③ ㄴ, ㄹ
④ ㄱ, ㄷ, ㄹ   ⑤ ㄴ, ㄷ, ㄹ

예제

01 다음은 과학자 하버의 암모니아 합성법에 대한 설명이다.

> 1906년 독일의 화학자 하버는 기체 상태의 질소와 수소를 반응시켜 암모니아를 합성할 수 있는 방법을 개발하였다. 그리고 1913년에는 이를 대량 생산하는 공정 개발에 성공하여 질소 비료를 대량으로 생산하는 길을 열었다.

하버의 암모니아 합성법이 인류의 삶에 어떤 영향을 주었는지 서술하시오.

Tip 하버의 암모니아 합성법으로 질소 비료를 대량 생산할 수 있었다.
Key Word 질소 비료, 대량 생산, 식량

[설명] 질소 비료를 이용하여 인류가 필요로 하는 식량 생산량을 늘릴 수 있었다.
[모범 답안] 하버의 암모니아 합성법으로 만들어진 암모니아를 이용하여 질소 비료를 대량 생산할 수 있었고, 이를 통해 인류가 필요로 하는 식량을 획기적으로 증대시킬 수 있었다.

실전 연습

01 그림은 코페르니쿠스가 주장한 태양 중심설을 모형으로 나타낸 것이다.

(1) 태양 중심설이 무엇인지 구체적으로 서술하시오.

Tip 태양 중심설은 지동설이라고도 한다.
Key Word 태양, 지구, 천체

(2) 태양 중심설이 인정받게 된 배경과 이를 통해 우주관에 어떤 변화가 생겼는지 서술하시오.

Tip 중세에는 지구가 우주 중심이라고 생각하였다.
Key Word 망원경, 천체, 태양 중심설, 지구, 중세 우주

Memo